PPI 8255A를 이용한

인터페이스 실험

신경철 · 박양수 · 강현석 공저

光文閣

www.kwangmoonkag.co.kr

PREFACE

오늘날 컴퓨터를 이용한 제어분야만큼 급속하게 발전해 나가는 분야도 드물다. 프로그래밍 언어에 의한 개발은 어셈블리 언어를 이용하는 마이컴과 C언어를 이용한 인터페이스 제어로 크게 나누어져 있다. 그리고 컴퓨터의 발달과 객체지향언어의 등장으로 인하여 컴퓨터 인터페이스도 윈도우에 의한 제어의 필요성이 절실히 요구되고 있다.

본 교재는 PC 인터페이스를 이용하여 본체 내의 슬롯에 의한 인터페이스 회로 제작 방법을 이용하였고, 객체지향언어 중 비주얼 베이직를 이용한 프로그램 코딩을 함으로써 초보자라도 쉽게 접근할 수 있도록 되어 있다. 그리고 단계별로 회로를 구성하면서 실험을 통하여 컴퓨터의 구조와 인터페이스 기술을 습득하도록 하였다. 또한 C언어를 사용하여 기본적인 프로그램을 예제로 다루며 실험 별로 프로그램의 설명을 붙여 이해를 돕도록 하였다.

본 교재는 전자공학을 이수하거나 전공자가 아니더라도 쉽게 이해할 수 있도록 구성하였으므로 현장에서 직접 PC를 이용하여 데이터를 수집할 필요가 있거나 자동화에 관심이 있는 기술자들에게도 유용한 지침서가 되리라고 생각한다.

본 교재의 내용은 다음과 같다.

1장에서는 실험보드를 사용한 목적 및 전체 구성을 이해한다. 그리고 "ISA, VesaLocal, PCI"의 PC 인터페이스 및 병렬입출력 장치 및 프로그램을 작성하는 작업환경에 관해서 설명한다.

2장에서는 디지털 세계와의 인터페이스를 위한 각종 LED, 7-세그먼트 LED, 누름 스위치, 릴레이, 스테핑 모터, DC 모터, LCD, 매트릭스 LED를 다루었고 그에 필요한 이론 및 소자 등에 대해서 설명하였다.

3장에서는 아날로그 입력 세계와의 인터페이스를 위한 D/A 변환기 및 A/D 변환기 등을 다루었고 그에 필요한 이론 및 소자에 대해서도 설명하였다.

4장에서는 아날로그 센서 세계와의 인터페이스를 위한 마이크 입력, 더미스터, 포토트랜지스터를 다루었고 그에 필요한 이론 및 소자에 대해서도 설명하였다.

5장에서는 카운터/타이머 부품인 인텔 PIT 8254의 동작 및 인터페이스, 프로그래밍을 이해하며 인터럽트 프로그래밍에 대하여 알아본다.

6장에서는 윈도우 환경에서 직접 실험보드를 제어하기 위해 Visual BASIC 언어를 익히며 기초지식을 습득하기 위한 프로그래밍 기초를 익힌다. 그리고 컴포넌트에 의한 프로그래밍 방식으로 실험보드를 프로그래밍하는 방법을 익힌다.

끝으로 미흡한 점이 많은 것은 독자들의 깊은 양해를 부탁드리고 이 책의 출판을 위해 도움을 주신 광문각출판사 사장님과 직원들에게 감사드린다.

저자 씀

CONTENTS

1 실험의 기본 지식 9

1-1 실험의 기본 지식 9

1.1.1 실험보드에 대하여 / 9
1.1.2 실험보드의 구성 / 10
1.1.3 인터페이스 카드 / 13

1-2 PC 인터페이스(ISA, VesaLocal, PCI) 17

1.2.1 PC 인터페이스 - PCI(peripheral componet interconnect) / 17

1-3 병렬 입출력 장치 45

1.3.1 PPI 8255A의 구조 및 기능 / 46
1.3.2 실험보드에 PPI 8255A 접속 / 55
1.3.3 디지털 입출력보드의 제작 / 57
1.3.4 PPI 8255A 프로그래밍 / 58

1-4 Ez-Board Ez-PCI 개요도 61

1-5 Ez-Board DOS(Ez-PCI)예제 컴파일 가이드 62

1.5.1 Visual C++ Version 컴파일 / 62
1.5.2 Gcc Version 컴파일 / 79

2 디지털 입출력 응용 93

[실험 1.] LED 구동 및 제어 프로그램 93

[실험 2.] 7-세그먼트 LED 구동 및 제어 프로그램 104

[실험 3.] 누름스위치 동작 및 제어 프로그램 117

[실험 4.] 릴레이 구동 및 제어 프로그램 127

[실험 5.] 스테핑 모터의 구동 및 제어 프로그램 ······ 132

[실험 6.] DC 모터의 구동 및 제어 프로그램 ······ 149

[실험 7.] LCD 동작 및 제어 프로그램 ······ 156

[실험 8.] 매트릭스 LED의 동작 및 프로그램 ······ 167

3 아날로그 입력 응용 195

[실험 1.] DAC 회로 및 제어 프로그램 ······ 195

[실험 2.] ADC 회로 및 제어 프로그램 ······ 212

4 아날로그 센서 응용 223

[실험 1.] 아날로그 센서의 동작 및 센서 입력 프로그램 ······ 223

5 좀 더 나아가기 229

[실험 1.] 카운터/타이머(PIT 8254) ······ 229

부록 A EbdLib 243

A-1 라이브러리 관련 파일 ······ 243

A-2 EbdLib의 사용 방법 ······ 244

A-3 EbdLib의 변수형 상수 전역 변수 정의 ······ 246

A-4 EbdLib에 포함된 함수 설명 ···· 248

부B록 Ez-8051/Ez-80196 Board를 이용한 Ez-Board의 제어 261

B.1 소개 ···· 261

B.2 구성 ···· 261

B.3 Ez-8051/Ez-80196 Board로 E-Board 제어를 위한 준비 ···· 269

B.4 응용 예제 ···· 272

B-5 EZ-CPU 배치파일 설정 방법 ···· 276

B-6 Ez-Board 제어의 기본 사항 ···· 278

B-7 Ez-Board 제어 예제 리스트A ···· 285

B-8 제어 예제 리스트B ···· 288

B-9 Memory Map ···· 290

1 실험의 기본 지식

1-1 실험세트의 개요

여기에서는,

- 실험보드를 사용한 목적을 알아본다.
- 실험보드의 전체 구성을 이해하며, 각 보드를 알아본다.

1.1.1 실험보드에 대하여

우리가 사용하는 개인용 컴퓨터(PC)에는 여러 가지 입출력 장치가 준비되어 있다. 많이 쓰이는 입출력 장치로는 키보드(Keyboard), 모니터(CRT), 프린터(Printer), 마우스(Mouse)가 있다. 사용자는 이들 입출력 장치를 이용하는 소프트웨어(Software)를 사용하게 되는 것이다. 그러나 이들 장치 이외에도 컴퓨터에는 여러 가지 다양한 입출력 장치를 연결할 수 있으며, 실제로 디지털 컴퓨터를 사용하는 제어 시스템에는 PC보다 단순한 컴퓨터도 많이 사용되고 있다. 실험보드는 쉽게 사용할 수 있는 PC를 사용하여 여러 가지 제어 시스템의 기본이 되는 실험을 할 수 있도록 만들어진 장치이다.

실험보드는 'Environment Recognition Board(환경 인식 보드)'란 뜻으로 사용자가 사용하고 있는 컴퓨터 시스템(Host computer)에 연결하여 시스템이 접하고 있는 주위 환경과 상호 작용하는(Interactive) 상황을 실험해 보는 장치이다. 즉 I/O 보드(Input/Output board)를 통하여 컴퓨터(PC)로 데이터(Data)를 받아들여 외부를 인식하고, 또 I/O 보드로 데이터를 보내어 외부에 대하여 동작(Action)을 취하게 하는(Control) 시스템이다.

실험보드는 PC 인터페이스 카드(Interface card)와 I/O 보드(Input/Output board) 그리고 타겟보드(Target board)와 소프트웨어 디스켓(Software diskette)으로 구성되어 있다. 제공

되는 소프트웨어는 튜터리얼(Tutorial) 프로그램인 이튜터(E-Tutor)와 실험보드를 사용하는 예제 프로그램, 실험보드 지원 라이브러리(Library) 등이 있다.

주위환경과 상호 작용하는 기본 장치로서 각종 센서(Sensor), 스테핑 모터(Stepping motor), DC모터, 마이크(Microphone), 스피커(Speaker)를 선택했다. 또한 LED(Light-Emitting Diode, 발광 다이오드)와 LCD(Liquid Crystal Display), Dot Matrix Led, 누름 스위치(Push switch) 세트가 준비되어 있는데, 이것들로 간단한 실험을 해볼 수 있도록 했다. 즉, I/O 보드상의 스위치에서 PC로 임의의 데이터를 입력시켜 볼 수 있고, 임의의 데이터를 LED를 통해서 출력시켜 확인해 볼 수 있다. 또한 응용 예제 프로그램에서는 각 장치들을 사용하는 예를 보여준다.

예를 들면, 누름 스위치를 이용하여 모터 제어에 응용을 하는 등 다양한 사용 예를 보여준다.

위의 방법들은 전자 공학에서 흔히 사용되는 것들로서 중요한 의미를 갖는다. 센서는 주위를 인식(감지)하기 위한 도구로서, 그중 빛 센서(Photo transistor)는 빛의 밝기를 감지하며, 온도 센서(Thermister)는 온도를 감지하여 그에 대응하는 동작을 취할 수 있게 해준다. 모터(Motor)는 물리적인 동작을 취하기 위한 장치로 많이 사용된다. 즉, 이동하기 위한 다리(足) 또는 바퀴, 작업을 하기 위한 팔을 제어하는 것은 모터를 얼마나 잘 제어하는가에 달려있다. 다음으로 마이크와 스피커는 사람과 시스템과의 대화 또는 소통을 하기 위해 기본이 되는 것이다. 다시 말해 음향(음성)을 감지하는 센서의 기능과 음향(음성)을 발(發)하는 언어적 동작 기능을 마이크와 스피커를 사용하여 실험하고자 하는 것이다. 물론 음성을 인식하는 문제는 대단히 어려운 연구 과제이지만, 여기서는 외부의 음성(음향)을 입력하여 분석의 준비 단계(음성 데이터를 메모리에 저장해 두었다가 다시 그대로 스피커를 통해서 내보낸다)를 거치는 정도의 간단한 실습이 되도록 하였다.

1.1.2 실험보드의 구성

1.1.2.1 전체 구성

실험보드 시스템은, [그림 1.1-1], [그림 1.1-2]와 같이 하드웨어는 인터페이스 카드, I/O 보드, 타겟(Target)보드 그리고 사용자가 가지고 있는 컴퓨터(IBM-PC와 호환성 있는 것)로 구성되며, 하드웨어를 지원하는 소프트웨어는 이튜터(E-Tutor)와 실험보드 라이브러리

(EbdLib)로 구성된다.

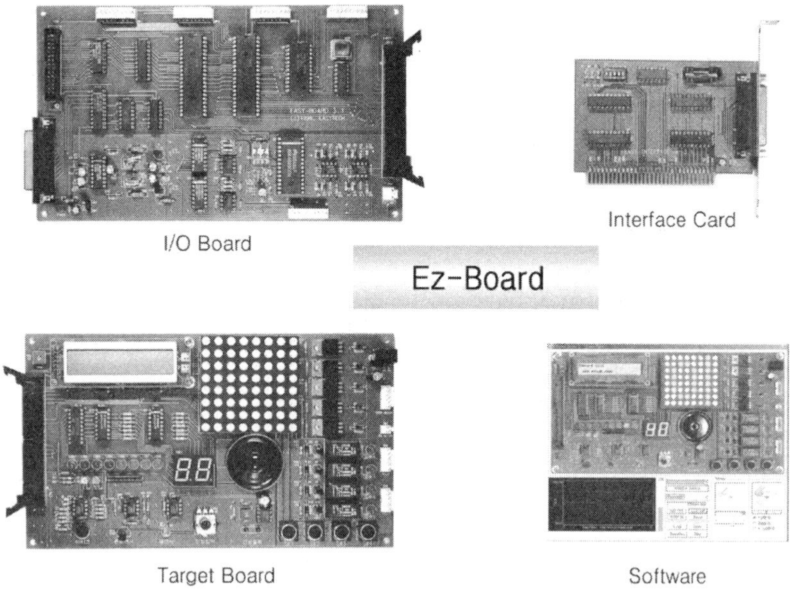

【그림 1.1-1】 전체 구성도

인터페이스 카드는 IBM-PC 호환기종 컴퓨터와 I/O 보드가 데이터를 주고받을 수 있도록 연결(인터페이스, Interface)해 주는 하드웨어 카드로 PC의 확장 슬롯(slot)에 직접 삽입되는 보드이다.

I/O 보드는 외부기기 즉 타겟보드(Target Board)와 입력/출력 관계를 처리해 주는 보드이다. 예를 들면, 센서로부터 입력되는 신호를 컴퓨터에서 처리하기 쉬운 데이터 형태로 바꾸어 인터페이스 카드를 거쳐 컴퓨터로 보내는 일을 하며, 컴퓨터에서 출력하고 싶은 데이터를 I/O 보드를 통해 적당한 신호로 변환되거나 출력할 수 있다.

타겟보드(Target Board)는 제어대상이 되는 보드로서, I/O 보드로부터 나오는 데이터를 이용하여 실제로 여러 종류의 제어대상들을 실험을 통하여 확인할 수 있도록 만들어진 보드이다. 실제 이 타겟보드를 이용하여 아날로그 데이터를 출력한다든가 각종 센서의 동작들을 확인하여 볼 수 있다.

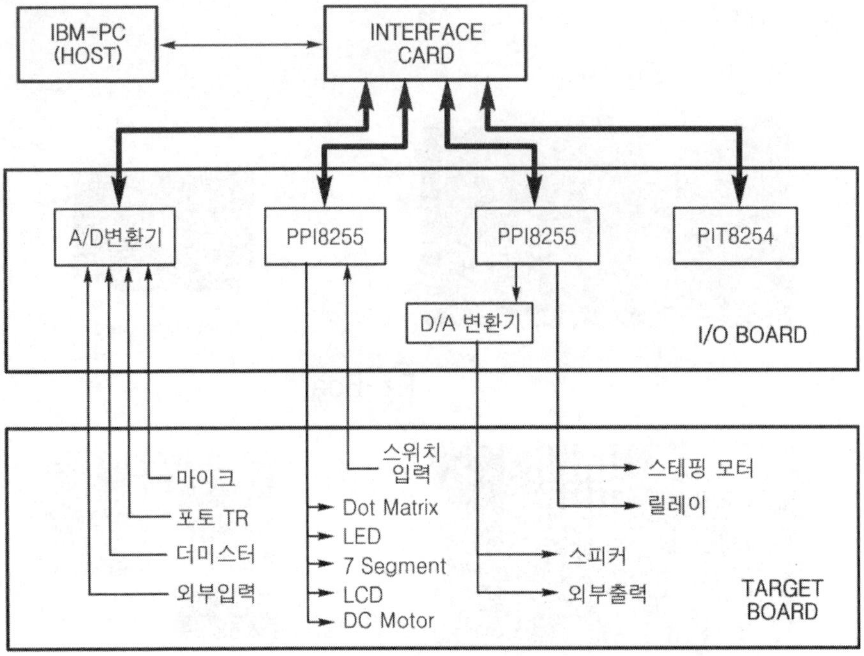

【그림 1.1-2】 실험보드의 하드웨어 구성도

이튜터는 실습하기 손쉽고 높은 교육적 효과를 주기 위해 제공되는 소프트웨어이다. 특히 E-Tutor는 직접 실행하면서 쉽게 이해될 수 있도록 풀다운 메뉴(Pull-down menu) 방식으로 구성하였다.

실험보드의 라이브러리(EbdLib)는 실험보드를 제어하기 위해 사용되는 프로시져(Procedure)와 함수(Function)를 모아둔 라이브러리(Library)로서, I/O 보드를 제어하는데 이 라이브러리를 이용하면 사소한 프로그래밍을 생략할 수 있어 효율성을 높일 수 있다.

실험보드의 Device Driver는 Window(Win9x/Win2k)환경에서 실험보드를 제어하기 위한 Device Driver로 Win95/Win98/Win2k 용이 있다.

EBoardCtrl ActiveX컨트롤은 Visual C++ 또는 Visual Basic에서 포트입출력 및 인터럽트 예제를 실행해 볼 수 있는 ActiveX 컨트롤이다.

1.1.3 인터페이스 카드

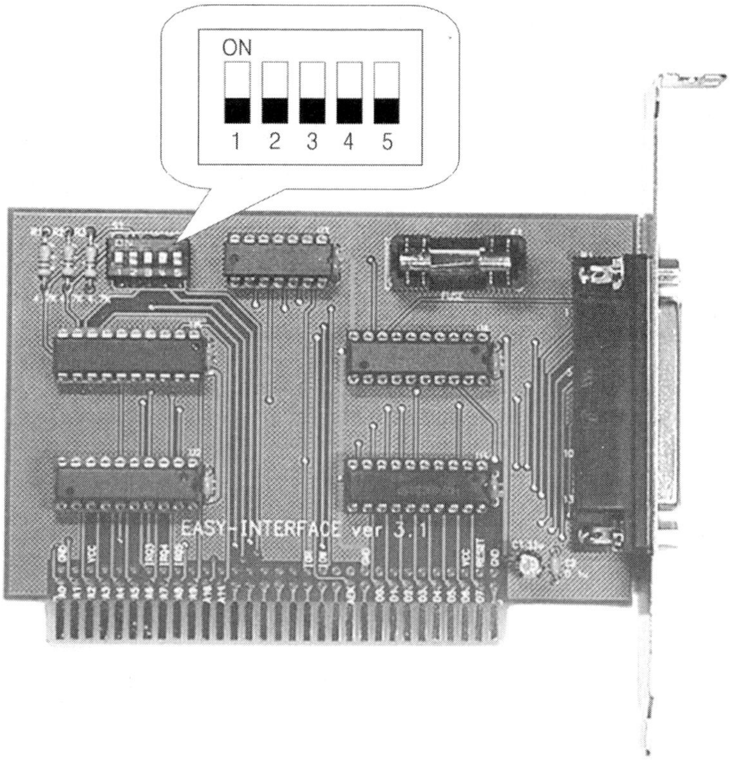

【그림 1.1-3】 인터페이스 카드와 Dip SW의 상태

실험보드의 인터페이스 카드(Interface card)는 IBM-PC와 호환 가능한 컴퓨터에서 사용 가능하다. [그림 1.1-3]은 그 외형과 딥 스위치(DIP switch)를 나타내고 있다.

인터페이스 카드는 PC에서 보통 사용되지 않는 I/O 영역(0200H, 0280H, 0300H, 0380H 번지) 중에 사용자의 컴퓨터 구성에 따라 지정 사용하기 위해, DIP SW의 1, 2번 스위치로 할당되는 어드레스 영역을 변경할 수 있도록 되어 있다.

또한 선택한 영역을 어드레싱하기 위해 어드레스 디코더(Address decoder) 회로가 필요하다. 어드레스 디코더는 74LS688, 74LS32로 구성되어 있다. 자세한 내용은 1.2장에서 언급하기로 하자.

DIP SW의 1, 2번 스위치는 사용자의 컴퓨터 구성에 따라 I/O 영역을 선택하기 위한 것으로 [표 1.1-1]에 따라 다음과 같이 세트한다. 일반적인 경우는 스위치1을 OFF, 스위치2

는 ON (300H ~ 31FH 번지로 선택) 상태로 하는 것이 무난할 것이다.

그리고 3, 4, 5번 스위치는 외부 인터럽트를 사용하기 위한 것으로 3, 4, 5번 스위치 중에 하나만을 선택하여 사용하여야 한다. 이 외부 인터럽트는 사용자의 필요에 따라 고급의 제어에 사용된다. 이에 따른 자세한 내용은 응용 편에서 다루기로 한다.

[표 1.1-1]에는 딥 스위치의 설정에 따른 I/O 어드레스 영역과 IRQ의 설정상태를 나타내고 있다.

【표 1.1-1】 딥스위치(DIP SW)와 I/O 어드레스및 IRQ설정

BASE ADDRESS 설정			외부 인터럽트 설정		
SW1	SW2	I/O영역	SW3	SW4	SW5
ON ON OFF OFF	ON OFF ON OFF	0200H ~ 021FH 번지 0280H ~ 029FH 번지 0300H ~ 031FH 번지 0380H ~ 039FH 번지	IRQ3	IRQ4	IRQ5

이 내용은 잘 숙지하여야 한다. 이후에 등장하는 프로그램들의 어드레스를 설정하기 위해서는 현재 자신의 인터페이스카드에 딥 스위치의 상태를 알아야만 프로그래밍이 가능하기 때문이다.

그리고 인터페이스 카드에는 PC의 데이터와 어드레스의 확실한 전송을 위해 버퍼(Buffer)가 연결되어 있다. 버퍼에는 74LS244, 74LS245의 3상태(3-state)의 버퍼가 8개 내장되어 있는 IC를 사용한다.

1.1.2.3 I/O 보드

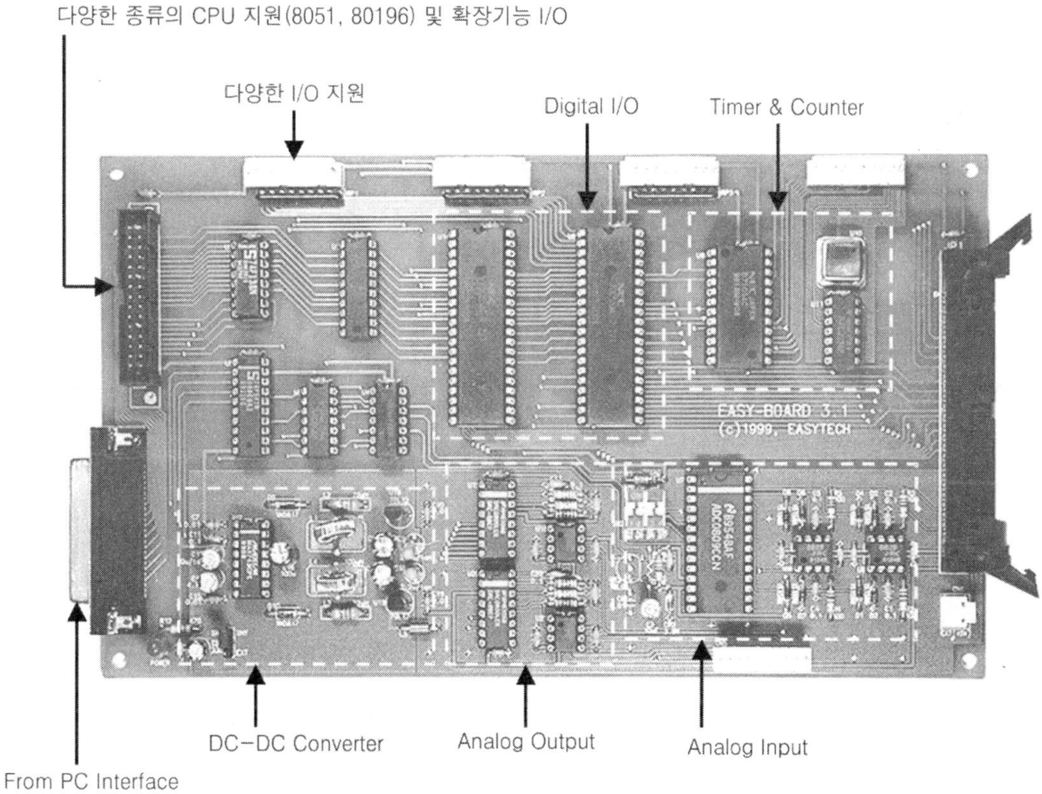

【그림 1.1-4】 I/O 보드 외형

I/O 보드(Input/Output board)는 실험보드를 구동하기 위한 실질적인 부분으로 디지털 입출력(Digital IN/OUT)과 아날로그 입출력(Analog IN/OUT) 그리고 타임 인터럽트(Time interrupt)의 사용이 가능하도록 구성되어진 보드를 말하는 것으로 인터페이스카드와 타겟 보드를 연결하여 주는 역할을 한다. [그림 1.1-4]에는 I/O 보드의 외형과 각 부분의 기능을 나타내고 있다.

I/O 보드에는 디지털 입출력을 위하여 2개의 PPI 8255, 타이머와 카운터의 기능을 가진 PIT 8254, 그리고 아날로그 입력을 위한 ADC0809와 아날로그 입력을 위한 DAC0800등의 주요부품으로 구성되어 있다.

인터페이스 카드의 회로에서 어드레스 버스(Address bus, SA0..SA7)와 데이터 버스

(Data bus, SD0..DS7) 그리고 몇 개의 제어라인($\overline{IOR}$, $\overline{IOW}$, RESET, IRQ)이 I/O 보드의 입출력용 부품인 PPI 8255A와 아날로그/디지털 변환기 ADC0809에 연결되어 I/O 보드를 PC에서 제어할 수 있게 된다.

1.1.2.4 타겟 보드

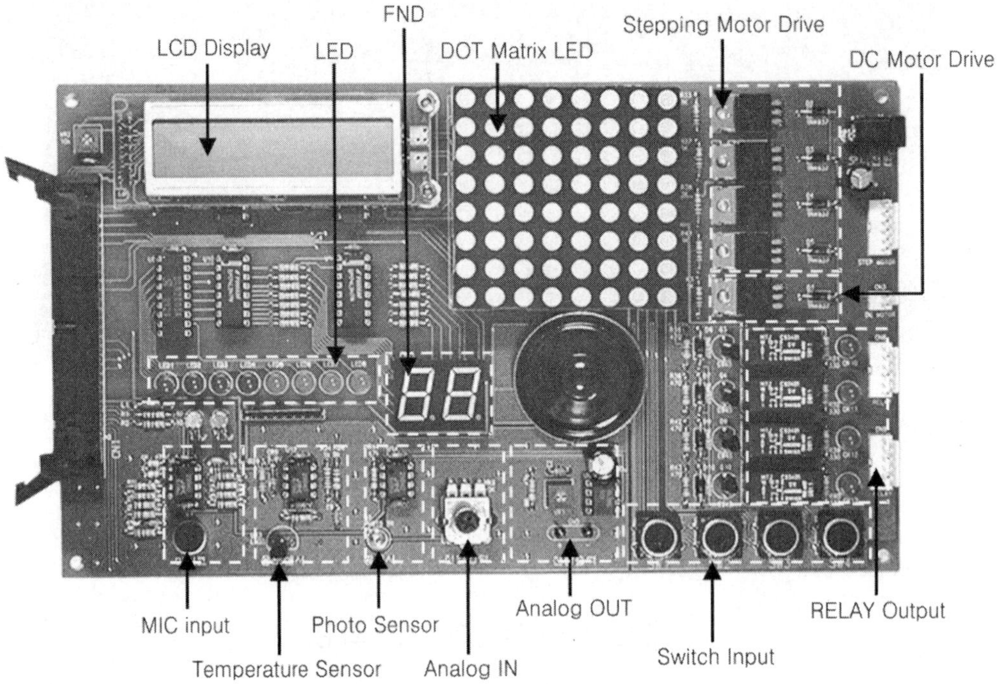

타겟보드(Target Board)는 I/O보드의 최종제어 대상이 되는 보드로 여기에는 [그림 1.1-5]의 구성과 같이 다양한 종류의 디스플레이 장치와 사용자가 직접 센서를 조작해보거나 LED, 모터의 구동 결과를 볼 수 있게 해준다. 타겟보드에는 이러한 목적을 위해 8개의 LED, 7-세그먼트 LED, 매트릭스 LED, LCD, 릴레이와 모터구동회로, 4개의 누름 스위치, 빛, 온도 센서와 음성 입력을 위한 마이크가 장치되어 있으며, 음성의 출력을 위해 스피커가 연결된다.

1-2 PC 인터페이스(ISA, VesaLocal, PCI)

PC 인터페이스 (ISA, VesaLocal, PCI)

여기에서는,

- I/O 제어와 메모리 제어를 비교하여 알아본다.
- I/O 제어를 위한 프로그래밍 명령어를 공부한다.
- 어드레스 디코더의 기능과 실험보드의 어드레스 디코더회로를 살펴본다.

1.2.1 PC 인터페이스 - PCI(peripheral componet interconnect)

비슷한 시기에 인텔도 새로운 로컬 버스의 도입을 생각하고 있었다. 즉 80386 이후 노트북 PC에 대응하기 위해 SX나 SL이라는 구성이 다른 CPU 로컬 버스 시리즈를 내거나 i486, 펜티엄과 새대 교체를 할 때마다 CPU 주변 칩을 재 설계해야 하는 상황으로 인해 애를 먹기 시작하였기 때문이다.

그리고 CPU의 클록 주파수와 ISA(Industry Standard Architecture) 버스의 주파수 괴리가 커진 점도 결단을 내리게 하는 동기가 되었다. 인텔은 CPU 주변의 로컬 버스에 대한 표준화를 호소하여 애드인 카드용 버스는 ISA버스에 맡기고 시스템 보드 내에서 LSI 끼리 연결하는 표준 버스로서 PCI를 도입하였다.

이때 원활하게 도입하기 위해 PCI-SIG를 조직함으로써 각 회사의 의견을 수렴하게 되었다. 그러자 버스이기 때문에 애드인 카드를 연결하고 싶다고 하여 즉시 궤도 수정으로 들어가 현재의 PCI 버스 슬롯 탄생에 이르게 되었다. [그림 1.2-6]은 PCI/ISA 공용 슬롯의 구조를 보여준다.

PCI 로컬버스는 프로세서, 메모리, 확장보드들을 연결하는 고속, 고성능의 버스구조이다. 기존의 ISA 버스의 낮은 성능에 의해 발전하는 PC 주변장치들을 따라갈 수 없는 한계를 극복하기 위해 1992년 인텔에 의해 만들어 졌다.

PCI 시스템은 계층적 구조를 가지고 있고 다중 버스를 지원한다. 그렇기 때문에 PCI 버스가 장착된 메인보드는 PCI 버스가 하나가 아니라 데이지 체인처럼 계층적으로 여러 개가 구성될 수 있으며 PCI 루트에서 PCI 확장슬롯, 주변 하드웨어 및 ISA 등을 계층적으로 연결할 수 있다.

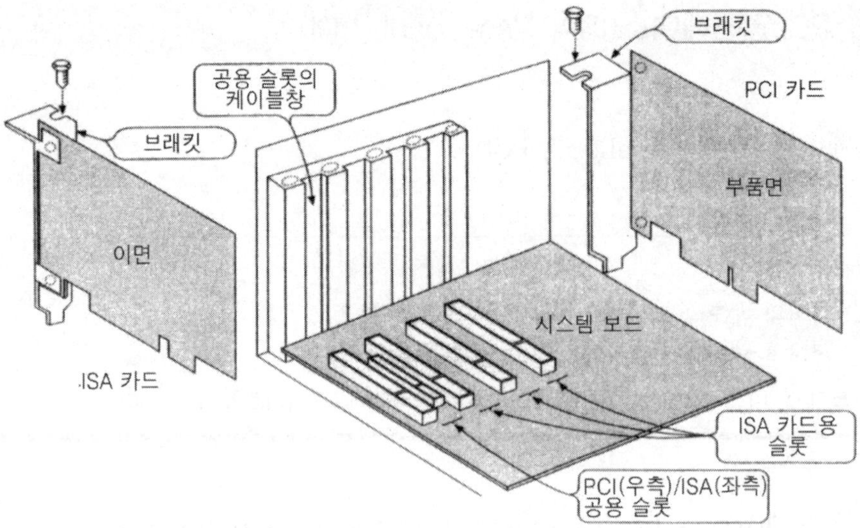

【그림 1.2-6】 PCI/ISA 공용 슬롯의 구조

PCI는 단지 어떤 한 두 가지 기능만을 특히 고려해서 만든 것이 아니고 컴퓨터 시스템 전체에 걸쳐서 균등하게 향상된 성능을 부여하도록 되어있다. 그래픽 카드, 네트웍, 디스크 드라이브, 라이브 비디오 등의 특성이 모두 고려되어 있다. PCI 버스의 최고 속도는 33 [㎒]이며 32 비트 버스 구조이므로 초당 132Mbyte의 데이터를 전송할 수 있다는 계산이 된다. 또한 64비트 구조에서는 초당 264Mbyte의 전송속도가 된다. 물론 32 비트 PCI와 64 비트 PCI 버스는 그대로 호환이 될 것이다.

PCI 확장보드 내부에 인터럽트의 종류를 판별할 수 있도록 하는 식별 코드가 들어있도록 했기 때문에 인터럽트 리소스의 충돌을 피할 수 있다. 따라서 컴퓨터의 전원을 올리거나 리셋을 하면 바이오스 롬에 들어있는 프로그램은 각각의 보드를 식별해서 시스템을 구성을 하게 된다. 그래서 컴퓨터의 주변기기가 사용하고 있는 인터럽트들을 관리하게 되고 만약 확장 슬롯에 새로운 주변기기가 설치되면 현재 쓰이지 않는 인터럽트 번호를 그 보드에 부여해서 사용하게 할 것이기 때문이다.

PCI는 다른 버스방식에 비해 데이터 양은 많은데 비해 크기는 작다. PCI가 이처럼 신호의 수를 줄일 수 있었던 가장 큰 이유는 각각 32 비트의 폭을 가진 데이터와 어드레스 신호를 같은 핀에서 사용했기 때문이다. 즉, 시간차를 가지고 우선 어드레스 신호를 내 보낸 다음 그 다음에는 데이터를 내보내는 식의 방법(멀티플렉싱)을 사용한 것이다. 그밖에도

80x86 프로세서에 의존하지 않는 버스방식이기 때문에 그 CPU 특유의 신호들을 사용하지 않아도 되는 점도 신호수를 줄이는데 주요한 요인이 된다.

1.2.1.1 PCI 버스의 특징

- 고속, 넓은 대역폭으로 데이터 전송

  PCI 버스는 최대 66[MHz]로 동작하며, 한 클록 사이클로 64비트의 데이터를 단번에 보낼 수도 있다.

  132MB/s : 64bit-33MHz

  264MB/s : 32bit-66MHz

  528MB/s : 64bit-66MHz

- 자동 설정(Auto configuration)

  PCI 버스에 연결된 모든 디바이스는 PnP BIOS와 PnP OS(윈도우 95/98/NT/2000)와 함께 연동되어서 플러그 앤 플레이 메커니즘을 구성하므로 모든 자원(Hardware resource) 할당이 자동으로 설정된다.

- 버스트 전송(Burst Transfer) 기능

  버스트 전송은 하나의 어드레스 페이스(Address phase)와 두 개 이상의 데이터 페이스(Data phase)들이 연이어 발생하면서 스트림 데이터(Stream data)가 끊이지 않고 고속으로 흐르는 전송방식을 말한다. 어드레스 페이스에서 버스 마스터(Initiator)는 시작번지와 트랜젝션의 명령(Command)을 타겟장치(Target device)로 전송한다. 타겟 디바이스는 시작번지를 어드레스 카운터(Address counter)에 저장하고, 데이터 페이스마다 증가 시켜야 한다.

- 인터럽트 공유(IRQ sharing)

  시스템에 설치할 카드가 많은 경우에 카드 동작에 필요한 인터럽트 신호선(IRQ)이 부족해지기 쉽다. 이것은 인터럽트가 구현되어 있는 모든 운영체제의 공통적인 문제점이었다. 그러나 PCI 버스를 사용하면, 여러 개의 카드가 하나의 인터럽트 신호선(Signal)을 공유할 수 있다. 물론 컴퓨터의 마더보드와 운영체제는 공유된 IRQ의 처리를 위하여 일종의 디코딩(Decoding)과 라우팅(Routing) 메커니즘을 가지고 있어야 한다.

- 다중 기능(Multiple function on one card)

  한 개의 PCI 버스용 카드가 최대 8가지의 기능을 가질 수 있다. 다중 기능 PCI 확장 보드는 물리적으로는 하나의 슬롯을 차지하지만 운영체제에게는 독립적인 여러 개의 디바이스로 인식되고 동작하므로 매우 유용하다. 예를 들어 비디오 카드 기능과 오버레이 기능을 하나의 카드로 만들고 운영체제에게는 각각의 PCI 확장보드가 꽂혀있는 것으로 인식되고 동작하게 할 수 있다.

- 긴 수명, 프로세서 독립성(Longevity, Interoperability/ Reliability, Processor independent)

  PCI 규격은 특정 CPU에 종속되지 않고 독립적이므로 CPU가 계속 고속으로 발달해 가더라도 PCI 버스는 그것에 계속 부응해 나갈 수 있는 구조이며 여러 종류의 CPU 시스템에 쉽게 적용이 가능하고 포팅이 쉽다.

1.2.1.2 PCI 관련된 핀들

PCI는 시스템 클럭과 관계된 수행을 하는 데이터 전송과 함께 동기되는 버스 구조이다. 초기 PCI 버전에서는 33[㎒]를 지원하였고 최근 2.1버전에서는 66[㎒]를 지원한다.

PCI는 32bit 또는 64bit의 멀티플렉스된 어드레스와 데이터라인을 지원한다. 전원은 5[V], 3.3[V]에서 동작한다.

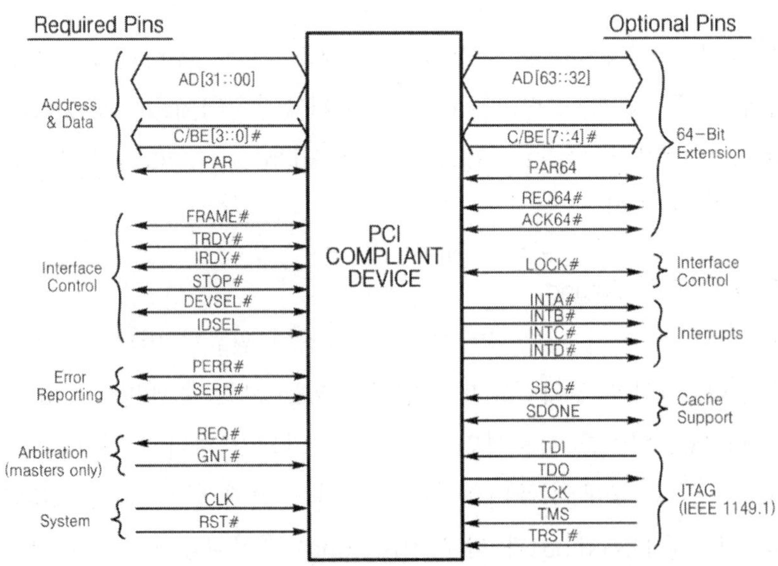

PCI 인터페이스는 타겟장치를 위해 최소 47개의 핀을 필요로 하고 마스터 쪽으로 데이터와 어드레스, 인터페이스 제어, 중재기능 등을 위해 49개의 핀을 필요로 한다.

각각의 핀들은 동작에 있어서 타입(Type)이 있는데, i/o는 입출력 핀을 의미하며, in은 입력 핀을 , o는 출력 핀, t/s는 Tri-state 핀, o/c는 오픈 컬렉터(Open collector) 핀, o/d는 오픈 드레인(Open drain) 핀, t/p는 토템 폴(Totem pole) 핀, 마지막으로 s/t/s는 sustained tri-state 핀을 의미한다. 신호의 이름 끝에 #이 붙어있는 것은 그 신호가 0V(Negative)일 때 활성화(Active)되는 것을 의미하며 #이 없는 신호는 Positive active이다.

• 시스템 핀들(System Pins)

핀 이름	타 입	내 용
CLK	in	클럭(clock) 신호는 PCI 버스에서 일어나는 모든 타이밍 차트의 기준 클럭으로 사용되며 PCI 슬롯에 꽂혀있는 모든 카드에 동일하게 입력된다. 클럭 주파수는 0[Hz]에서 66[MHz]까지 동작가능하며 일반적으로 33[MHz]로 설정되어 있다.
RST#	in	PCI 확장보드에 있는 모든 칩들의 상태를 초기화하는데 사용되는 신호이다.

• 어드레스/ 데이터 버스 핀들(Address and Data Pins)

핀 이름	타 입	내 용
AD[31::00]	t/s	어드레스와 데이터는 같은 PCI핀에 멀티플렉스 되어 있고 FRAME#신호가 활성화되었을 때가 어드레스 상태이다.
C/BE[3::0]#	t/s	이 신호 역시 멀티플렉스 된 신호이며, 어드레스 전송 상태 일 때 명령(Bus command)을 나타내고 데이터 상태에서는 바이트 동작(Byte enables)을 나타낸다. 바이트 동작 신호는 데이터 페이스동안에 현재의 4 바이트의 데이터 버스 값 중에서 어떤 바이트가 의미 있는(Valid) 값인지를 나타내 준다.
PAR	t/s	AD[31::0]와 C/BE[3::0]# 신호의 짝수 패리티 신호를 나타내 주어서 패리티 검사를 할 수 있게 해준다.

- 인터페이스 제어 핀들(Interface Control Pins)

핀 이름	타 입	내 용
FRAME#	s/t/s	사이클 프레임 신호는 마더보드에 있는 PCI 버스 마스터 칩에 의하여 동작하며, 버스 트랜젝션(Burst read / Burst write)의 시작을 나타내며 트랜젝션 동안에 계속 활성화되어 있는다.
IRDY#	s/t/s	초기자 준비(Initiator ready) 신호는 TRDY# 신호와 연동되어 동작하며 데이터 페이스에서 현재 AD[31:00] 버스의 값이 유효하다는 것을 나타내준다. 이 신호의 의미는 PCI 버스 마스터 칩(Initiator)이 데이터를 받거나 보내는 준비가 되어 있다는 것이다.
TRDY#	s/t/s	타겟 준비(Target ready) 신호는 IRDY# 신호와 연동되어 동작하며, 이 신호의 의미는 PCI 디바이스(Target)가 데이터를 받거나 보내는 준비가 되어 있다는 것이다.
STOP#	s/t/s	정지(Stop) 신호는 타겟 디바이스가 버스 마스터에게 현재의 트랜젝션을 중지하라고 알리는 역할을 한다.
LOCK#	s/t/s	다중 트랜젝션이 일어날 때 현재의 트랜젝션이 원자성 동작(Atomic operation)임을 나타내어서 현재의 트랜젝션이 끝나야만 다른 트랜젝션이 시작하도록 하는데 사용된다.
IDSEL	in	초기화 디바이스 선택(Inititalization Device SELect) 신호이다. 설정(Configuration) 읽기/ 쓰기 트랜젝션일 때 이 신호가 활성화되므로 확장보드에 있는 설정 영역용(Configuration space) 레지스터들의 칩 선택(Chip select) 신호로 사용하면 된다.
DEVSEL#	s/t/s	디바이스 선택(DEVice SELect) 신호이다. 현재 확장보드가 선택되었다는 신호이므로 확장보드의 Chip select 단자나 Enable 단자에 연결시켜주면 된다.

- 중재 핀들(Arbitration Pins; Bus Masters Only)

핀 이름	타 입	내 용
REG#	t/s	(Request) 신호와 GNT# t/s (Grant) 신호는 PCI 버스 마스터 칩에서 중재 기능 수행을 위해 사용하므로 우리가 만드는 PCI 확장보드에서는 사용하지 않는다.

- 오류 레포트 핀들(Error Reporting Pins)

핀 이름	타 입	내 용
PERR#	s/t/s	(Parity Error) 신호는 현재 데이터 패리티 에러가 나타났음을 디바이스에 알리며, SERR# o/d (System Error) 신호는 어드레스 패리티 에러가 나타났음을 디바이스에 알려서 현재의 트랜젝션을 무시하고 다시 트랜젝션을 수행하도록 한다.

- 인터럽트 핀들(Interrupt Pins)

핀 이름	타 입	내 용
INTx#	o/d	INTA# o/d (Interrupt A), INTB# o/d (Interrupt B), INTC# o/d (Interrupt C), INTD# o/d (Interrupt D) 신호는 레벨 감지(level sensitive) 신호이며 (반면에 모서리 감지 신호는 레벨이 변화되는 시점에서 동작한다.) 평상시에는 5V이고 디바이스가 드라이버로 인터럽트 요구를 보낼 때에 0V가 된다.(Negative true). 하나의 확장보드에 여러 가지 카드가 함께 구현되어 있는 멀티펑션 카드인 경우에는 INTB#, INTC#, INTD#를 사용하지만, 보통 일반적인 단일기능 카드에서는 INTA#만 사용하면 된다.

- 부가기능 핀들

핀 이름	타 입	내 용
PRSNT [1:2]#	in	이 신호는 장치를 위한 신호가 아니라 에드인 보드에 의해 제공되는 신호 이고 메인보드에 에드인 보드가 물리적으로 존해하는지의 여부를 나타낸다. 뿐만아니라 전체 전력 요구량도 나타낸다.

PRSNT1#	PRSNT2#	최대 요구전력	
Open	Open		에드인 보드가 존재하지 않음
GND	Open	25W	에드인 보드 존재
Open	GND	15W	에드인 보드 존재
GND	GND	7.5W	에드인 보드 존재

일반적으로 PCI 응용보드를 설계할 때 PCI 버스에서 에드인 보드로 직접 연결하는 것이 아니라 PCI버스와 제작한 하드웨어 사이에 PCI인터페이스 전용 칩(PCI Target Interface Chip)을 사용한다. PCI는 스펙에 맞는 여러 가지 복잡한 신호들을 맞추어 주어야 하고 적어도 CPLD와 같은 PLD소자로 PCI인터페이스가 가능하도록 구현해야 한다.

ISA를 사용할 때 어드레스 디코딩과 데이터 신호만 있어도 LED와 같은 외보 하드웨어를 쉽게 제어할 수 있었지만 PCI에서는 Configuration레지스터가 없으면 인식조차 하지 않으므로 PCI인터페이스를 위한 타이밍 다이어 그램이나 여러 가지 지켜주어야 할 신호들을 PCI 스펙에 맞게 제공해주어야 한다.

따라서 전용의 PCI 인터페이스 칩을 사용하면 PCI 버스 인터페이스를 위해 지켜주어야 하는 여러 가지 복잡한 신호들을 칩 자체에서 해결해 주기 때문에 우리는 PCI 버스쪽은 신경 쓰지 않고 ISA를 다룰 때 PPI 8255인터페이스 칩과 같이 로컬 버스 쪽만 신경 쓰면 되므로 PCI 인터페이스를 쉽게 할 수 있다.

PCI 9052는 PCI 버스와 사용자가 개발한 보드를 연결 시켜 주는 PLX사의 인터페이스 칩이다. EZ-PCI Board는 PLX9052칩을 사용하여 PCI버스와 인터페이스하고 있다.

9052의 주요 특징으로 PCI 버스 쪽에 지켜주어야 할 여러 가지 신호를 생성해주고 로컬 쪽으로는 원하는 8/16/32[MHz] 등의 원하는 클럭 속도로 동작할 시킬 수 있다. ISA 모드를 이용해 손쉽게 PCI에서 ISA 인터페이스 신호를 구현할 수 있다.

PCI 버스로 132MB/s의 속도로 버스트 데이터 전송이 가능하고 32bit 폭에 33[MHz] 속도로 FIFO 입출력이 가능하다. 멀티플렉스, 넌 멀티플렉스의 8, 16, 32비트로 로컬버스의 접근을 프로그램할 수 있다.

1.2.1.3 EZ-PCI 보드의 구성

EZ-PCI 보드는 기존 E-Board 3.1의 PCI BUS용으로 ISA카드를 통해 E-Board의 Target을 제어하는 것이 하니라 PCI카드로 E-Board를 제어할 수 있다.

제어 방식은 E-Board제어용 ActiveX DLL(EBoardCtrl.dll)을 이용하여 Visual Basic, Visual C++에서 프로그램 하거나, 직접 Visual C++에서 API 함수로 디바이스 드라이버와 직접 통신하여 제어할 수 있다.

ActiveX Dll을 이용하는 경우 간단히 마우스로 클릭하여 컨트롤을 등록하고 E-Board를 제어하는 여러 가지 메소드들을 이용하여 쉽게 프로그래밍 할 수 있다.

EZ-PCI 보드는 사용자 영역의 Address 공간 4개와 인터럽터 2개를 할당 받을 수 있다. Local Address CS0#~CS3#의 핀에 할당되고 CS0#은 E-Board를 위해 할당되고 CS2#는 EZ-PCI 보드 상의 LED을 입/출력하는데 사용된다. 나머지 CS1#, CS3#은 만능기판에 적당한 하드웨어를 추가하면 되겠다.

EZ-PCI 보드 테스트 프로그램을 실행하여 EZ-PCI 보드의 LED를 테스트 해 볼 수 있다.

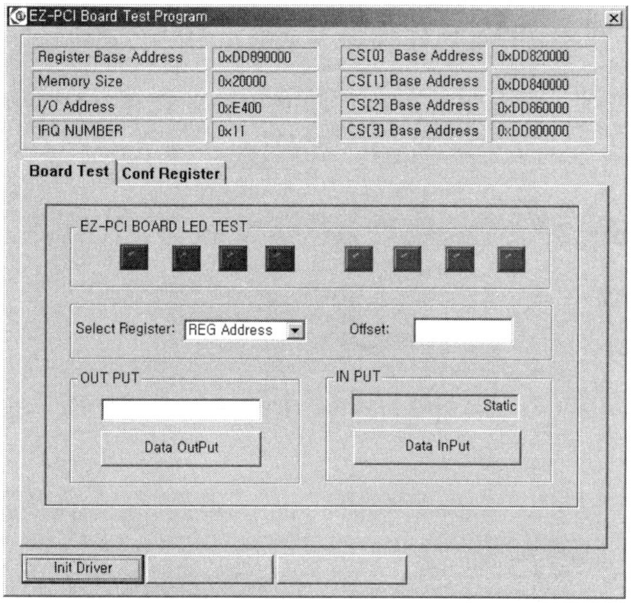

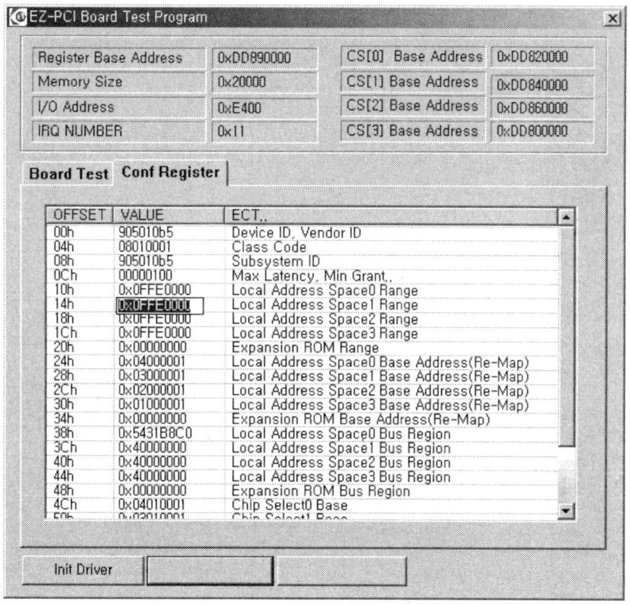

1.2.1.4 EZ-PCI 보드 Device Driver 설치 방법

EBoardCtrl을 사용하기 위해서는 각 EBoard Device에 맞는 Device Driver가 필요로 하는데 ISA의 경우 Device Driver를 설치할 때 EBoard ISA Card의 딥스위치에서 설정한 I/O Range와 IRQ 번호를 설정해야 하고 EBoard PCI Card의 경우 PnP이므로 자동으로 설정된다. 아래에 EBoard Device에 따른 Driver 설치방법을 설명하였다.

- E-Board PCI Interface Card Device Driver 설치 - Win98/Me

① EZ-PCI 보드를 장착하고 부팅을 하면 PnP장치 이기 때문에 자동으로 하드웨어를 발견하고 디바이스 드라이버의 위치를 설정하라는 메시지가 나타난다.

② 디바이스 드라이버가 있는 디렉토리를 지정하고 '확인'을 누른다.

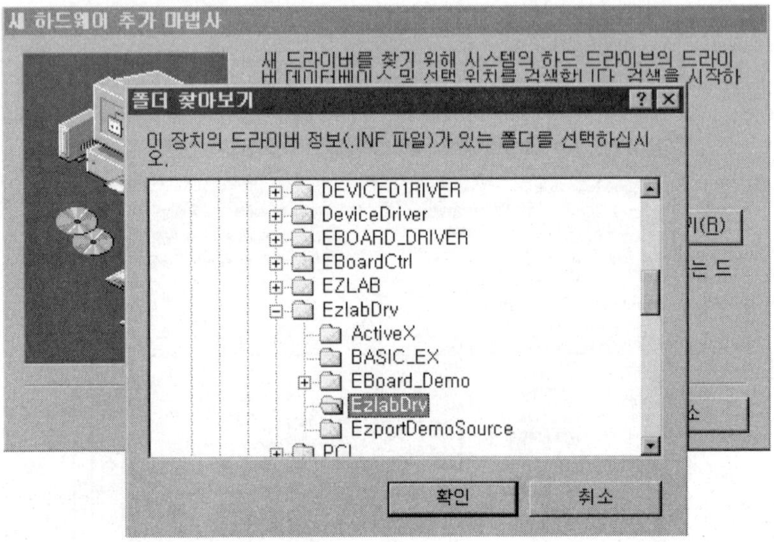

설치가 정상적으로 끝났다면 '장치관리자'에서 아래 그림과 같이 나타난다.

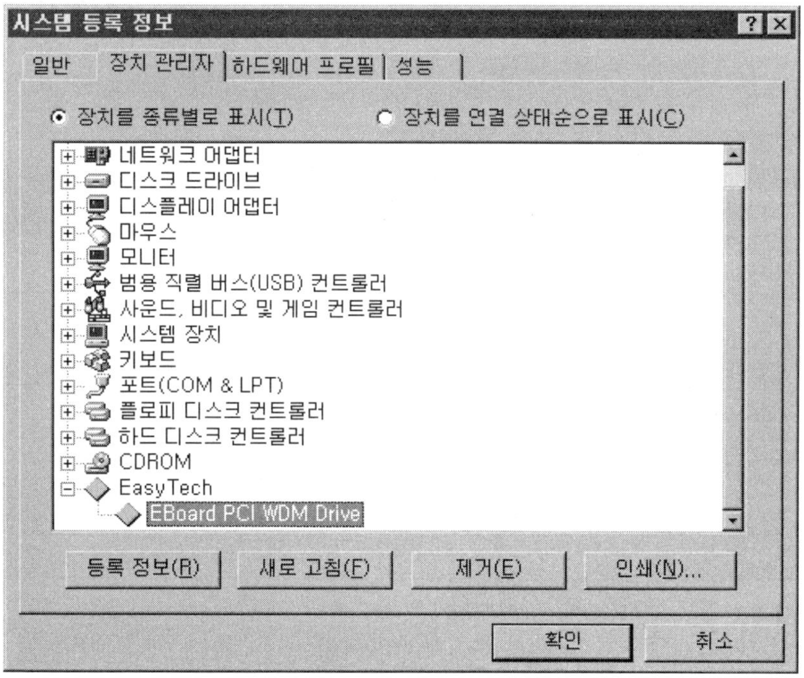

• E-Board PCI Interface Card Device Driver 설치 - Win2k

① EZ-PCI 보드를 장착하고 부팅을 하면 PnP장치이기 때문에 자동으로 하드웨어를 발견하고 디바이스 드라이버의 위치를 설정하라는 메시지가 나타난다.

② 또한 Win2k에서는 EasyTech Driver Installer 소프트웨어를 사용해 쉽게 인스톨 할 수 있다. EzInstall.exe를 실행하면 아래와 같은 화면이 나타나는데 설치할 EBoard Device를 선택하고 'Install'버튼을 클릭하면 된다.

③ 장치 드라이버가 가 올바르게 설치되었다면 '장치관리자'에서 아래와 같은 화면을 볼 수 있을 것이고 PCI카드라면 알맞은 'EBoard PCI WDM'을 선택하면 된다.

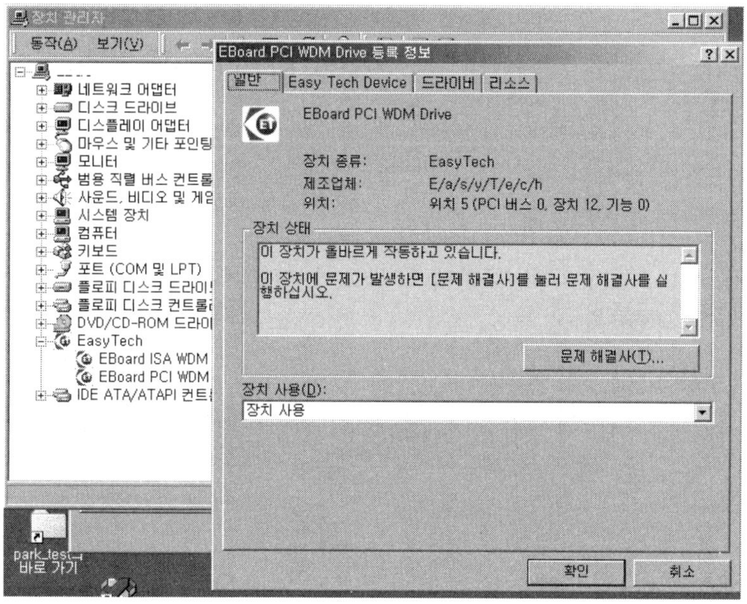

1.2.1.5 PCI Interface Target Chip - PLX9052

PCI 9052는 PCI 버스와 사용자가 개발한 보드를 연결 시켜 주는 PLX사의 인터페이스 칩이다. ISA를 사용할 때 어드레스 디코딩과 데이터 신호만 있어도 외보 하드웨어를 쉽게 제어할 수 있었지만 PCI에서는 Configuration레지스터가 없으면 인식조차 하지 않으므로 PCI인터페이스를 위한 타이밍 다이어 그램이나 여러 가지 지켜 주어야할 신호들을 PCI 스펙에 맞게 제공해주어야 한다.

9052를 사용하면 PCI 버스 인터페이스를 위해 지켜주어야 하는 여러 가지 복잡한 신호들을 칩 자체에서 해결해 주기 때문에 우리는 PCI버스 쪽은 신경 쓰지 않고 ISA를 다룰 때 PPI 8255인터페이스 칩과 같이 로컬 버스쪽만 신경쓰면 되므로 PCI 인터페이스에 널리 사용되는 인터페이스 칩이다.

9052는 PCI버스로 132MB/s의 속도로 버스트 데이터 전송이 가능하고 32bit폭에 33MHz 속도로 FIFO입출력이 가능하다. Multiplex, Non-Multiplex의 8, 16, 32비트로 로컬버스의 접근을 프로그램 할 수 있다.

PCI 9052특징

- PCI 스펙 v2.1지원
- 132MB/s의 전송속도를 가진다
- PCI버스에서 로컬버스로 메모리 맵드접근과 I/O맵드 접근 지원
- 2개의 인터럽트 라인으로부터 인터럽트 생성
- 외부 로컬 TTL 클럭와 내부 PCI 클럭 생성
- 프로그래밍 가능한 로컬 버스 초기화
- 로컬버스와 8, 16, 32bit의 멀티플렉스 모드와 넌 멀티플렉스 모드로 접근 가능. 4개의 바이트 인에블(LBE[3:0]#), 26개의 어드레스 라인(LA[27:2]#), 32-, 16-, 8-bit 데이터 라인(LAD[31:1])이 있다.
- PCI의 초기화 정보를 제공하는 Serial EEPROM 인터페이스 지원
- 4개의 로컬 칩셀렉트 지원

베이스 어드레스와 각 칩셀렉트의 레인지는 EEPROM이나 호스트로부터 독립적으로 프로그램 된다.

- 5개의 로컬 어드레스 공간
  베이스 어드레스와 로컬 각 로컬 어드레스 레인지는 EEPROM과 호스트로부터 독립적이다.
- 리드/라이트신호는 레거시 인터페이스를 위한 딜레이 설정 가능
- 로컬 레디 입력(LRDYi#)

한 사이클에 PCI버스에서 ISA버스로 8-, 16bit 메모리 맵드 / IO맵드 접근이 가능하다.

- PCI LOCK기능 이용해 PCI마스터가 락킹할 수 있다

• BUS Operation

PCI9052에서 로컬버스와의 내부 레지스터의 접근은 아래 커멘드로 가능하다.
9052로의 접근은 Byte, Word, LWord단위로 가능하며 I/O접근은 LWord로 가능하다.

Command Type	Code(C/BE[3:0])
I/O Read	0010(2h)
I/O Write	0011(3h)
Memory Read	0110(6h)
Memory Write	0111(7h)
Memory Multiple	1100(Ch)
Memory Read Line	1110(Eh)
Memory Write and Invalidate	1111(Fh)
Configuration Read	1010(Ah)
Configuration Write	1011(Bh)

• 9052내부 레지스터

Chip select x Base Register

9052는 로컬 버스 쪽의 4개의 디바이스를 선택할 수 있는 제어 신호를 제공하고 있다. 이런 기능이 없다면 사용자는 칩 선택을 위해 디코딩 회로를 포함시켜야 할 것이다. 회로는 어드레스 버스를 제어하고 칩 선택신호를 생성 할 수 있다. 4개의 칩 선택 베이스 레지스터가 있고 이 레지스터들은 9052에 있는 4개의 칩 선택 핀을 제어한다.

예를 들면 칩 선택 0베이스 어드레스 레지스터는 CS0#(pin 130)을, 칩 선택 1베이스 레지스터는 CS1#(pin 131)을 제어한다.

Chip Select x Base Register는 아래와 같이 3가지 특징을 제공한다.

- 칩 선택 베이스 레지스터는 어드레스의 길이와 레인지를 설정하기 위해 사용된다.
- 칩 선택 기능은 인에이블/디세이블 할 수 있고, 만약 인에이블되어 있다면 칩 선택 신호는 활성화되고 어드레스 라인의 어드레스 신호는 베이스 어드레스와 레인지에 기입된 어드레스 내에서 엑티브(Low) 된다.
- 레인지를 시작하는 베이스 주소를 설정한다.

칩 선택 x 베이스 레지스터을 프로그램하기 위해서 아래와 같이 하면 된다.

- 먼저 레인지는 반드시 2의 배수여야 한다.
- 베이스 어드레스는 반드시 레인지의 배수가 되어야 한다.
- Multiple CS X Base레지스터는 다른 레지스터와 겹치지 않게 프로그램 되야 한다

MSB = 27						LSB = 0
XXXX	XXXX	XXXX	XXXX	XXXX	XXXX	XXXY

Y(bit 0)비트는 칩 선택 신호를 인에이블 또는 디시블시킨다.

X비트는 CS# 핀이 Hi가 되는 베이스 어드레스와 길이를 결정하기 위해 사용된다.

베이스 어드레스와 범위를 프로그램 하기 위해 X비트는 아래와 같이 설정하면 된다.

장치 어드레스의 길이와 레인지는 Y비트 이후 첫째 비트로 결정한다. 레지스터에 비트는 카운트 업 되고 Y비트 이후에서 시작한다.

베이스 어드레스는 레인지 비트이하의 비트에 의해 결정된다. 레인지를 결정하는 비트 이하의 모든 비트를 사용하여 설정한다.

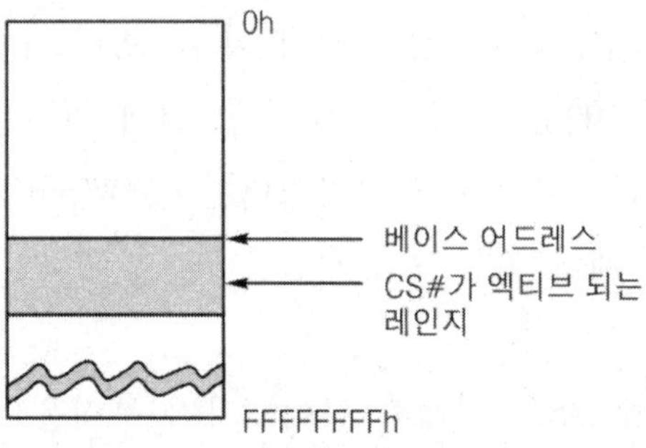

아래의 절차는 칩 선택 X베이스 레지스터를 사용하는 방법을 나타내고 있다.

① 레인지를 헥사값으로 설정하고 2의 지수로 변환한다. (ex. 2^1, 2^2, 2^3...)

② 레인지를 결정하는 칩 선택 x베이스 레지스터에 비트를 설정한다. 레인지의 지수값에 따라 Y비트를 제외한 지수값 번째 비트를 1로 설정한다. (ex. 레이지의 2의 지수값이 2^14 일 경 우 14번째 비트를 1로 설정)

③ 베이스 어드레스를 결정한다. 베이스 어드레스를 위해 헥사값을 사용하고 반드시 2의 배수여야 한다.

④ 베이스 어드레스의 배수 설정. 레인지를 베이스 어드레스로 나눈다.
(base address)/(range) = (base address multiplier)

⑤ 베이스 어드레스 배수를 이진수로 변환한다.

⑥ 베이스 어드레스 배수 비트를 칩 선택 x베이스 레지스터의 레인지 비트 이하값로 직접 설정한다.

예) 16K램이 로컬 버스에 연결되고 베이스 어드레스가 24000h이고 메모리 지도는 아래와 같다.

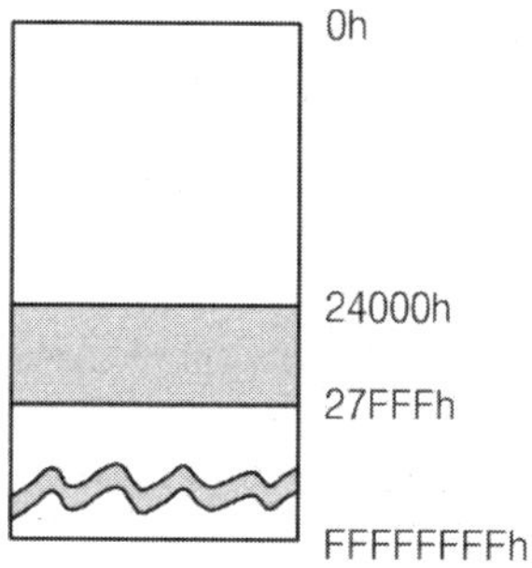

① 레인지를 헥사값으로 결정하고 2의 지수로 변환한다. (16k = 4000h, 2^14 bit)

② 칩 선택 x베이스 레지스터에 레인지를 결정하기 위한 비트값을 설정한다. 예제에서는 14번째 비트를 1로 설정한다.

MSB = 27						LSB = 0
0000	0000	0000	0010	0000	0000	0000

① 베이스 어드레스를 결정한다. 예제에서는 24000h

② 베이스 어드레스 배수결정. 베이스 어드레스를 레인지로 나누면 된다.
24000h/4000h = 9h

③ 베이스 어드레스 배수를 바이너리로 변환한다. 9h = 1001b

④ 칩 선택 x베이스 레지스터의 레인지 비트이하의 베이스 어드레스 배수 비트를 직접 설정한다.

MSB = 27						LSB = 0
0000	0000	0010	0110	0000	0000	0000

칩 선택 x베이스 레지스터에 24000h베이스 어드레스와 4000h레인지로 완전한 설정은 알래와 같다.

• 9052초기화

전원이 들어오는 동안 PCI의 리셋신호(RST#)은 9052내부 레지스터 값을 가진다. 9052는 로컬리셋 신호(LRESET#)를 출력하고 EEPROM을 검사한다. 만약 EEPROM이 초기화되어 있고 첫 16워드 값이 FFFFh가 아니면 EEPROM에서 내부 레지스터값을 로딩한다. 그렇지 않을 경우 디폴트 값이 사용된다.

초기화 레지스터는 EEPROM 혹은 PCI호스트만이 사용할 수 있다. EEPROM이 초기화되는 동안 9052는 PCI 타겟에 응답한다.

• RESET

PCI 버스 RST# 입력은 모든 PCI버스를 9052를 초기화하고 로컬 리셋(LRESET#)을 출력한다.

• Softerware Reset

PCI버스의 호스트는 컨트롤 레지스터(CNTRL)을 이용하여 소프트웨어적으로 리셋하고 LRESET#할 수 있다.

PCI와 로컬 설정 레지스터의 내용은 리셋 되지 않는다.

LRESET#

PCI버스 RST#입력이 Low가 되거나 소프트웨어 리셋 비트(bit30)가 Hi가 되면 LRESET#이 Low가 된다.

• Serial EEPROM

리셋후 9052는 EEPROM의 존재 유무를 위해 리드한다. 엑티브 Low 시작비트는 EEPROM이 존재하는지를 나타낸다.

EEPROM의 첫 워드가 FFFF가 아니면 9052는 블랭크가 아니라 간주하고 계속 읽어 들인다. EEPROM은 먼저 각 32-bit 워드에의 최상위 비트에 저장한다. EEPROM의 첫번째 비트는 Device ID의 bit 15이다.

PCI버스의 호스트는 EEPROM을 읽거나 쓸 수 있다. 컨트롤 레지스터(CNTRL:50h)의 비트 [29:24]는 9052의 EEPROM리드 라이트를 인에이블/디시블하는 핀을 제어한다.

EEPROM데이터를 내부 레지스터로 읽기 위해 (CNTRL:50h)의 비트 29를 1로 하면 된다.

- (CNTRL:50h)의 비트 25를 Hi로 하여 EEPROM CS[3:0]#를 인에이블 시킨다.
- EEPROM의 클럭을 생성한다. 데이터는 Low에서 Hi로 전이되는 동안 읽거나 쓰이게 된다.
- EEPROM 커멘드 코드를 보낸다.
- EEPROM이 존재한다면 커멘드 코드 후 스타트 비트에 0이 반환된다.
- 데이터를 읽거나 쓴다.
- EEPROM 접근 종료를 위해 비트 25에 0을 출력한다.

• 내부 레지스터 접근

9052는 버스 인터페이스를 수행하고 디자인하는데 있어 최대 유연성을 주기 위해 몇 가지 내부 레지스터를 제공한다.

Reg.					PCI	EEPROM
4byte offset	31 - 24	23 - 16	15 - 8	7 0	Writable	Writable
00	Device ID		Vendor ID		N	Y
01	Status Register		Command Register		Y	N
02	Class Code			Rev. ID	N	Y [31:8]
03	BIST	Header~	Latency~	Cache~	Y[7:0]	N
04	Base Address 0				Y	N
05	Base Address 1				Y	N
06	Base Address 2				Y	N
07	Base Address 3				Y	N
08	Base Address 4				Y	N
09	Base Address 5				Y	N
10	Base Address 6				Y	N
11	Subsystem ID		Subsystem Vendor ID		N	Y
12	Expansion ROM Base Register				Y	N
13	Reserved			Cap. ~	N	N
14	Reserved				N	N
15	Max_Lat	Min_Gnt	Int. Pin	Int. line	Y [7:0]	Y [15:8]

레지스터의 형태는 PCI버스와 EEPROM으로부터 접근될 수 있는 PCI레지스터와 로컬 설정 레지스터(Local Configuration Register)가 있다.

PCI 레지스터는 PCI 스펙에 정의 되어있는 것으로, 어떤 회사의 PCI 컨트롤러 칩이든 이 레지스터는 공통이다. Local 레지스터는 PLX사 칩의 고유한 레지스터로 이 레지스터는 초기에 Serial ROM에 설정되어 있는 값으로 설정되며, PCI버스를 통해서 재 설정 할 수도 있다.

- Device and Vendor ID 레지스터

각각의 PCI칩 제조회사의 제품마다 유일한 값으로 OS는 디바이스 드라이버를 로드할 때 이 값을 가지고 해당하는 디바이스 드라이버를 찾아 로드한다.

오프셋 0에 위치하고 Device와 Vendor ID는 특별한 디바이스와 제조사를 식별 할 수 있게 한다.

SubSystem Vendor ID 와 SubSystem Device ID는 PCI인터페이스 칩의 벤더와 PCI칩셋을 사용하는 에드인 보드 제조사 사이를 구별하기 위해 사용된다.

Class Code : PLX칩의 경우 이 값은 시리얼 롬에 설정되어 초기에 로드된다. 다른 칩의 경우에는 공장에서 나올 때부터 설정되어 값을 바꿀 수 없게 할 것이다. 이 값의 역할은 이 PCI 카드가 어떤 역할을 하는 카드인지를 가리킨다.

- Ststus 레지스터

PCI버스와 관계된 이벤트에 관한 정보를 가지고 있다.

- Command 레지스터

메모리 공간의 접근이든, IO공간의 접근이든 제어 가능하다.

- PCI Base Address레지스터 (메모리 접근용)

시스템 바이오스는 PCI 로컬 설정 레지스터로 메모리 접근을 위한 어드레스를 할당하기 위해 이 레지스터를 사용한다.

PCI어드레스 레인지는 설정 레지스터의 고정된 128byte로 점유된다. 초기화 동안 호스트는 이 레지스터에 FFFFFFFFh 값을 쓰고, 요구되는 메모리 공간을 결정하는 128byte의 FFFFFF70h 값을 읽는다. 이 값이 0xFFFFFF80h이면 128Byte (뒷자리의 0 이 7개의 연속이므로 2 ^ 7 = 128) 의 Range(=Size)를 갖고 있다는 것을 알 수 있다.

호스트는 [31:7]비트로 베이스 어드레스를 쓴다.

PnP O/S 는 이후에 다른 PCI 컨트롤러와 메모리가 겹치지 않게 시작 어드레스를 설정하고, 크기(Size)를 더해 이 레지스터에 값(시작 어드레스+ Size)을 설정하는 것이다.

- **PCI Base Asserss레지스터 (I/O접근용)**

시스템 바이오스는 I/O 접근을 위한 PCI 어드레스 공간을 할당하기 위해 이 레지스터를 사용한다. PCI레인지는 128byte의 초기화 레지스터에 의해 점유된다. 호스트가 초기화되는 동안 호스는 FFFFFFFFh 값을 쓰고, 128byte의 요구되는 I/O공간을 결정하는 FFFFFF71h 값을 읽는다.

- **PCI Base Addrss 레지스터(로컬 영역 0~3접근용)**

시스템 바이오스는 로컬 주소 영역 0~3으로 접근을 위한 PCI 어스레스 공간의 할당을 위해 이 레지스터를 사용한다.

PCI 어드레스 레인지는 로컬 어드레스 영역0 레인지 레지스터에 의해 점유된다. 초기화 동안 호스트는 FFFFFFFFh 값을 쓰고 레인지에 의해 결정되는 값을 읽는다. 호스트는 베이스 어드레스를 이 레지스터의 상위 비트로 쓴다.

- **PCI 인터럽트 라인 레지스터**

디바이스의 어떤 인터럽트 라인이 인터럽트 제어기로 연결되는가를 나타낸다.

- **PCI 인터럽트 핀 레지스터**

사용되는 인터럽트 핀을 정의한다.

- **내부 레지스터로 PCI버스 접근**

PCI9052 설정 레지스터는 PCI 버스로부터 초기화 타입0 사이클 형태로 접근된다. PCI로컬 설정 레지스터는 다음과 같이 접근된다.

- 메모리 주기, PCI초기화 레지스터(PCIBAR0:10h)로 메모리 접근을 위한 PCI 베이스 어드레스 레지스터에 기입된 베이스 어드레스와 일치하는 PCI 버스 어드레스로의 메모리 주기로 접근.
- I/O주기, 로컬 초기화 레지스터(PCIBAR1:14h)로 I/O접근을 위한 PCI 베이스 어드레스 레지스터에 기입된 베이스 어드레스와 일치하는 PCI 버스 어드레스로서의 I/O주기로 접근.

• Direct Data 전송모드

PCI호스트는 로컬 버스에 직접적으로 접근할 수 있는데 9052내부의 설정 레지스터는 로컬 어드레스 공간으로의 접근하는 디코딩과 리맵핑을 제어한다.

리드 라이트 FIFO는 로컬과 PCI 사이에서 고성능의 버스트가 가능하다.

9052는 메모리 맵드 버스트 전송과 I/O 맵드 버스트 전송을 지원한다. PCI베이스 어드레스레지스터는 PCI메모리 영역과 I/O영역의 어뎁터 위치를 결정하기 위해 제공된다. 부가적으로 로컬 매핑 레제스터는 PCI어드레스 영역에서 로컬 어드레스 영역으로 어드레스 전이를 가능하게 하기 위해 제공된다.

9052는 Direct Slave I/O접근을 위한 하나의 전송후 연결이 끊어진다. 한 Direct Slave 리드 주기동안 버스트 리드 전 처리자는 로컬 어드레스 영역

• PCI 2.1모드

9052는 PCI 스펙 2.1에 정의된 형태로 지연된 리드를 수행하는 PCI모드 레지스터를 통해 프로그램 된다.

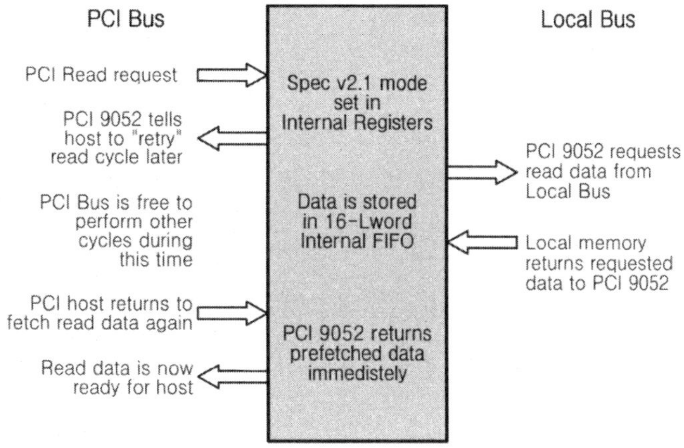

• PCI에서 로컬어드레스로의 맵핑

5개의 로컬 어드레스 영역(로컬 영역 0-3, 확장 롬 영역)이 PCI버스로부터 접근될 수 있다.
4개의 레지스터가 각 영역을 정의한다.

- PCI 베이스 어드레스

- 로컬 레인지
- 로컬 베이스 어드레스
- 로컬 버스 영역 디스크립터

바이트 인에이블(LBE[0:3]#)이 초기화된 버스 폭을 기준으로 엔코딩한다.

PCI호스트는 로컬버스에 연결된 장치를 읽고 쓰기 위해 직접적으로 접근 할 수 있다.

9052의 내부 컨트롤 레지스터는 로컬어드레스 영역으로 맵핑하는 것을 제어한다. 양방향 FIFO는 PCI호스트와 로컬버스 사이의 고성능의 버스트 전송을 가능하게 한다.

9502는 0~3의 로컬 영역과 확장 롬 영역을 포함해 호스트로부터 접근 가능한 5개의 로컬어드레스 공간이 있다. 4개의 레지스터가 각 영역에 정의되고 LBE[3:0](Byte Enable)핀은 초기화된 버스 폭을 기준으로 엔코드된다.

- 32-bit Bus

4개의 Byte Enable핀은 데이터 주기동안 LAD중 엑티브된 바이트를 나타내어 준다.
LBE3# Enable => LAD[31:24]
LBE2# Enable => LAD[23:16]
LBE1# Enable => LAD[15:8]
LBE0# Enable => LAD[7:0]

- 16-bit Bus

LBE[3,1,0]#신호는 BHE#, LA1, LBE#를 제공하기 위해 아래와 같이 엔코드된다.
LBE3# Bye Hi호 Enable(BHE#) => LAD[15:8]
LBE2# 사용하지 않음
LBE1# Address bit1 => LA1
LBE0# Byte Low Enable(LBE#) => LAD[7:0]

- 8-bit Bus

LBE[1:0]#은 LA[1:0]로 제공되어 엔코더 된다.
LBE3#

LBE2#

LBE1# Addfess bit1 => LA1

LEE0# Addfess bit0 => LA0

로컬 어드레스 영역으로 각 PCI는 리셋 되었을 때 초기화 부분으로 정의되어 진다.

• **로컬버스 초기화 소프트웨어**

PCI를 디코드하는 데 사용되는 PCI어드레스 비트를 정의하는 레인지는 로컬 버스 영역으로 접근할 수 있다.

• **PCI초기화 소프트웨어**

PCI 호스트 버스 초기화 소프트웨어는 PCI 베이스 어드레스로 모두 1값을 출력해서 요구되는 어드레스 공간을 결정한다. 요구되는 어드레스 공간을 기입하는 어드레스 비트가 아니면 0값을 반환한다.

PCI 소프트웨어는 PCI베이스 어드레스 레지스터를 프로그램 해서 PCI어드레스 공간에 로컬어드레스 공간을 맵핑한다.

예) 1MB 의 02300000h에서 23FFFFFh까지 로컬 어드레스 공간은 PCI 버스로 부터 PCI 어드레스 78900000h에서 789FFFFFh까지 공간으로 접근할 수 있다.
EEPROM은 아래와 같이 레인지와 로컬 베이스 어드레스 레지스터를 설정한다.

① RANGE = FFF00000h (1MB, PCI 어드레스 비트 상위 12비트 디코드)
로컬 베이스 어드레스(리맵핑) = 023XXXXXh (PCI가 로컬 어드레스로 접근하는 로컬 베이스 어드레스)

② PCI 초기화 소프트웨어는 PCI 베이스 어드레스로 모두 1값을 쓴다. 9052는 FFF00000h를 반환한다. PCI 소프트웨어는 PCI베이스 어드레스 레지스터로 쓴다.
PCI 베이스 어드레스 = 789XXXXXh (로컬 어드레스 공간으로 접근하기 위한 PCI 베이스 어드레스)

로컬버스로 접근을 위해 9052는 64바이트의 쓰기 FIFO와 32바이트의 읽기 FIFO가 있다. FIFO는 PCI버스의 독립적인 동작을 위한 로컬 버스를 인에이블 한다. 9052는 RETRY 응답을 반환하게 프로그램 할 수 있다

쓰기 FIFO가 가득 찰 때 PCI 전송 시도가 9052 로컬 버스로 쓰는 것을 TRDY#로 병목하도록 프로그램 할 수 있다.

9052로컬 버스로부터 PCI 리드 전송을 위해 반환되는 로컬 버스 롱워드를 모으는 동안 TRDY#을 Hi(Hold OFF)로 한다. PCI메모리 공간으로 맵핑되는 읽기 동작을 위해 9052는 4개의 롱워드 값을 로컬 버스로부터 읽어 온다. 사용되지 않는 리드 데이터는 FIFO로부터 버려지게 된다. I/O공간에 맵핑된 읽기 접근을 위해 9052는 리드 데이터를 읽어 오지 않는다. 로컬 버스의 하나의 어드레스 데이터 주기로 버스트 주기의 각 리드를 멈추게 한다.

9052거 TRDY# 신호를 잡고 있는 시간은 컨트롤 레지스터(CNTRL:50h) 에서 프로그램 할 수 있다.

프로그램 된 주기가 경과되면 PCI 버스 마스터로 RETRY를 출력한다. 로컬버스로부터 데이터를 받을 수 없을 때 이 신호를 출력하고 프로그램 된 주기 내에 TRDY#을 반환한다.

로컬 인터럽트 LINTi1, LINTi2의 인터럽트 입력 및 소프트웨어 인터럽트(CNTRL레지스터 bit30)로 PCI인터럽트(INTA#)를 생성할 수 있다.

9052인터럽트 제어 레지스터로 각 인터럽트의 소스는 인에이블 또는 디스에이블 된다. 인터럽트 상태 레지스터 각 인터럽트 소스의 상태정보를 제공해 준다.

PCI버스 인터럽트는 비동기 레벨 출력이다. 소스의 인터럽트 인에이블 비트를 디스에이블시키거나 인터럽트 원을 지워서 인터럽트를 지울 수 있다.

• **로컬 인터럽트(LINTi[2:1])**

9052는 2개의 로컬 인터럽트를 제공하고 PCI인터럽트를 생성하는데 사용될 수 있다. LINTi[2:1]은 에지 혹은 레벨 트리거모드를 제공하고 (INTCSR:4Ch)레지스터를 통해 프로그램 된다.

- PIN Discription

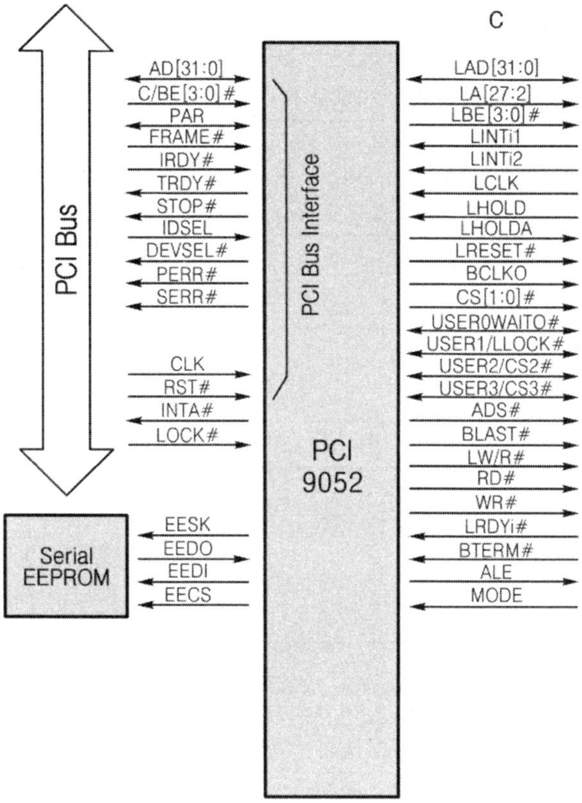

- EEPROM 인터페이스 핀

EECS : EEPROM칩 선택 신호

EEDO : 데이터 리드

EEDI : 데이트 라이트

EESK : EEPROM 클럭

• 시스템 버스 인터페이스 핀

핀 이름	타 입	내 용
AD[31:0]		어드레스와 데이터 신호
C/BE[3:0]#		Bus Command and Byte Enable PCI버스가 어드레스구간 일 때 커멘드이고, 데이터 구간일 때 Byte 활성화 신호로 동작한다.
CLK		클럭 입력 단자
DEVSEL#		Device Select
FRAME#		Cycle Frame
LOCK#		
INTA#		Interrupt A, 인터럽트 요구 핀

• 로컬 지원 핀

핀 이름	타 입	내 용
TEST		1 - Test Mode : 모든 출력은 3상이 된다. 0 - Operation Mode : 정상 동작.
MODE		(BUS MODE) 동작모드 설정. Hi = Multiplexed Bus Mode Low = Non-Multiplexed Bud Mode
LINTi1, 2	In	Local Interrupt 1, 2 INTCSR 설정 레지스터에 의해 인터럽트 모드 설정.
LCLK		Local Bus Clock 40[MHz]이상으로 PCI 클럭과 동기 된다.
LHOLD		Hold Request 로컬버스 마스터에게 로컬버스의 사용을 요청하는 핀
LHOLDA		Hold Acknowledge
LRESET#		Local Reset Out
BCLKO		BCLK Out
USER0		User I/O 0
WAITO#		WAIT out
CS[1:0]#		Chip Select

1-3 병렬 입출력 장치

여기에서는,

- 실험보드에서 쓰이는 인터페이스(Interface) 장치에 대해 알아본다.
- PPI 8255A의 구조와 기능을 공부한다.
- PPI 8255A의 초기화 및 제어 방법을 공부한다.
- PPI 8255A를 프로그램으로 제어하여 본다.

실험보드에서의 디지털 입출력 인터페이스

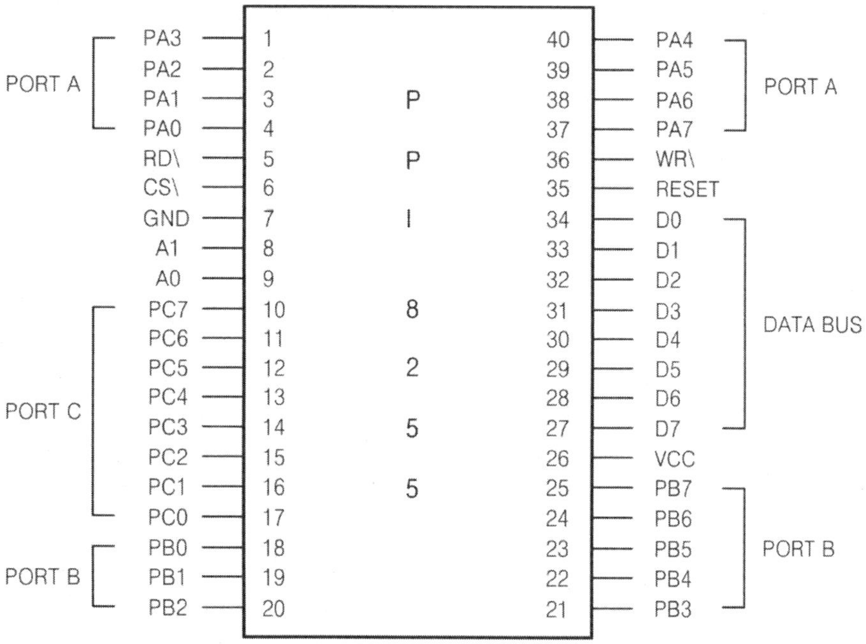

【그림 1.3-1】 PPI 8255A의 핀 배치도

실험보드에서는 디지털 신호를 입출력하기 위해 인텔(Intel)의 PPI 8255A를 사용한다. PPI(Programmable Peripheral Interface)라고 불리우는 PPI 8255A는 인텔사(Intel社)의 마이크로프로세서(8080, 8085, 8086 등)와 함께 사용될 목적으로 제작된 범용(汎用) 프로그래머블 입출력 LSI 이다. PPI 8255A는 병렬 입출력 인터페이스 부품 중 가장 일반적인 것이다.

[그림 1.3-1]은 PPI 8255A의 핀 배치도이다. 실험보드에서는 PPI 8255A를 통하여 스위치 등의 정보를 PC로 읽어들이며, LED(발광 다이오드, Light Emitting Diode), 모터, DAC(디지털-아날로그 변환기, Digital to Analog Converter)등의 장치를 제어한다. 그러므로 실험보드를 제어하는 일의 대부분은 PPI 8255A를 제어하는 일이 된다. 사용자는 프로그램으로 PPI 8255A의 각 입출력 비트를 제어하여 실험보드의 장치들을 제어하게 되는 것이다.

PPI 8255A는 8비트 입출력 포트를 3개 가지고 있다. 각 8비트 포트는 포트 A(PA), 포트 B(PB), 포트 C(PC)라고 부른다. PPI 8255A로 제어를 할 수 있는 입출력 핀의 수는 모두 24(= 8/포트 × 3)개가 되므로 PPI 8255A를 사용하여 최대 24가지의 디지털 신호를 제어할 수 있다.

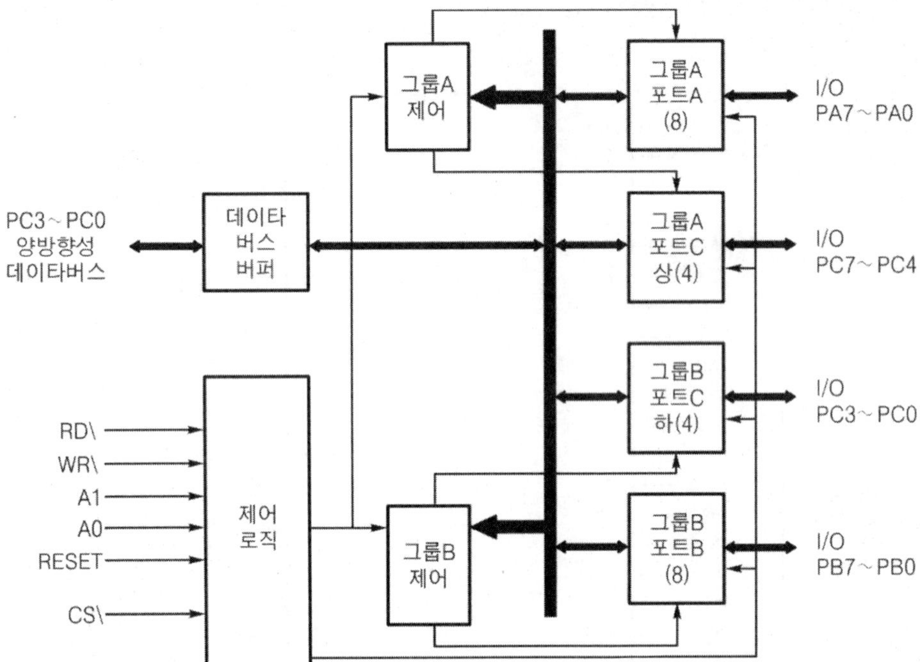

【그림 1.3-2】 PPI 8255A의 내부구성

1.3.1 PPI 8255A의 구조 및 기능

1.3.1.1 PPI 8255A의 구조

PPI 8255A에는 입출력을 위한 8비트 포트(Port)가 3개 있다. 각각을 포트 A(PA), 포트

B(PB), 포트 C(PC)라고 부른다. 또한 이들 포트를 제어하기 위한 제어워드레지스터(CWR)라고 하는 8비트의 레지스터가 있다. [그림 1.3-2]는 PPI 8255A의 내부구성을 나타낸다.

1.3.1.2 PPI 8255A의 기능 설명

- **데이터 버스 버퍼(Data bus buffer)**

데이터 버스 버퍼는 3스테이트 양방향 8비트 버퍼로 시스템의 데이터 버스와 PPI 8255A를 인터페이스 시키는 데 사용된다. 데이터는 CPU에서 보내지는 입력/출력 명령의 실행에 의하여 전송된다. 제어워드(Control word)나 상태 정보(Status information)도 역시 데이터 버스를 통하여 전달된다.

- **읽기/쓰기(Read/Write)와 제어 로직(Control logic)**

CPU로부터의 어드레스와 제어 버스의 입력을 받아서 각 제어 그룹(Control group)에 제어 신호 및 데이터의 내·외부 전송을 관리하는 신호를 발생시키게 된다.

- **$\overline{\text{CS}}$ (Chip select)**

대부분 이 단자에는 어드레스 디코더의 출력이 연결되어 특정한 어드레스가 할당되어 동작하게 된다. 이 입력 핀이 "L"(low, 0V)이 되면 동작가능상태(Chip enable)가 되어 CPU와 PPI 8255A 사이의 통신이 가능해 진다. 만약 이 단자가 "H"(high, 5V)에서는 동작불능상태(Chip disable)가 되어 3스테이트 상태가 되며 포트 A, B, C에는 영향을 미치지 않는다.

- **$\overline{\text{RD}}$ (Read)**

이 입력 핀이 "L"(low, 0V)이 되면 PPI 8255A는 A0, A1에 의해 지정된 Port 어드레스의 데이터를 CPU의 데이터 버스에 내보낸다. 즉, 이 입력은 CPU가 PPI 8255A로부터 정보를 "읽는(Read)" 것을 허용하게 되는 것이다.

- **$\overline{\text{WR}}$ (Write)**

이 입력 핀이 "L"(low, 0V)이 되면 CPU가 PPI 8255A에 데이터나 제어 워드를 "쓰는(Write)" 것이 허용된다.

• A0과 A1(Port select 0, Port select 1)

이 입력은 $\overline{RD}$, $\overline{WR}$와 함께 사용되어 3개의 포트와 제어워드레지스터(Control Word Register)중에서 하나를 선택하는데 사용된다. 이 입력은 보통 어드레스 버스의 LSB(Least Significant Bit) 두 비트(A0, A1)에 연결된다.

위에 보인 바와 같이 PPI 8255A에는 모두 4개의 8비트 레지스터(PA, PB, PC, CWR)가 있으므로 이들을 제어하기 위한 I/O 어드레스는 모두 4개가 되어야하며 이는 2비트의 어드레스 선택단자(A0, A1)로 실현되고 있는 것이다. 2비트로 나타낼 수 있는 모든 경우는 4가지로 포트 A(00), 포트 B(01), 포트 C(10), CWR(11) 이다. [표 1.3-1]은 PPI 8255A의 기본적인 데이터의 입출력 동작을 보여준다.

• RESET

이 입력이 "H"(High, 5V)가 되면 PPI 8255A의 모든 포트와 제어워드레지스터가 클리어('0'으로) 되며 모든 포트는 입력 모드가 된다. 그러나 이대로는 입력포트로 사용하지 못하고 제어워드레지스터를 다시 설정해 주어야만 사용이 가능하다.

【표 1.3-1】 PPI 8255A의 기본적인 데이터의 입출력동작

A1	A0	$\overline{RD}$	$\overline{WR}$	$\overline{CS}$	동 작	
0	0	0	1	0	입력동작 (READ)	포트 A → 데이터 버스
0	1	0	1	0		포트 B → 데이터 버스
1	0	0	1	0		포트 C → 데이터 버스
0	0	1	0	0	출력동작 (WRITE)	데이터 버스 → 포트 A
0	1	1	0	0		데이터 버스 → 포트 B
1	0	1	0	0		데이터 버스 → 포트 C
1	1	1	0	0		데이터 버스 → CWR
1	1	0	1	0	금지기능	부적절한 상태(금지)
×	×	×	×	1		데이터 버스 → 3상태*
×	×	1	1	0		데이터 버스 → 3상태*

* 데이터 버스가 PPI 8255A의 내부와 차단되어 CPU에서 볼 때 마치 PPI 8255A에 연결된 데이터 버스가 끊어진 것 같은 상태를 말한다. high-impedance 상태라고도 한다.

• **그룹 A(group A)와 그룹 B(group B) 제어**

각 포트의 기능 설정은 시스템의 소프트웨어(Software)로 프로그램해야 한다. 원리적으로는 CPU가 PPI 8255A의 제어워드레지스터에 값을 출력하는 형태가 된다. 제어워드는 "모드"(Mode)나 "비트 세트"(Bit set), "비트 리세트"(Bit reset) 등의 정보로 구성되며, 이 정보가 PPI 8255A의 기능 설정을 초기화한다.

각 제어 블록(Control block = group A and group B)은 읽기/쓰기 제어로직으로부터 "명령"(Command)을 받아들이고 내부 데이터 버스로부터 "제어워드"를 받아서 그에 알맞은 명령을 관련된 포트로 보내게 된다.

제어 그룹 A = 포트 A, 포트 C의 상위 4비트(C7~C4)
제어 그룹 B = 포트 B, 포트 C의 하위 4비트(C3~C0)

제어워드레지스터는 데이터를 쓰기(Write) 밖에 되지 않는다. 그러므로 제어워드레지스터에는 읽기(Read) 동작은 허용되지 않는다. ([표 1.3-1] 참조)

• **포트 A, B, C(port A, B, and C)**

PPI 8255A는 세 개의 8비트 포트(A, B, C)를 갖는다. 모든 포트는 시스템의 소프트웨어에 의해 다양한 설정을 가질 수 있지만 각 포트는 미리 정의된 허용 설정에만 대응되게 된다.

포트 A - 하나의 8비트 데이터 출력 래치(Latch)/버퍼(Buffer)와 하나의 8비트 데이터 입력 래치(Latch)를 갖는다.

포트 B - 하나의 8비트 데이터 출력 래치(Latch)/버퍼(Buffer)와 하나의 8비트 데이터 입력 래치(Latch)를 갖는다.

포트 C - 하나의 8비트 데이터 출력 래치(Latch)/버퍼(Buffer)와 하나의 8비트 데이터 입력 버퍼(Buffer)(입력을 위한 래치(Latch)는 없다.)를 갖는다. 이 포트는 모드 제어에 의하여 4비트씩 두개의 포트로 나뉘어 사용될 수 있다. 각 4비트 포트는 하나의 4비트 래치(Latch)를 가지며, 포트 A, 포트 B와 함께 쓰여 제어 신호 출력(Control signal output)과 상태 신호 입력(Status signal input)으로 사용될 수 있다.

1.3.1.3 PPI 8255A의 동작 모드

PPI 8255A는 데이터의 입출력 방법과 사용되는 포트에 따라 3개의 작동 모드(Operating mode)를 갖는다. PPI 8255A는 이들 모드 중에서 작동되어야 한다. 각 모드에서 입출력으로 사용될 수 있는 포트는 8비트씩(혹은 포트 C를 둘로 나누어 4비트씩)으로 제한되어 있다[그림 1.3-2 참조]. 다음은 각 모드에 대한 설명이다.

- **모드 0(mode 0)**
  - 8비트 포트가 2개이고 4비트 포트가 2개 (포트 A, 포트 B, 포트 C의 상위 4비트, 포트 C의 하위 4비트).
  - 모든 포트가 입출력 어느 쪽에도 사용할 수 있다.
  - 출력 포트는 래치(Latch)이다 (내용을 변경하지 않는 한 그 값을 계속 유지(기억)한다).
  - 입력은 버퍼이다(기억되지는 않는다).
  - 이들 조합이 16가지나 가능 (8비트 포트 2개, 4비트 2개, 모두 4종류를 입력, 출력 중 선택하므로 모두 16종류의 선택을 할 수 있다).

- **모드 1(mode 1)**
  - 그룹 A(Group A)와 그룹 B(Group B), 2가지로 나누어진다 (각 12비트).
  - 그룹 A = 포트 A와 포트 C의 상위 4비트.
  - 그룹 B = 포트 B와 포트 C의 하위 4비트.
  - 각 그룹은 8비트 데이터 포트와 4비트 제어 포트로 이루어져 있다.
  - 8비트 데이터 포트는 입력과 출력, 어느 쪽이든 사용 가능하고, 래치(Latch) 포트이다.
  - 4비트 포트는 데이터 포트를 위한 제어와 스테이터스(Status)로서 이용한다.
  - 모드 1은 데이터 통신을 위한 모드로 단방향(Uni-directional)통신에 사용된다.

- **모드 2(mode 2)**
  - 그룹 A(포트 A와 포트 C의 5비트)만 사용할 수 있다.
  - 8비트 양방향성 포트 A와 5비트 제어 포트 C로 동작한다.
  - 입출력 어느 쪽도 래치(Latch)이다.
  - 5비트 포트는 양방향성 데이터 포트 제어 및 스테이터스로서 이용한다.

- 모드 2는 양방향(Bi-directional) 통신에 사용될 수 있다.

  (* 실험보드에서는 동작 모드 0 밖에는 사용하지 않으므로 모드 1과 모드 2의 자세한 기능과 작동에 대해서는 설명을 생략하였다. 관심이 있는 사람은 참고문헌 중 'Peripheral Components' (Intel)을 참고하기 바란다.[1])

이상의 모드는 조합하여 사용할 수도 있다. PPI 8255A의 동작 모드는 제어워드레지스터에 의해 지정된다. 따라서, PPI 8255A을 사용하기 전에 먼저 제어워드레지스터에 제어정보(제어워드)를 써넣어야 한다.

1.3.1.4 PPI 8255A의 제어워드레지스터

PPI 8255A를 제어하려면 제일 먼저 PPI 8255A의 제어워드레지스터(CWR = Control Word Register)를 조작하여 PPI 8255A가 알맞은 모드에서 동작하도록 지시해 주어야 한다. 제어워드레지스터는 모두 8비트를 갖는다. 제어워드레지스터는 두 가지 용도로 사용된다. 한가지는 각 포트의 입력/출력과 모드지정을 위한 것이고, 다른 한가지는 포트 C를 한 비트씩 제어하기 위한 것이다. 이 두 가지 역할은 제어워드레지스터의 MSB(Most Significant Bit, 최상위 비트 D7)의 상태에 따라 결정된다.

D_7이 '1'인 경우는 입출력 상태와 모드 설정에 사용된다. PPI 8255A의 포트를 쓰기 전에 지정해 주어야 하는 것은 바로 이 경우이다. 제어워드레지스터의 각 비트의 기능은 [그림 1.3-3]과 같다.

D_7	D_6	D_5	D_4	D_3	D_2	D_1	D_0	
1								CONTROL WORD

그룹 B 제어		
(D_0) 포트C(하위)	0	출력
	1	입력
(D_1) 포트B	0	출력
	1	입력
(D_2) 모드선택	0	모드 0
	1	모드 1

그룹 A 제어		
(D_3) 포트C(상위)	0	출력
	1	입력
(D_4) 포트 A	0	출력
	1	입력
($D_6 D_5$) 포트선택	00	모드 0
	01	모드 1
	1×	모드 2

(D_7) 기능제어		
기능제어	0	비트 세트/리셋
	1	모드선택

【그림 1.3-3】 PPI 8255A 제어 워드의 기능(1)

• 모드지정

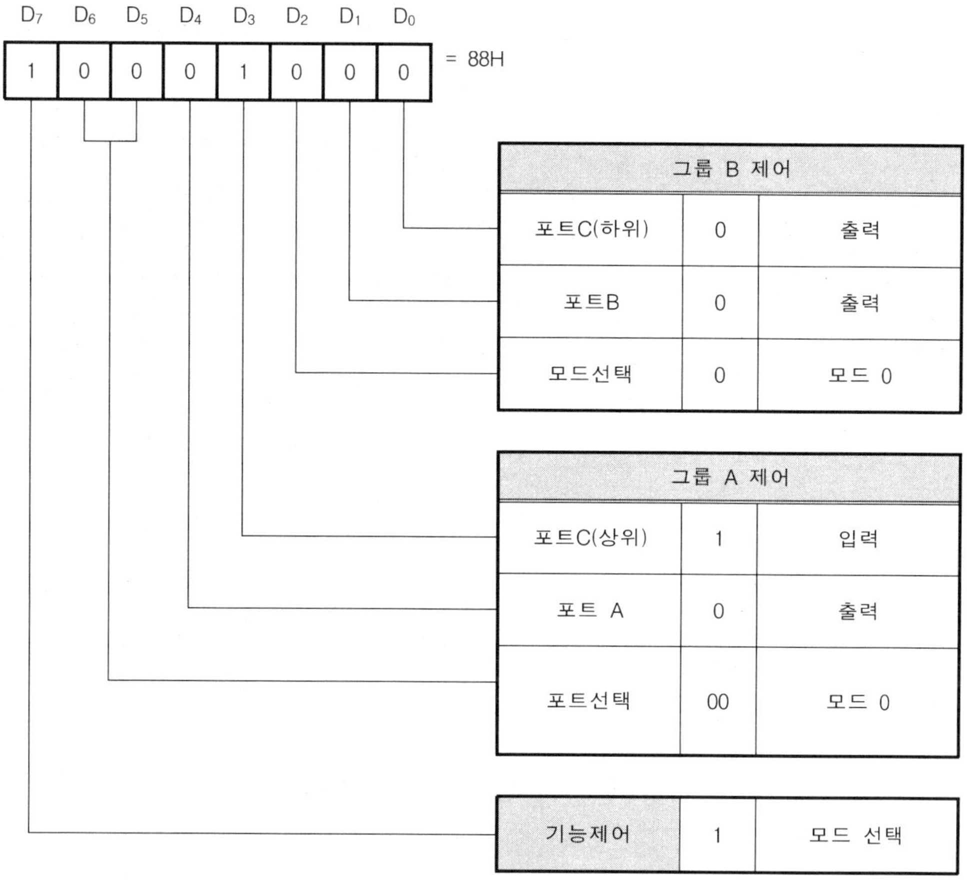

【그림 1.3-4】 실험보드의 PPI 8255(1) 제어워드레지스터 설정

실험보드에서는 두 개의 PPI 8255A를 모드 0으로 사용하며, 디지털 입출력에 사용하는 PPI 8255A(1)는 포트 A, 포트 B, 포트 C의 하위 4비트를 출력으로, 포트 C의 상위 4비트를 입력으로 사용한다. 이 경우의 제어워드레지스터는 [그림 1.3-4]와 같이 된다([그림 1.3-3]과 비교해보기 바란다).

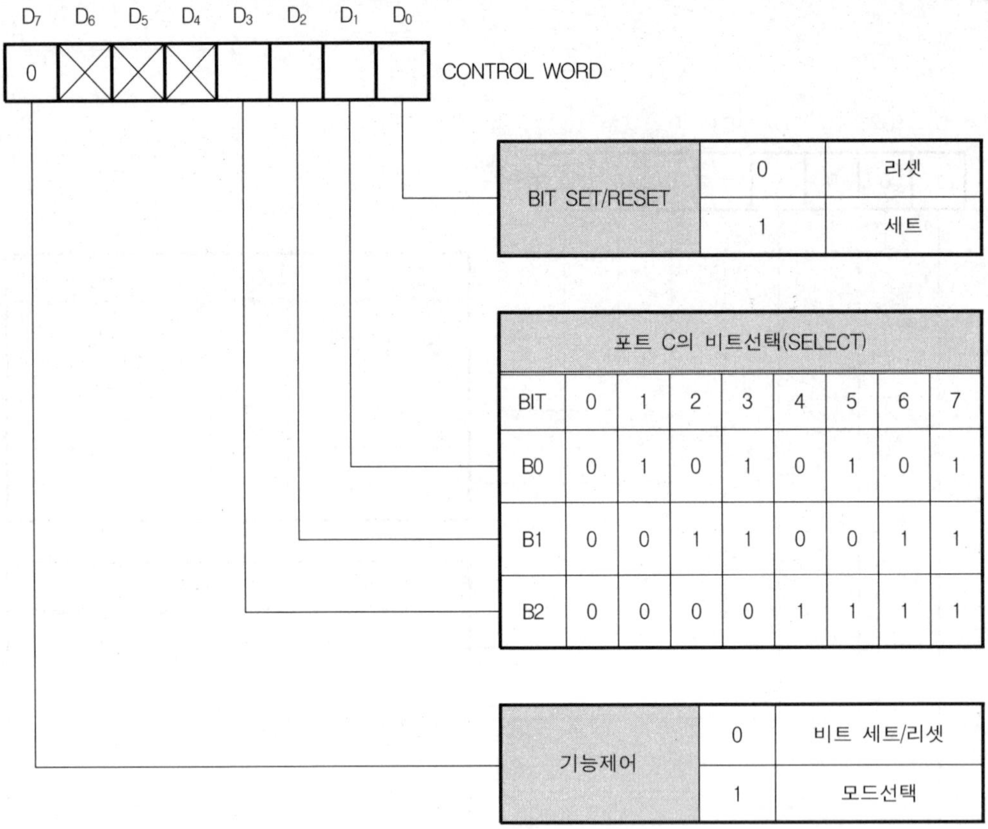

【그림 1.3-5】 PPI 8255A 제어 워드의 기능(2)

• C 포트 비트 세트/리세트

D7이 '0'인 경우는 포트 C의 각 비트 중 한 비트를 제어(세트/리세트, 1/0)할 때 사용된다. D3, D2, D1의 3 비트는 포트 C의 8개 비트 중 어느 비트를 제어할 것인가를 선택하는데 사용된다. D3, D2, D1이 0, 0, 0일 경우는 포트 C의 0번 비트(PC0)를 선택한 것이 되며, 0, 1, 1인 경우는 PC3을 선택하는 것이 된다.

D0은 선택된 비트를 세트/리세트 하는 데 사용된다. D3, D2, D1이 1, 1, 1이고 D0이 1인 경우는 PC7이 1(세트)된다. [그림 1.3-5]를 보기 바란다.

1.3.2 실험보드에 PPI 8255A 접속

PC와 PPI 8255A를 접속하는 경우에 PC내의 미리 지정된 I/O 어드레스와 충돌하지 않도록 주의할 필요가 있다. 실험보드에서는 인터페이스 카드의 어드레스 디코더(Address decoder) 부분에서 이 문제를 해결한다. 지정된 어드레스가 선택되지 않을 경우에는 어드레스와 데이터 버퍼를 차단하여 충돌을 피하고 있다.

【표 1.3-2】 74HC138에 의한 어드레스의 디코딩

시스템 어드레스			CHIP SELECT & 어드레스 공간		I/O 영 역
SA4	SA3	SA2			
0	0	0	CS0	00h ~ 03h	ADC 0809
0	0	1	CS1	04h ~ 07h	PPI 8255 - 1
0	1	0	CS2	08h ~ 0Bh	PPI 8255 - 2
0	1	1	CS3	0Ch ~ 0Fh	PIT 8254
1	0	0	CS4	10h ~ 13h	확장용 예비영역
1	0	1	CS5	14h ~ 17h	확장용 예비영역
1	1	0	CS6	18h ~ 1Bh	확장용 예비영역
1	1	1	CS7	1Ch ~ 1Fh	확장용 예비영역

실험보드의 I/O 보드에서는 입출력 장치로 2개의 PPI 8255A와 함께 아날로그 입력을 위해 ADC0809라는 ADC(아날로그/디지털 변환기, Analog to Digital Converter) 부품을 사용하고 그리고 타이머용으로 PIT 8254를 쓰고 있는데 이들 사이에도 서로간의 구별이 필요하다. 이 구별은 어드레스 버스 중에서 비트 SA2, SA3, SA4에 연결되어 있는 74HC138에 의해 디코딩되어 $\overline{CS_0} \sim \overline{CS_7}$의 부품선택(Chip select) 신호를 발생시킨다.

그리고 74HC138에는 SA5, SA6이 연결되어 있는 것을 알 수 있는데 이 두 신호가 "L" 상태일 때 74HC138이 정상적으로 어드레스 디코더로서 동작하게 된다. 참고로 74HC138 디코더 관계를 정리해 보면 [표 1.3-2]와 같이 부품선택 신호에 따라 어드레스 공간이 4씩 증가하는 것을 알 수 있다. 이는 SA0, SA1의 2개의 어드레스에 의해 4개(00, 01, 10, 11)의 어드레스 공간을 선택하게 되므로 4씩 증가하게 된다.

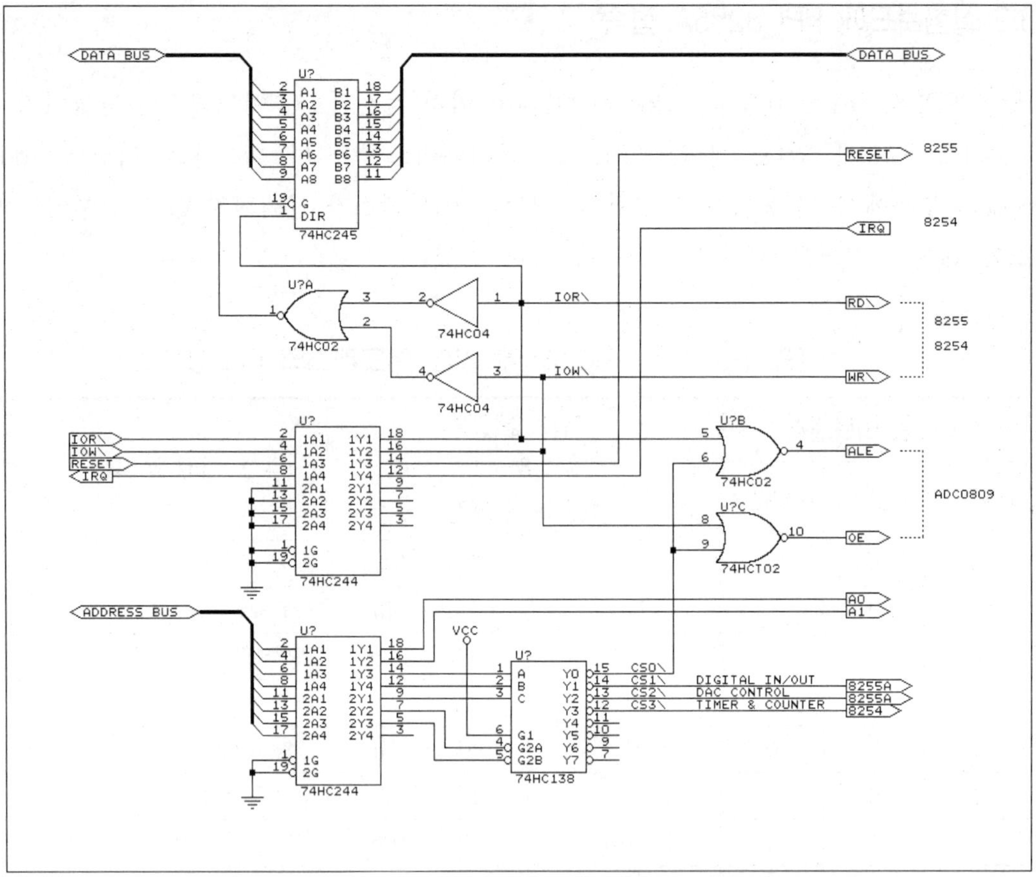

【그림 1.3-6】 PPI 8255A와 ADC0809의 제어신호

[그림 1.3-6]은 PPI 8255A와 ADC0809의 제어신호 부분의 회로이다. 그림에서 74138의 $\overline{CS_0}$ 가 ADC0809에 $\overline{CS_1}$ 이 PPI 8255A의 부품선택 단자에 연결되어 있음을 알 수 있다. PPI 8255A의 $\overline{CS_1}$ 는 부(負)논리(active low = 0 일 때 동작한다.)이므로 PPI 8255A는 $\overline{CS_1}$ 이 0일 때 $\overline{\mathbf{WR}}$ (write, 쓰기), $\overline{\mathbf{RD}}$ (read, 읽기)단자의 상태에 따라 동작하게 된다. ($\overline{\mathbf{WR}}$, $\overline{\mathbf{RD}}$ 는 모두 부논리 신호이며, $\overline{\mathbf{WR}}$ 이 "L" 일 때 PPI 8255A는 데이터를 읽어들이고, $\overline{\mathbf{RD}}$ 가 "L"일 때 데이터를 내보낸다. 이들 동작은 모두 부품선택 신호가 "L"일 때만 이루어지며, 부품선택 신호가 "L"이라도 $\overline{\mathbf{WR}}$ 과 $\overline{\mathbf{RD}}$ 가 모두 "L"이면 역시 동작하지 않는다.

1.3.3 디지털 입출력보드의 제작

실제로 실험보드에서는 2개의 PPI 8255A를 이용하고 있다. 하나는 디지털 입출력용이고 다른 하나는 디지털 신호를 아날로그 신호로 바꾸어 주기 위한 D/A 컨버터의 역활을 하고 있다. [그림 1.3-7]은 실험보드의 I/O보드(디지털 I/O + 아날로그 I/O) 중에서 디지털 I/O부분을 보여주고 있다.

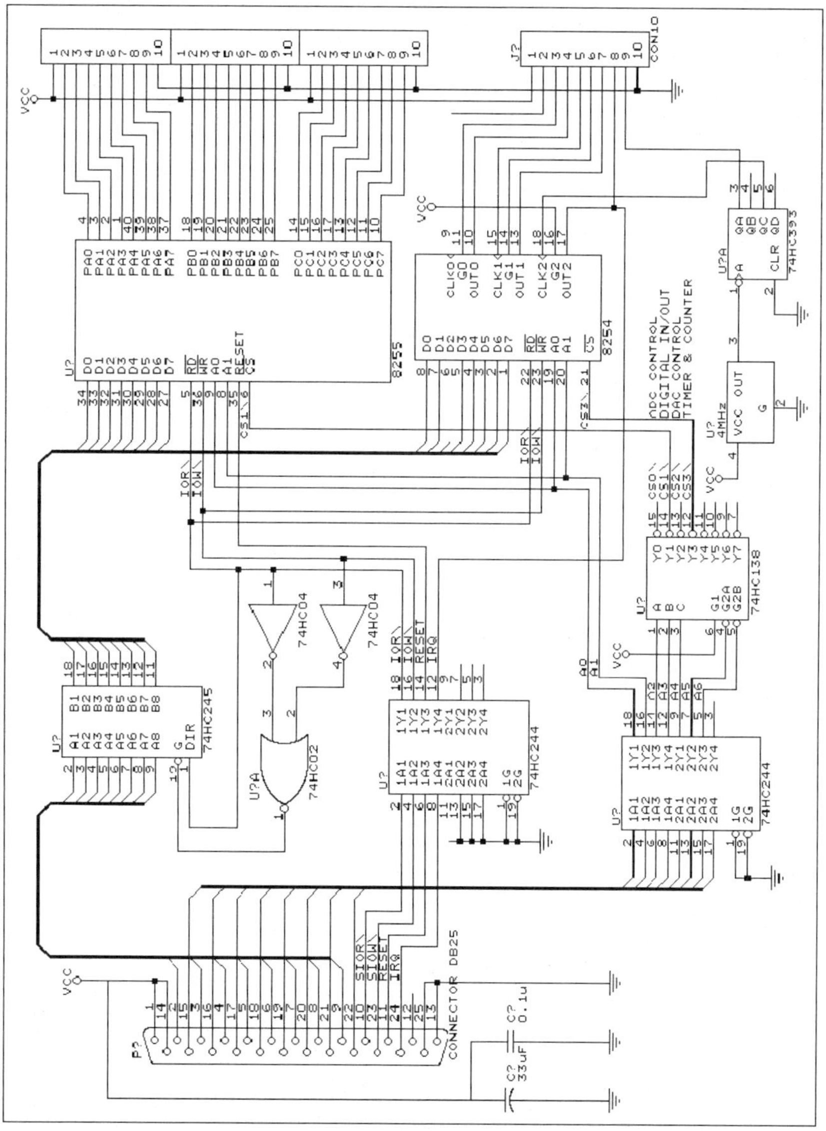

【그림 1.3-7】 디지털 입출력 보드의 회로도

1.3.4 PPI 8255A 프로그래밍

• PPI 8255A의 초기화(initialize)

PPI 8255A의 포트를 사용하려면 먼저 PPI 8255A의 모드와 입출력 방향을 지정해 주어야 한다. 모드 지정과 입출력 방향 지정은 제어워드레지스터에 의해 결정된다. 그러므로 PPI 8255A를 사용하기 전에 제어워드레지스터에 알맞은 데이터를 넣어줄 필요가 있다. 제어워드레지스터의 각 비트의 기능에 대해서는 [그림 1.3-3], [그림 1.3-5]를 참고하기 바란다.

실험보드의 PPI 8255A에는 LED, 누름 스위치, 모터 구동 회로, 디지털/아날로그 변환기가 연결되어 있다. [표 1.3-4]은 실험보드의 입출력 포트와 구동회로의 대응관계를 보여주고 있다. 그러므로 이들 장치들을 사용하기 위해서는 연결된 장치를 효과적으로 제어할 수 있도록 제어워드레지스터에 적절한 값을 써야 한다.

【표 1.3-3】 PPI 8255A의 제어 워드 설정표

콘트롤워드 설정								16 진수	10 진수	A 그룹		B 그룹	
D_7	D_6	D_5	D_4	D_3	D_2	D_1	D_0			PA0-7	PC4-7	PB0-7	PC0-3
1	0	0	0	0	0	0	0	80h	128	OUT	OUT	OUT	OUT
			0	0		0	1	81h	129	OUT	OUT	OUT	IN
			0	0		1	0	82h	130	OUT	OUT	IN	OUT
			0	0		1	1	83h	131	OUT	OUT	IN	IN
			0	1		0	0	88h	136	OUT	IN	OUT	OUT
			0	1		0	1	89h	137	OUT	IN	OUT	IN
			0	1		1	0	8Ah	138	OUT	IN	IN	OUT
			0	1		1	1	8Bh	139	OUT	IN	IN	IN
			1	0		0	0	90h	144	IN	OUT	OUT	OUT
			1	0		0	1	91h	145	IN	OUT	OUT	IN
			1	0		1	0	92h	146	IN	OUT	IN	OUT
			1	0		1	1	93h	147	IN	OUT	IN	IN
			1	1		0	0	98h	152	IN	IN	OUT	OUT
			1	1		0	1	99h	153	IN	IN	OUT	IN
			1	1		1	0	9Ah	154	IN	IN	IN	OUT
			1	1		1	1	9Bh	155	IN	IN	IN	IN

제어워드레지스터의 I/O 어드레스는 [표 1.2-3]에서 주어진 바와 같이 207H, 287H, 307H, 387H의 넷 중 하나이며 인터페이스 카드의 딥 스위치 상태에 따라 달라진다. 자세한 내용은 '[표 1.3-4] 실험보드의 입출력 포트와 구동회로의 대응관계'를 참고하라.

【표 1.3-4】 실험보드의 입출력 포트와 구동회로의 대응

항목 디바이스	ADDRESS	명 칭	연 결
아날로그입력 ADC0809	BASE_ADDR + 00h BASE_ADDR + 01h BASE_ADDR + 02h BASE_ADDR + 03h	ADC0 ADC1 ADC2 ADC3	마이크 써미스터 포토TR 외부 아날로그입력
디지털입출력 PPI 8255	BASE_ADDR + 04h BASE_ADDR + 05h BASE_ADDR + 06h BASE_ADDR + 07h	PORTA PORTB PORTC(하위) PORTC(상위) CWR	매트릭스 LED LED, 7 SEGMENT LCD, DC-MOTOR 스위치 제어워드레지스터
아날로그 출력 PPI 8255 & DAC0800	BASE_ADDR + 08h BASE_ADDR + 09h BASE_ADDR + 0Ah BASE_ADDR + 0Bh	PORTA PORTB PORTC(하위) PORTC(상위) CWR	스피커 외부 아날로그출력 스테핑모터 릴레이 제어워드레지스터
카운터&타이머 PIT8254	BASE_ADDR + 0Ch BASE_ADDR + 0Dh BASE_ADDR + 0Eh BASE_ADDR + 0Fh	COUNTER0 COUNTER1 COUNTER2 CWR	사용자 정의 사용자 정의 인터럽터 제어워드레지스터

* I/O 어드레스는 인터페이스 카드의 딥 스위치(DIP SW)의 상태에 따라 BSAE_ADDR 의 값이 달라지게 된다. 200H, 280H, 300H, 380H 네가지중 한가지 값을 갖는다([표 1.2-5] 참조).

실험보드의 PPI 8255A에서는 [표 1.3-4]에 나타난 것과 같이, 포트 A, 포트 B, 포트 C의 하위 4비트(PC0~PC3)를 출력으로, 포트 C의 상위 4비트(PC4~PC7)는 입력으로 사용된다. 모드 0을 사용한다고 하면, 실험보드의 PPI 8255A를 동작시키기 위해 제어워드레지스터에 넣어야 할 값은 88H가 된다. ('1.3.5 제어워드레지스터' 참조)

이제 실험보드의 PPI 8255A를 초기화 해보자. 실험보드 인터페이스 카드의 DIP SW의 1, 2번 스위치가 OFF, ON 상태라면 [표 1.2-3](또는 [표 1.3-4])에서와 같이 307H번지가 된다. [표 1.3-5]는 이 경우 PPI 8255A를 초기화하는 명령이다.

실험보드의 PPI 8255A를 초기화 시켰을 때 PPI 8255A의 모든 출력 포트는 모두 '0'이 출력된다. 그러므로 초기화하기 전에 켜진 LED가 있었다면 초기화를 실행시켰을 때 그 LED는 꺼지게 된다. 이 성질은 초기화가 성공적인지를 확인하는데 도움이 될 것이다.

【표 1.3-5】 실험보드 PPI 8255의 초기화 명령

언어	초기화 명령
C	outp(0x307, 0x88);
EbdLib	InitEbd(2);
파스칼	port[$307] := $88;

어셈블리	MOV DX, 307H
	MOV AL, 88H
	OUT DX, AL

EbdLib를 사용하여 실험보드의 PPI 8255A를 초기화시킬 수 있다. EbdLib의 'Init Port' 명령이 이 기능을 한다.

• **포트(port)의 입출력**

PPI 8255A의 초기화가 끝나면 비로소 각 포트를 읽거나 쓸 수 있는 준비가 된 것이다. 각 포트에는 [표 1.3-4]와 같이 어드레스가 할당되어 있으므로 포트를 읽고 쓰는 일은 해당되는 번지에 데이터를 쓰거나 읽어오는 동작으로 실행된다.

'1.2.5 PC에서의 I/O 제어'에서 설명된 I/O 입출력 명령을 사용하면 각 포트를 간단히 제어할 수 있음을 알 수 있을 것이다.

출력 포트에는 래치(Latch)가 포함되어 있으므로 포트에 데이터를 출력하면 그 데이터는 프로그램으로 변경시키지 않는 한 계속 그 값을 유지한다. 이 값은 다시 포트 입력 명령으로 읽어 확인해볼 수도 있다. 즉, 출력 포트도 입력이 가능하며 그 값은 바로 전에 출력되었던 값인 것이다.

입력으로 설정된 포트는 래치 되지 않으므로(모드 0에서) 포트를 읽은 값은 그 명령에 따른 읽기 제어신호가 PPI 8255A의 포트에 주어졌을 때 포트에 연결되어있는 신호선의 로직 상태로 결정된다. PPI 8255A는 MOS 입력이므로 사용하지 않는 입력 핀은 풀 다운(Pull-down) 등의 조치를 취하여 아무 것도 접속되지 않은 상태를 피하는 것이 좋다.

1-4 Ez-Board Ez-PCI 개요도

PCI BUS는 기존 ISA BUS와 달리 하드웨어에 접근하기 위한 직접적인 명령어를 사용하는 것이 아니라 하드웨어(PCI Controller)와 소프트웨어(OS Kernel, Device Driver)를 통해 제어 해야만 한다.

Ez-Board를 제어하기 위해서 두 가지 방법이 가능한데 윈도우 응용프로그램으로 접근하는 방법과 도스용 콘솔프로그램으로 접근이 가능하다. 윈도우에서는 VB, VC++등과 같은 비주얼 프로그램으로 ActiveX를 이용하여 디바이스 드라이버를 거쳐 PCI BUS, Ez-PCI카드로 E-Board를 제어할 수 있다. 도스용 콘솔 프로그램에서는 C++, Gcc, BC45 등과 같은 Win32용 컴파일러로 라이버러리를 이용하여 PCI BUS, Ez-PCI카드로 E-Board를 제어할 수 있다.

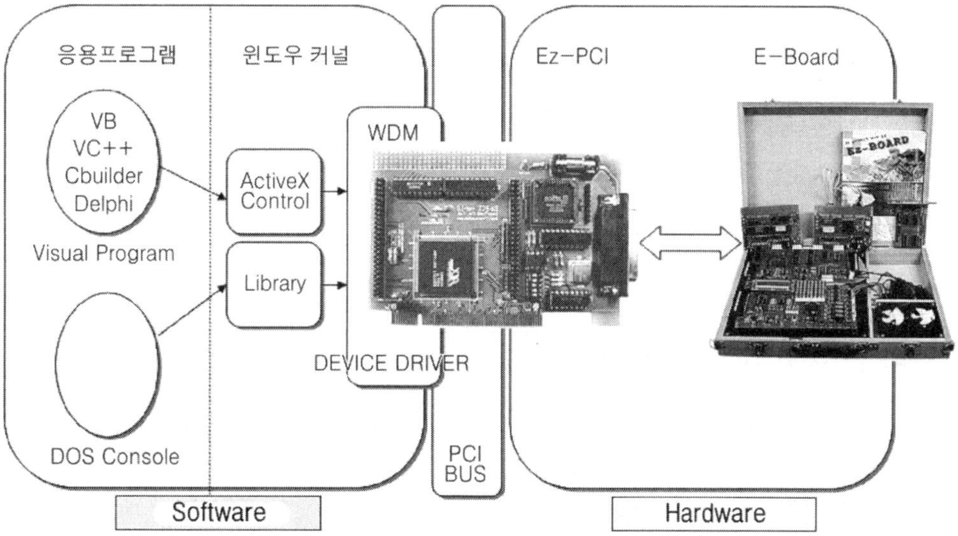

【그림 1.3-8】 Ez-PCI 개요도

1-5 Ez-Board DOS(Ez-PCI)예제 컴파일 가이드

1.5.1 Visual C++ Version 컴파일

PC인터페이스에 있어서 ISA버스 인터페이스 방식은 컴퓨터 기술이 발전하면서 느린 속도와 좁은 대역폭(16bit)으로 인하여 거의 사라지고 새로운 고속 PC인터페이스 방식이 개발되었는데 그 대표적인 PC인터페이스 방식으로는 PCI, USB, IEEE1394 등등이 있다. E-Board 3.1도 초기에 ISA방식의 인터페이스로 제작되었으나 새로운 PC인터페이스 방식에 적용하기 위해 Ez-PCI Board를 제작하였고 기존 E-Board용 예제프로그램을 이용하기 위해 Windows용 DOS프로그램인 콘솔 프로그램으로 변환하였는데 그 사용방법을 설명하도록 하겠다.

Windows OS환경에서 하드웨어 접근을 위해서는 반드시 디바이스 드라이버가 필요하며 특히 PCI인터페이스의 경우 기존 Win9x에서 하드웨어 접근함수인 inp(), oup()함수는 전혀 동작하지 않는다.

Windows에서 Ez-Board를 제어하기 위해서는 디바이스 드라이버와 이를 제어하는 함수들이 필요한데 PCI보드에 접근할 수 있는 함수들을 기존 DOS용 함수들과 호환되도록 하는 라이버러리를 제작하였고 이를 사용하면 기존 Ez-Board DOS용 예제들을 별다른 소스 수정 없이 테스트해 볼 수 있다.

기존 Ez-Board용 DOS예제를 Windows상에서 컴파일 하는 방법

1. 디바이스 드라이버 설치
2. E-Board용 라이버러리를 프로젝트에 추가
3. 소스코드 수정

-라이버러리 헤드 파일 추가

```
#include "eblib.h"
```

-드라이버 초기화함수 추가

```
InitDriver(EB_DEVICE_PCI);    //하드웨어 접근 전에 반드시 한번 수행해 주어야 한다.
```

• VC++에서 Win32용 Console Application Project 생성

Visual C++은 MicroSoft사의 Windows용 컴파일러 이며 현재 산업현장에서 특히 시스템 제어분야에서 가장 많이 사용되어지는 컴파일러 중에 하나다.

특징으로 빠른 속도와 강력한 디버깅 기능, 편리한 에디터, 손쉬운 인터페이스 등등을 들 수 있다.

먼저 Ez-Board용 예제를 작성하기 위해 메뉴의 [File ➡ New]를 클릭하면 아래와 같이 어플리케이션 종류를 선택할 수 있는 다이얼로그 창이 나타나는데 DOS용 프로그램을 작성하려면 "Win32 Console Application"을 선택하고 프로젝트명과 생성될 위치를 지정하고 OK버튼을 클릭하면 된다.

생성할 프로젝트의 위치를 지정 한다.

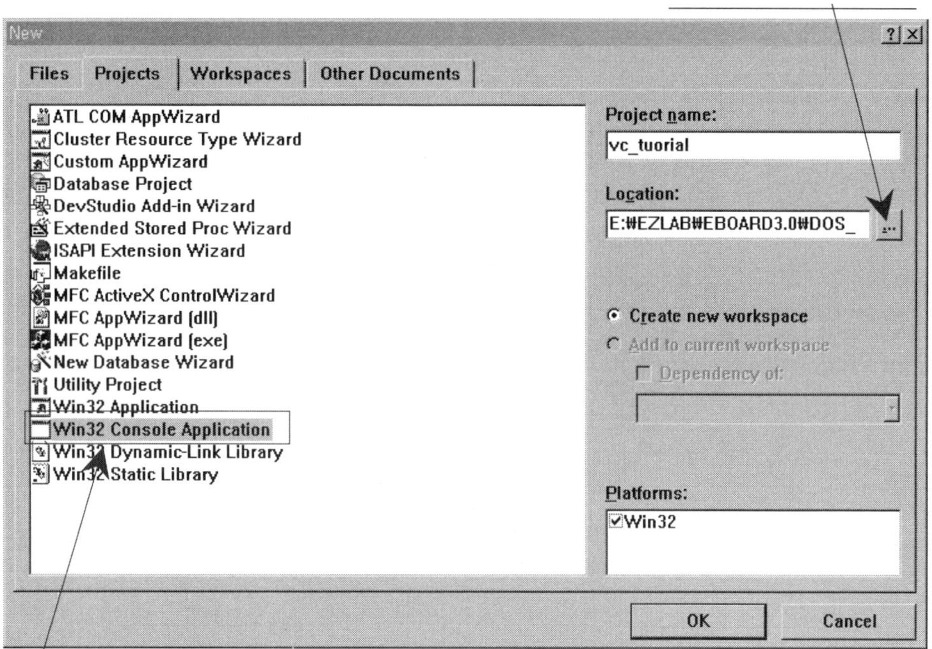

DOS용 예제 작성을 위해 [Win32 Console Application] 프로젝트를 선택한다.

새로운 프로젝트를 생성하면 아래와 같이 새로운 프로젝트 생성의 첫 번째 단계가 나오는데 여기서 [An empty project]를 체크하여 프로젝트를 생성한다.

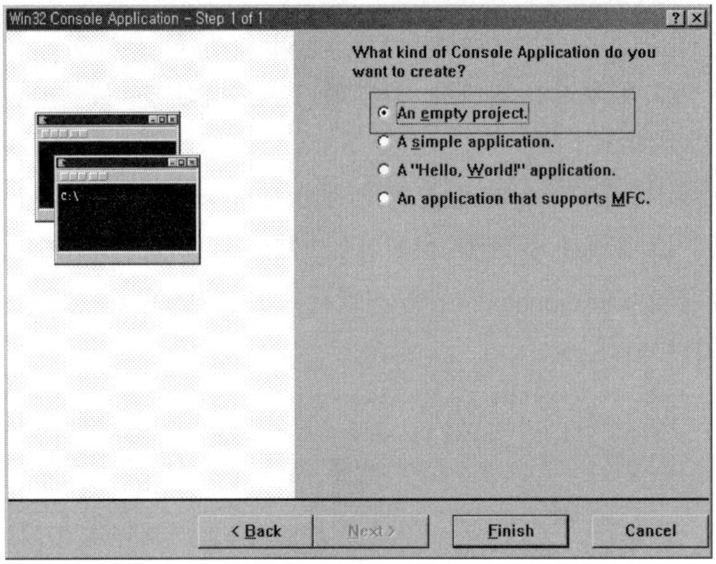

참고로 기존 Ez-Board용 예제프로그램은 C언어로 작성되어 있으므로 empty project를 생성하여 빈 프로젝트를 생성하고 C소스코드를 추가하는 방식을 택했다. [An empty project]이외의 것을 체크하면 C++용 소스를 자동으로 생성해 주므로 Ez-Board용 라이버러리가 동작하지 않아 에러가 발생한다. 만약 C++언어로 작성하기를 원한다면 E-Board 3.1 C++용 라이버러리를 이용하면 되는데 이 문서는 C언어를 이용한 예제를 설명하였다.

새로운 프로젝트가 정상적으로 생성되었음을 나타내는 다이얼로그 창이 나타나고 OK를 클릭하면 된다.

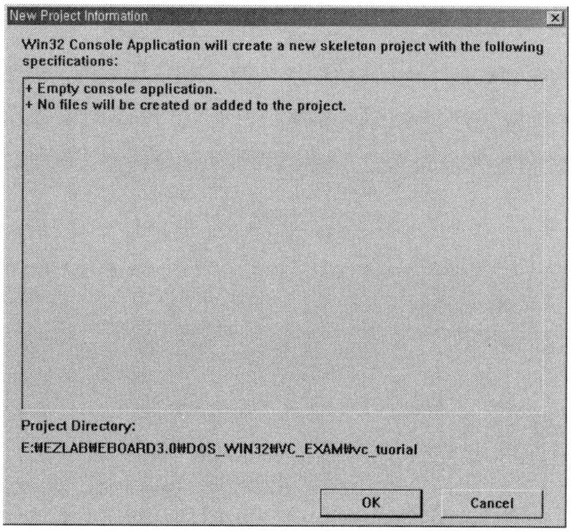

아래 그림과 같이 새로운 프로젝트가 생성되고 여기에 원하는 소스코드를 작성하여 프로그램하면 된다.

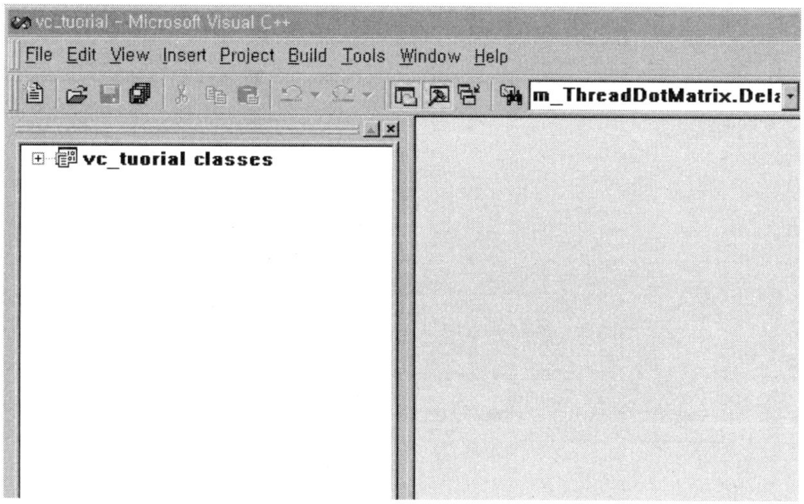

• Ez-Board용 Library 삽입

앞에서도 언급 하였지만 Windows에서 Ez-Board하드웨어에 접근하기 위해서는 디바이스 드라이버가 필요하고 드라이버접근을 위한 함수들이 필요한데 이 접근 함수들을 편리하게 사용하기 위해 라이버러리를 추가해야 한다. Ez-Board의 VC++용 라이버러리는

eblib_vc.lib이다. 이 라이버러리를 프로젝트에 추가하면 된다.

먼저 메뉴에서 [Project ➡ Add To Project ➡ Files..]를 클릭한다.

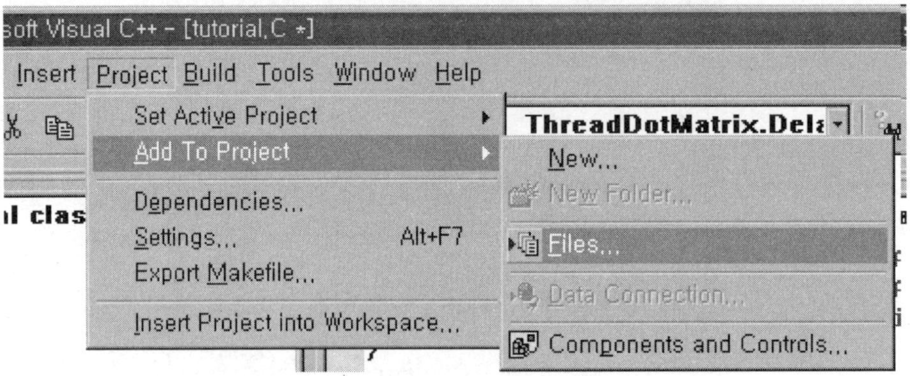

아래 그림과 같이 파일 삽입 다이얼로그 창이 나오면 파일형식을 Library Files(.Lib)로 선택하고 eblib_vc.lib 라이버러리를 선택하여 삽입한다.

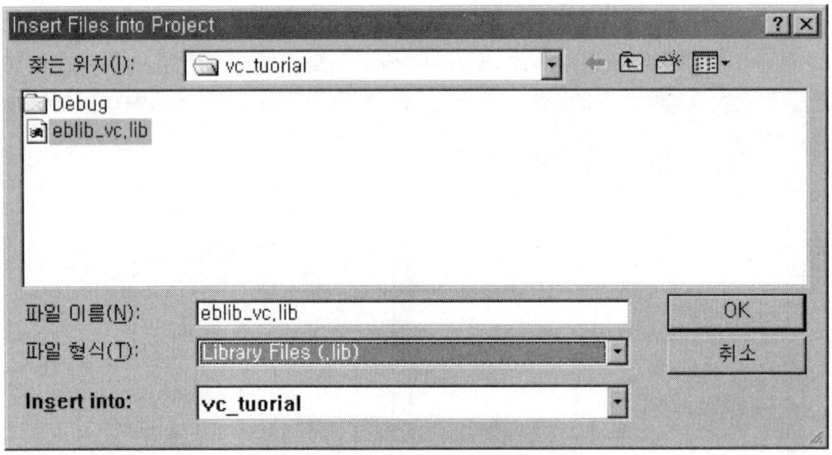

• Ez-Board제어용 소스코드 작성 및 프로젝트로 추가

이제 라이버러리가 추가 되었으므로 소스코드를 작성해 보자.

Ez-Board DOS용 예제를 컴파일 하기 위해서는 다음과 같은 몇 가지 추가 사항이 있다.

소스코드 추가 사항

1)라이버러리 헤드 파일 추가

```
#include "eblib.h"
```

2)드라이버 초기화함수 추가

```
InitDriver(EB_DEVICE_PCI);    //하드웨어 접근 전에 반드시 한번 수행해 주
어야 한다.
```

[New Text File]을 클릭 하여 새로운 파일을 생성하고 원하는 이름으로 저장한다. 저장 확장자는 반드시 C파일로 해야 한다.

[New Text File]을 클릭 하여 새로운 소스코드를 작성한다.

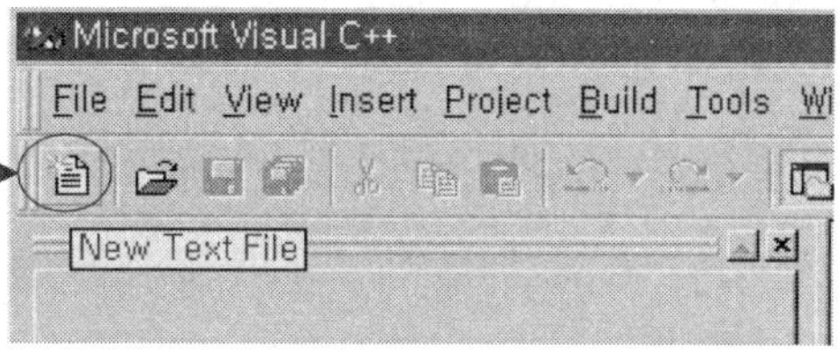

- **이제 소스코드를 작성해 보자.**

주의 사항은 Ez-Board용 라이버리를 사용하기 위해서는 헤드파일이 필요한데 #include 키워드를 이용하여 헤드파일을 추가하고 디바이스 드라이버를 초기화 하는 함수를 호출해야 한다.

디바이스 드라이버의 초기화는 디바이스로 접근하기 전에 반드시 한번은 해주어야 하는데 InitDriver(EB_DEVICE_PCI) 함수(PCI일 경우)를 이용하여 초기화 한다. 반환 값이 0이면 정상적으로 초기화 된 것이고 0아닌 값을 반환하면 디바이스 드라이버가 설치되어 있지 않거나 하드웨어가 없는 경우 이므로 하드웨어를 다시 한번 점검해 보아야 한다.

예제에서는 드라이버가 정상적으로 로딩 되지 않을 경우 프로그램을 빠져 나가도록 했다. 드라이버가 로딩 되지 않은 상태에서 하드웨어로 접근하면 "잘못된 페이지 오류라"는 메시지가 나타나기 때문이다.

```
//Device Driver Initialize
if( InitDriver(EB_DEVICE_PCI) )
{
        printf("Device Driver Loading Fail!\r\n");
        return;
}
```

• **참고**

라이버러리에는 outp(PortAddress, Data), inp(PortAddress), outportb(PortAddress, Data), inportb(PortAddress)함수를 제공하는데 도스에서 사용했던 함수명과 동일하고 동작도 동일하게 동작한다.

그리고 delay()함수는 도스의 delay()함수와는 조금 다른데 1ms단위로 지연되는 함수 이지만 윈도우 자체가 멀티 쓰레드로 동작하기 때문에 다중(여러 창을 띄운 상태로)작업을 할 때 정확하게 1ms로 동작하지 않는 경우가 있고 MS사에서 조차 30ms이하는 보장할 수 없다고 하니 10ms이하는 for문을 이용하여 딜레이를 만드는 방법으로 해결하여야 한다. 자세한 내용을 더 빠른 시간 딜레이를 원하는 예제에 있으니 참고 하길 바란다.

아래는 Ez-Board의 LED를 On/OFF하는 예제이다.

[tutorial.c]

```
#include <stdio.h>

//------------------------------------------------------------------
//EBoard WIN-DOS LIB Header
#include "eblib.h"
//------------------------------------------------------------------
```

```
#define BASE_ADDR               0x300
#define PORTA                   BASE_ADDR | 0x04
#define PORTB                   BASE_ADDR | 0x05
#define CWR0                    BASE_ADDR | 0x07
#define CWR1                    BASE_ADDR | 0x0b
#define delay_time              1000

void init_eboard(void)
{
        outportb(CWR0, 0x88);   /* PortA, PortB, PortC(L):Out, PortC(H): In  */
        outportb(CWR1, 0x80);   /* PortA, PortB, PortC(L):Out, PortC(H): Out */
        outportb(PORTA, 0xff);  /* initialize dot_matrix led */
}

void main(void)
{
        printf("E-Board PCI Board Test Program for DOS\r\n");

//-------------------------------------------------------------------
//Device Driver Initialize
        if(InitDriver(EB_DEVICE_PCI))
        {
                printf("Device Driver Loading Fail!\r\n");
                return;
        }
//-------------------------------------------------------------------

        init_eboard();
```

```
        while(1)
        {
                out_data = 0xFF;                    /* led on  : 1111 1111 */
                outportb(PORTB, out_data);
                delay(delay_time);

                out_data = 0x00;                    /* led off : 0000 0000 */
                outportb(PORTB, out_data);
                delay(delay_time);
        }
}
```

소스가 작성되면 소스를 프로젝트로 삽입해야 하는데 메뉴에서 [Project->Add To Project ➡ Files..]를 클릭 하여 저장한 tutorial.c를 추가한다.

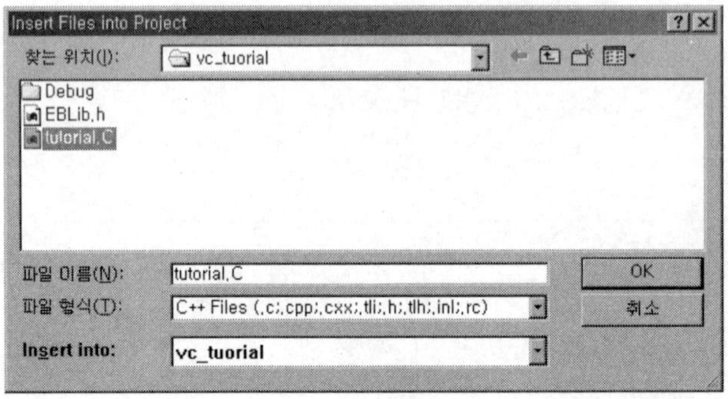

프로젝트에 소스가 추가되면 아래 그림과 같이 워크스페이스에 함수 목록이 나타난다.

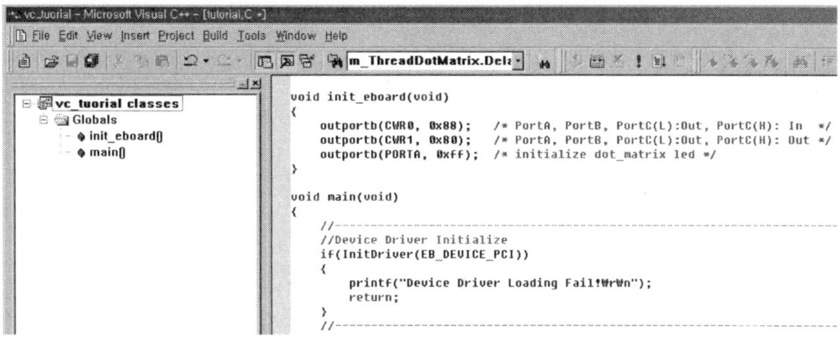

• **프로그램 컴파일 및 실행**

이제 최종적으로 컴파일 하고 실행하면 되는데.. 메뉴에서 [Build ➡ Execute]를 클릭하면 컴파일 및 실행이 된다.

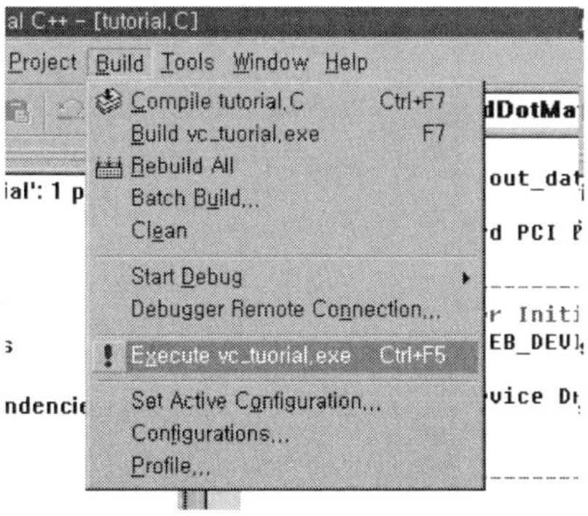

그리고 아이콘 메뉴에서 느낌표 모양의 실행버튼을 클릭해도 실행해 볼 수 있다.

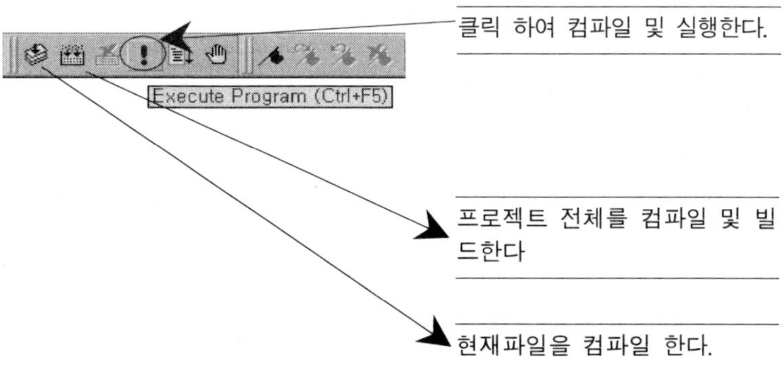

실행버튼을 클릭하면 업데이트 내용을 저장 할 것인지를 물어오는데 [예(Y)]를 클릭하면 프로그램이 실행된다.

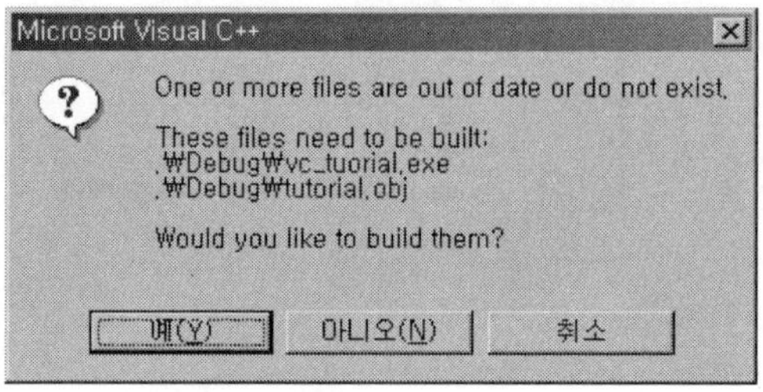

프로그램을 실행시키면 아래 그림과 같이 도스 콘솔 형태의 어플리케이션이 실행되고 E-Board의 LED가 깜박거리는 것을 볼 수 있다.

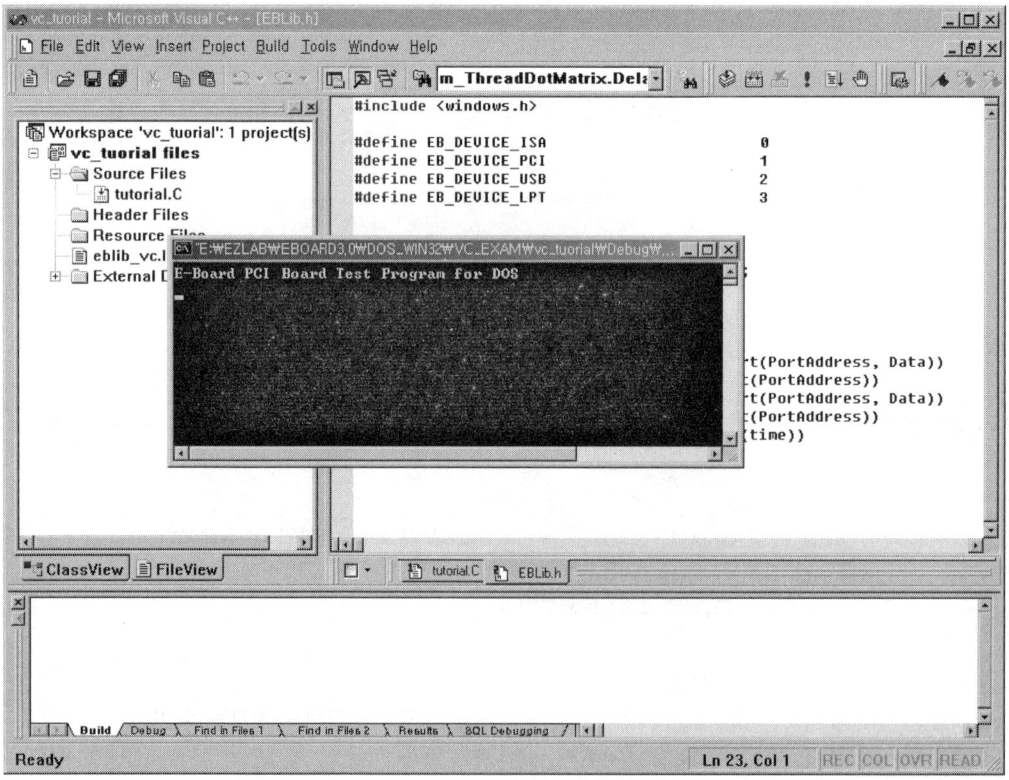

• VC++에서 에러처리

만약 프로그램 소스 작성 중 에러가 발생했다면 컴파일 할 때 빌더 창에 에러 메세지와 라인번호가 표시되는데 더블클릭하면 그 라인으로 자동으로 커서가 이동한다.

예제에서는 init_eboard()에서 괄호 ')'가 빠져 있다고 나오고 마우스로 더블클릭하면 그 라인으로 커서가 이동되므로 에러부분을 제대로 수정하면 정상적으로 컴파일 될 것이다.

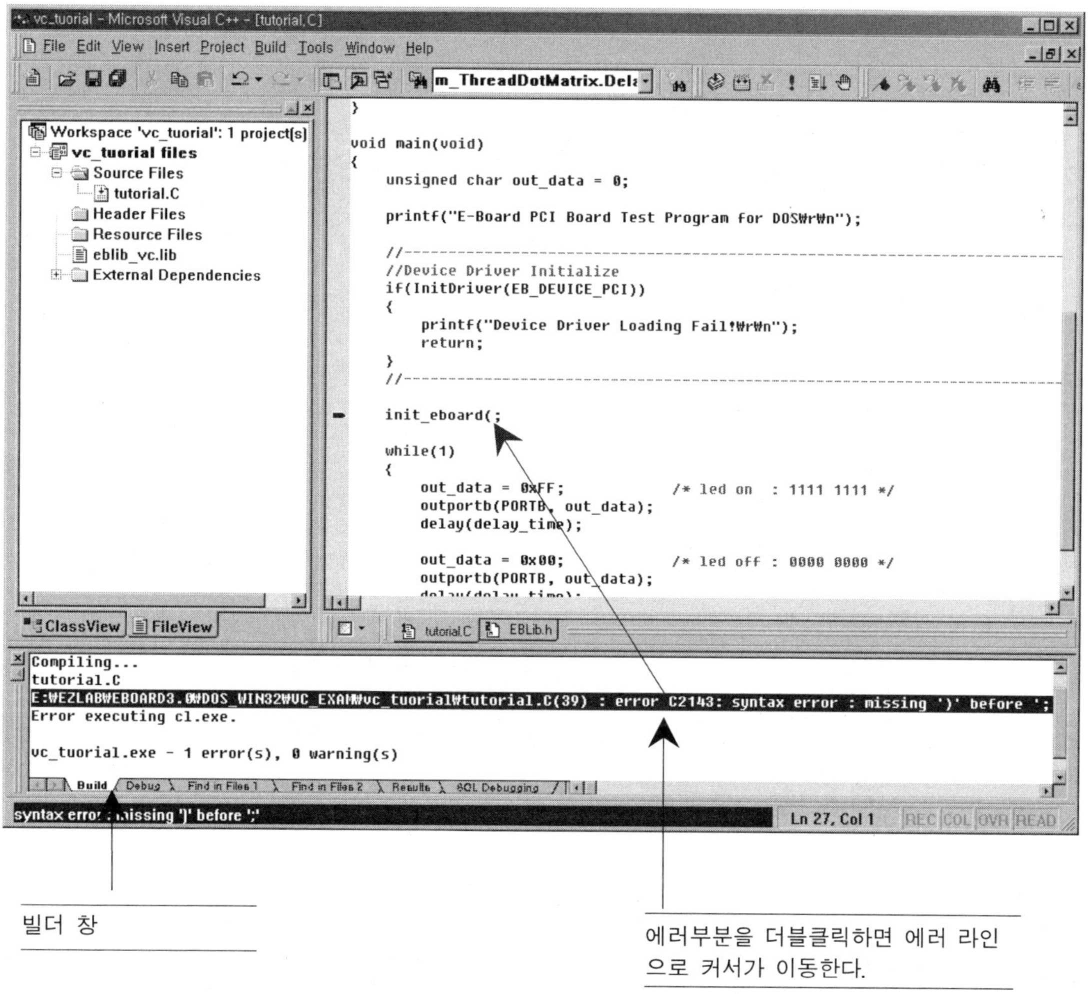

• VC++에서 디버깅

VC++의 강력한 디버깅 기능을 이용하면 작성한 프로그램을 한 스텝씩 따라가며 실행 시킬 수 있고 변화하는 변수값을 관찰할 수 있어 프로그램 작성에 있어 많은 편리성이 있다.

일단 디버깅을 하기 위해서는 프로그램 실행중 멈추기를 원하는 곳에 브레이크 포인터를 설정한다. 설정방법은 멈추고 싶은 곳에 커서를 위치시키고 [Insert/Remove BreakPoint ( )]를 클릭하거나 F9를 눌러 브레이크 포인터를 설정한다. 그러면 에디터에 라인의 회색 부분에 갈색 점이 생기는데 이것이 브레이크 포인터가 설정된 것이다.

```
    unsigned char out_data = 0;

    printf("E-Board PCI Board Test Program for DOS\r\n");

    //---------------------------------------------------------------------------
    //Device Driver Initialize
    if(InitDriver(EB_DEVICE_PCI))
    {
        printf("Device Driver Loading Fail!\r\n");
        return;
    }
    //---------------------------------------------------------------------------

    init_eboard();

    while(1)
    {
●|      out_data = 0xFF;            /* led on  : 1111 1111 */
        outportb(PORTB, out_data);
        delay(delay_time);

        out_data = 0x00;            /* led off : 0000 0000 */
        outportb(PORTB, out_data);
        delay(delay_time);
    }
}
```

멈추길 원하는 라인에 커서를 위치시키고 를 클릭하거나 F9를 눌러 브레이크 포인터를 설정한다.

브레이크 포인터 설정 후 [Go ( )]를 클릭하거나 F5를 이용하여 디버그 모드로 프로그램을 실행시킨다.

프로그램이 컴파일 되고 실행되면서 정상적으로 동작하다 브레이크 포인터를 만나면 프로그램은 멈추고 아래 그램과 같이 VC++디버거 환경으로 바뀐다.

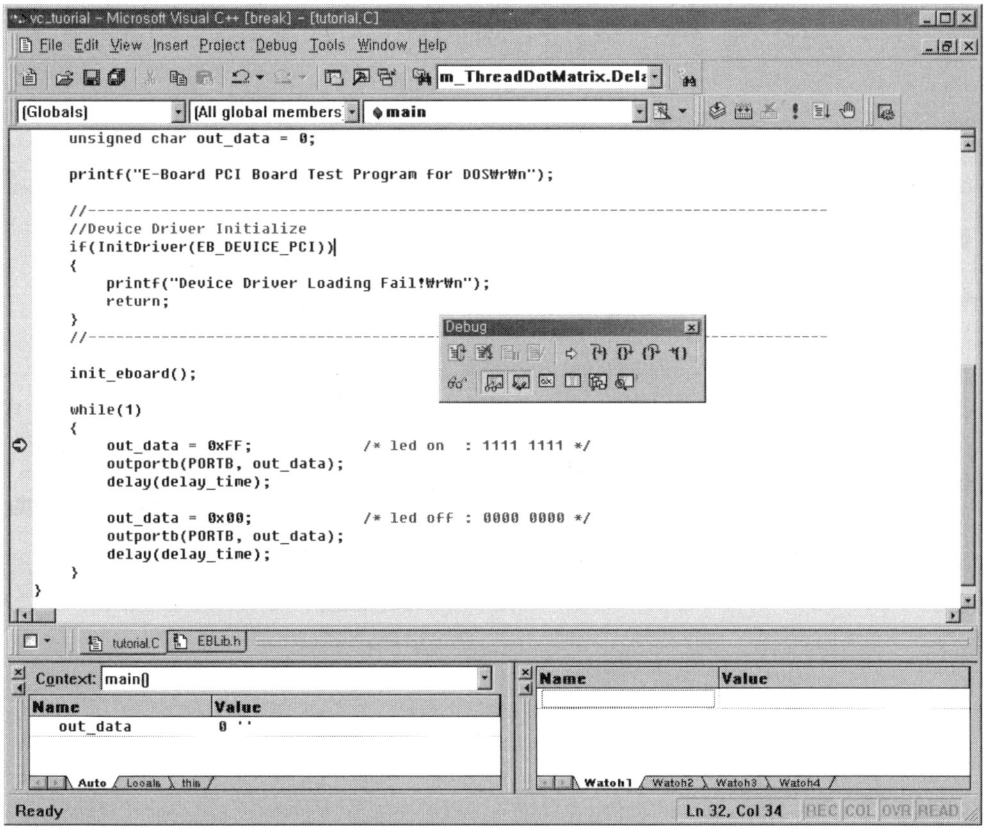

이 상태에서 StepOver ( )을 클릭 하여 한 스텝씩 실행 시킬 수 있다.
주요 기능으로는 다음과 같다.

: 디버그 모드 종료

: StepInto(F11). 디버깅시 함수 안으로 다음 스텝을 옮긴다.

: StepOut(Shift+F10). 함수 안에서 빠져나온다.

: StepOver(F10). 디버깅시 함수 안으로 들어가지 않고 스텝을 옮긴다.

: Run To Cursor. 현재 커서가 위치되어 있는 곳 까지 이동(실행)한다.

변수의 값을 보려면 몇 가지 방법이 있는데 가장 쉬운 방법은 값을 에디터 창에서 보기 원하는 변수 위에 포인터를 가져가면 툴팁으로 변수의 값이 나타난다. 그리고 또 다른 방법은 Watch창에 보기 원하는 변수명을 기입하면 된다.

스텝오버를 크릴하면서 다음 스텝을 이동하면 변수 값이 변하는 것을 볼 수 있다.

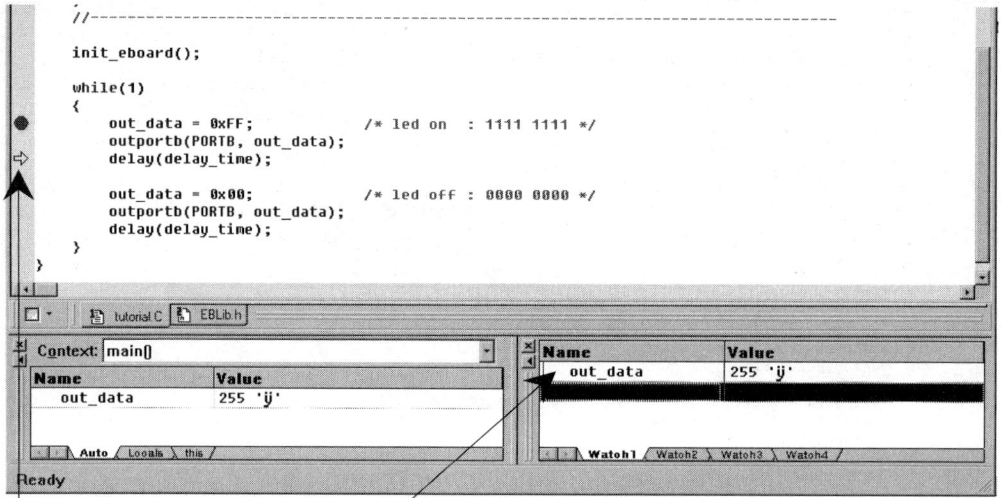

Watch 창을 통해 현재 실행위치에서 변수(out_data)의 값을 볼 수 있다.

디버거를 종료하려면 [아이콘]를 클릭 하여 디버거 모드를 종료할 수 있다.

• **참고**

디버거 모드에서 디버거 툴바가 나오지 않을 경우 메뉴의 Tools ➡ Customize를 클릭하여 DeBug를 활성화 시키면 된다.

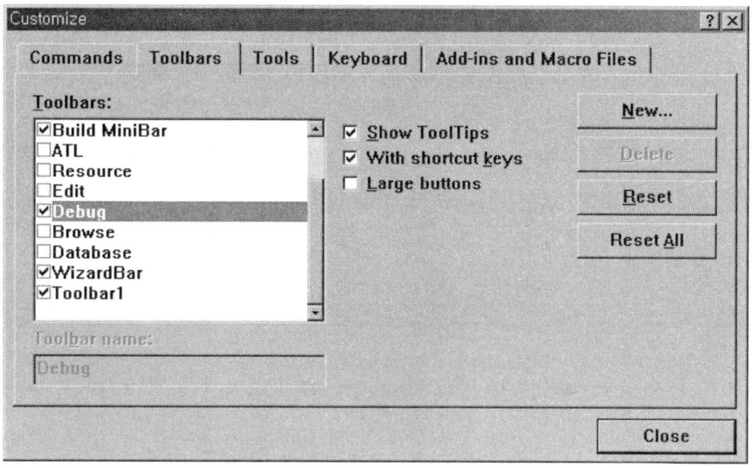

• [Tip] 초간단 프로젝트 생성 및 실행법

VC++에서 프로젝트를 생성하는데 있어 다소 복잡하다고 느껴지면 간단하게 기존소스를 컴파일 하는 방법이 있다.

먼저 VC++을 실행시키고 폴더에 있는 기존소스를 마우스로 드래그 한다.

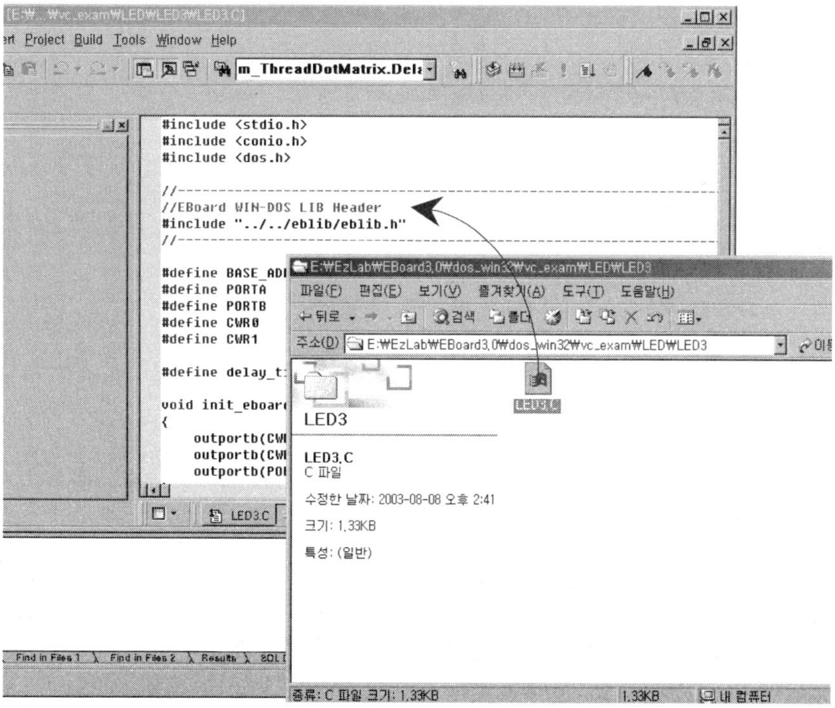

Builder (/F7)를 클릭 하여 소스를 컴파일 한다.

그러면 프로젝트를 생성하겠는지 물어보는데 [예(Y)]를 클릭하면 프로젝트가 자동으로 생성된다.

그다음 메뉴에서 [Project ➡ Add To Project ➡ Files..]를 클릭하여 E_Board용 라이버러리(eblib_vc.lib)를 추가한다.

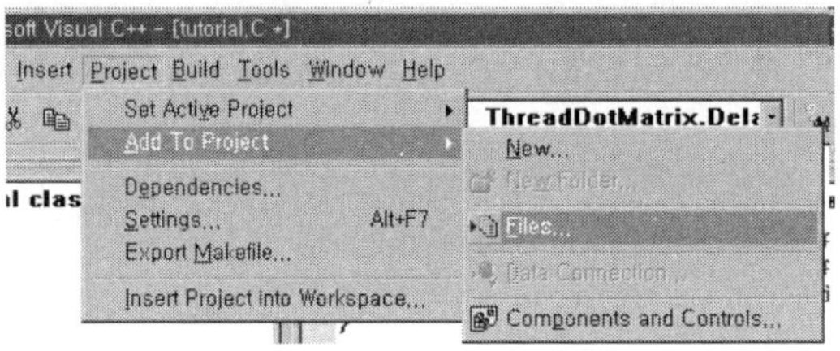

최종적으로 실행버튼을 클릭 하여 실행하면 간단하게 소스를 컴파일 할 수 있다.

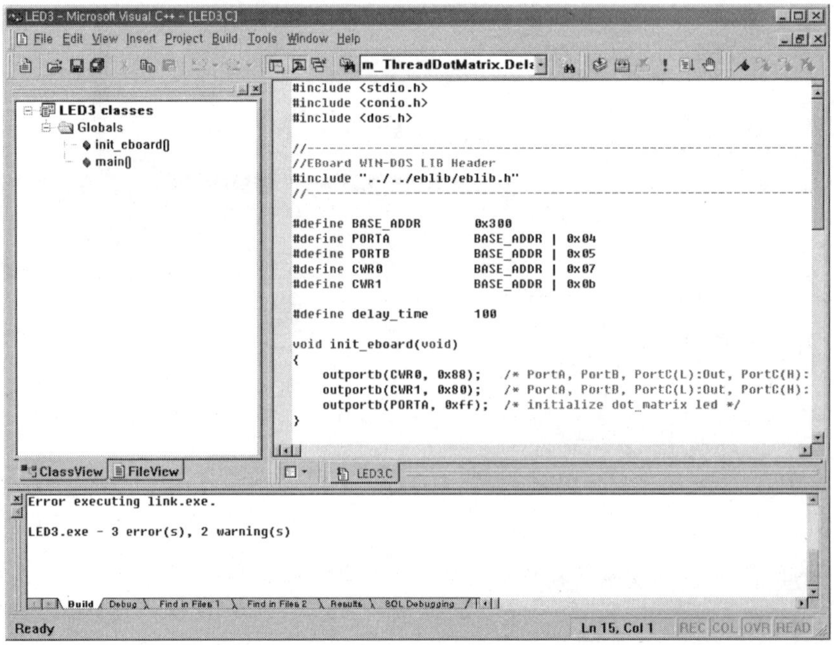

1.5.2 Gcc Version 컴파일

PC인터페이스에 있어서 ISA버스 인터페이스 방식은 컴퓨터 기술이 발전하면서 느린 속도와 좁은 대역폭(16bit)로 인하여 거의 사라지고 새로운 고속 PC인터페이스 방식이 개발되었는데 그 대표적인 PC인터페이스 방식으로는 PCI, USB, IEEE1394 등등이 있다. E-Board 3.1도 ISA방식의 인터페이스로 제작되었으나 새로운 PC인터페이스 방식에 적용하기 위해 Ez-PCI Board를 제작하였고 기존 Ez-Board용 예제프로그램을 이용하기 위해 Windows용 DOS프로그램인 콘솔 프로그램으로 변환하였는데 그 사용방법을 설명하도록 하겠다.

Windows OS환경에서 하드웨어 접근을 위해서는 반드시 디바이스 드라이버가 필요하며 특히 PCI 인터페이스의 경우 기존 Win9x에서 하드웨어 접근함수인 inp(), oup()함수는 전혀 동작하지 않는다.

Windows에서 Ez-Board를 제어하기 위해서는 디바이스 드라이버와 이를 제어하는 함수들이 필요한데 PCI보드에 접근할 수 있는 함수들을 기존 DOS용 함수들과 호환되도록 하는 라이버러리를 제작하였고 이를 사용하면 기존 Ez-Board DOS용 예제들을 별다른 소스 수정 없이 테스트해 볼 수 있다.

기존 Ez-Board용 DOS예제를 Windows상에서 컴파일 하는 방법

1. 디바이스 드라이버 설치
2. E-Board용 라이버러리를 프로젝트에 추가
3. 소스코드 수정

-라이버러리 헤드 파일 추가

```
#include "eblib.h"
```

-드라이버 초기화함수 추가

```
InitDriver(EB_DEVICE_PCI);    //하드웨어 접근 전에 반드시 한번 수행해 주어야 한다.
```

• **GCC 통합환경 Dev-C++ 개요**

Dev-C++(http://www.bloodshed.net)은 Gcc를 Win32 플랫폼으로 이식한 컴파일러 패키지인 MinGW에 대한 GUI 통합 개발 환경으로 오픈 소스 기반 자유 소프트웨어이자 무료 소프트웨어이다.

Gcc는 GNU 시스템(실제 리눅스 시스템)에서 사용하는 C++ 컴파일러인데 MinGW는 GCC를 비롯해서 GNU Binary Utilities, GNU 디버거(GDB), GNU make를 포함한 여러 필수적인 도구&유틸리티들을 Win32 애플리케이션 개발용으로 Win32 플랫폼에 맞게 이식한 '도구 모음' 이다.

GCC의 또 다른 Win32 이식으로는 Cygnus사의 CygWin이 있으며, MS-DOS용으로는 DJGPP가 있다. 그런데 위의 두 가지 환경과 MinGW는 모두 기본적으로 명령 행 기반이므로 중급 이하의 개발자들은 접근하기가 힘들다는 단점이 있는데 MinGW를 좀 더 편하게 사용할 수 있도록 하는 것이 Dev-C++ 이다.

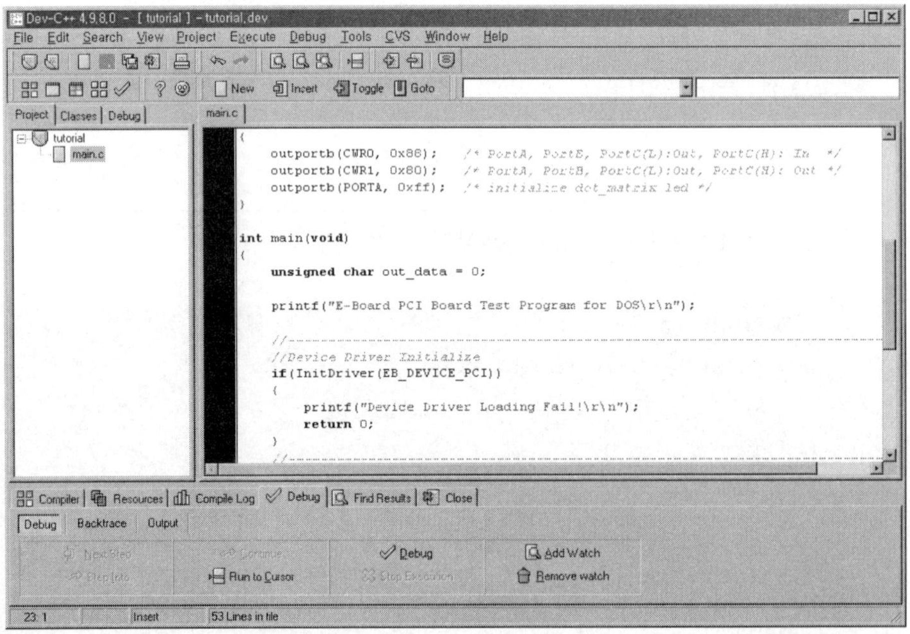

Dev-C++은 컴파일러는 아니고 MinGW를 위한 통합 개발 환경(IDE) 이고 사용하기 쉽고 간단히 설치되므로 초.중급 개발자에게 추천할만한 디버깅 환경이다. 게다가 무료이기

까지 하기 때문에 학생들은 학교에서 공부한 내용을 무료로 다운받아 쉽게 집에서 테스트 해볼 수 있는 장점이 있다.

통합 개발 환경이므로 Dev-C++ 안에서 소스 작성, 컴파일, 링크, 빌드, 리소스 편집까지 할 수 있으며, 디버깅 역시 거의 통합되어 있다. 또한 코드 편집기도 상당히 편리하고 문법 강조(키워드, 문자열 등등을 다른 색깔로 표시하는 것)를 지원하며, 제한적이나마 코드 자동 완성도 지원한다.

• **Dev-C++ 설치 방법**

설치방법은 매우 간단하며 리부팅 할 필요도 없다. Setup.exe 파일만 클릭하면 자동으로 설치된다. 용량도 12MByte 정도 이므로 간단히 설치해 테스트 해볼 수 있다.

• **Dev-C++에서 Win32용 Console Application Project 생성**

먼저 Ez-Board용 예제를 작성하기 위해 메뉴의 [File ➡ New ➡ Project]를 클릭하면 아래와 같이 어플리케이션 종류를 선택할 수 있는 다이얼로그 창이 나타나는데 DOS용 프로그램을 작성하려면 "Console Application"을 선택하고 프로젝트명과 설정하고 OK버튼을 클릭하면 된다.

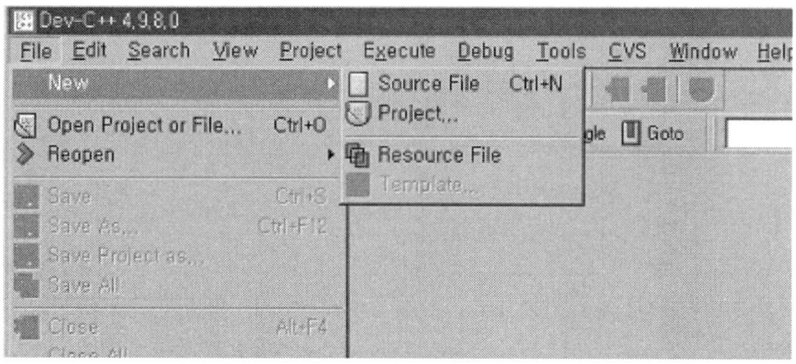

DOS용 예제 작성을 위해 [Console Application] 프로젝트를 선택한다.

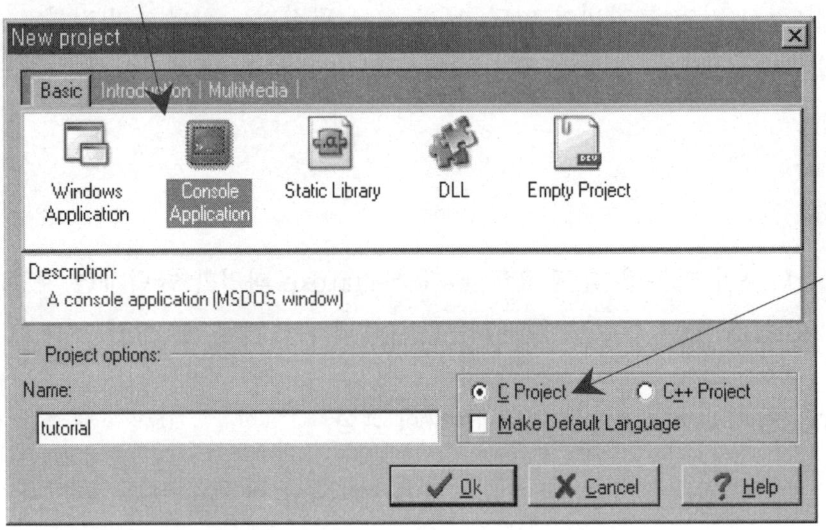

Ez-Board 호환을 위해 C Project를 체크 한다.

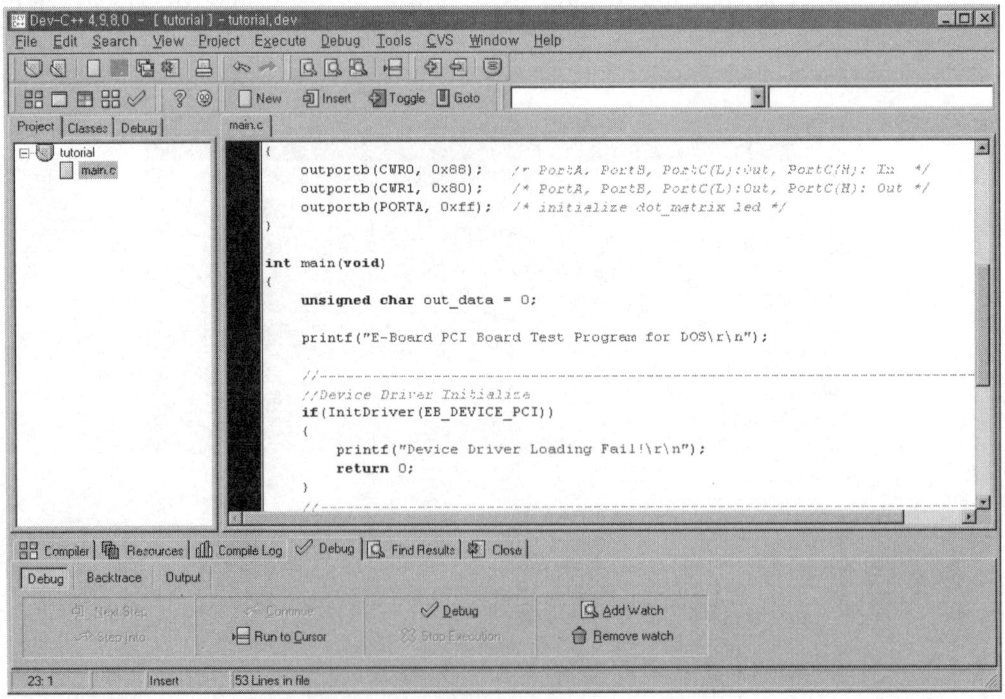

【새로운 프로젝트를 생성한 화면】

[참고]
기존 Ez-Board용 예제프로그램은 C언어로 작성되어 있으므로 empty project를 생성하여 빈 프로젝트를 생성하고 C소스코드를 추가하는 방식을 택했다. [An empty project]이외의 것을 체크하면 C++용 소스를 자동으로 생성해 주므로 E-Board용 라이버러리가 동작하지 않아 에러가 발생한다. 만약 C++언어로 작성하기를 원한다면 E-Board 3.1 C++용 라이버러리를 이용하면 되는데 이 문서는 C언어를 이용한 예제를 설명하였다.

• Ez-Board용 Library 삽입

앞에서도 언급 하였지만 Windows에서 E-Board하드웨어에 접근하기 위해서는 디바이스 드라이버가 필요하고 드라이버접근을 위한 함수들이 필요한데 이 접근 함수들을 편리하게 사용하기 위해 라이버러리를 추가해야 한다. Ez-Board의 Gcc용 라이버러리는 eblib_gcc.lib이다. 이 라이버러리를 프로젝트에 추가하면 된다.

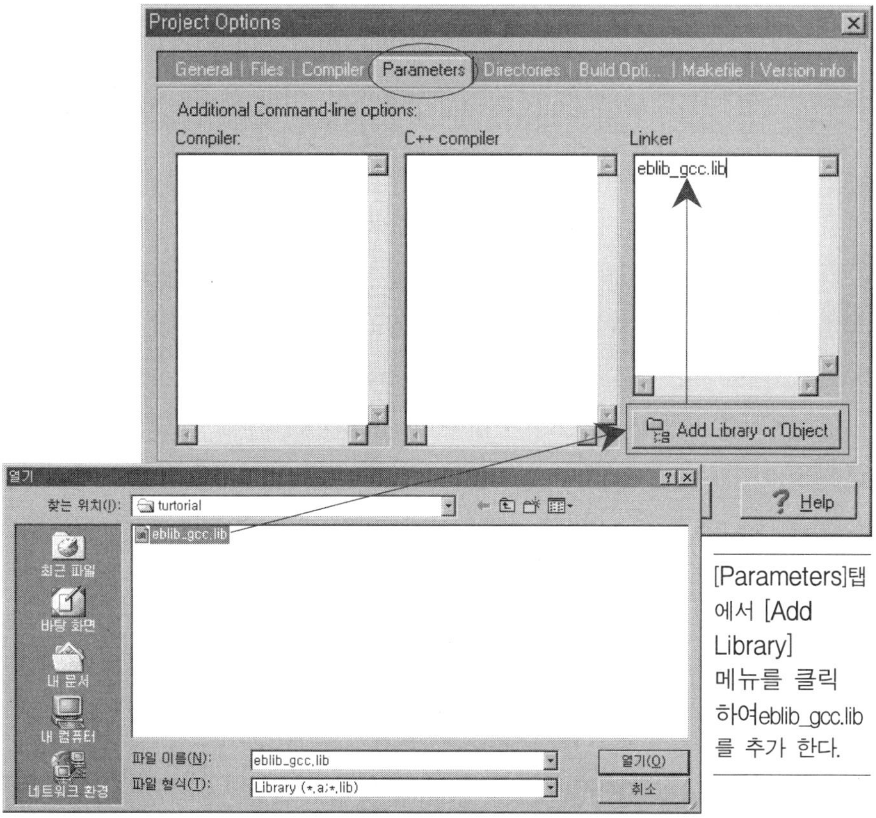

[Parameters]탭에서 [Add Library] 메뉴를 클릭하여eblib_gcc.lib를 추가 한다.

먼저 메뉴에서 [Project ➡ Project Options]이나 툴바의 새로운 프로젝트가 메뉴에서 를 클릭 한다. Project Options 다이얼로그의 Parameters 탭에서 [Add Library or Object] 메뉴를 클릭 하여 eblib_gcc.lib 라이버러리를 선택하여 추가하면 된다.

• **E-Board제어용 소스코드 작성**

이제 라이버러리가 추가 되었으므로 소스코드를 작성해 보자.

E-Board DOS용 예제를 컴파일 하기 위해서는 다음과 같은 몇 가지 추가 사항이 있다.

소스코드 추가 사항

1)라이버러리 헤드 파일 추가

```
#include "eblib.h"
```

2)드라이버 초기화함수 추가

```
InitDriver(EB_DEVICE_PCI);    //하드웨어 접근 전에 반드시 한번 수행해 주어야 한다.
```

3)메인 함수 main()의 리턴값을 int로 하고 리턴값을 가져야 한다. <- 수정사항

E-Board용 라이버리를 사용하기 위해서는 헤드파일이 필요한데 #include키워드를 이용하여 헤드파일을 추가하고 디바이스 드라이버를 초기화 하는 함수를 호출해야 한다.

디바이스 드라이버의 초기화는 디바이스로 접근하기 전에 반드시 한번은 해주어야 하는데 InitDriver(EB_DEVICE_PCI) 함수(PCI일 경우)를 이용하여 초기화 한다. 반환 값이 0이면 정상적으로 초기화 된 것이고 0아닌 값을 반환하면 디바이스 드라이버가 설치되어 있지 않거나 하드웨어가 없는 경우 이므로 하드웨어를 다시 한번 점검해 보아야 한다.

예제에서는 드라이버가 정상적으로 로딩 되지 않을 경우 프로그램을 빠져 나가도록 했다

드라이버가 로딩 되지 않은 상태에서 하드웨어로 접근하면 "잘못된 페이지 오류라"는 메시지가 나타나기 때문이다.

```
//Device Driver Initialize
if( InitDriver(EB_DEVICE_PCI) )
{
        printf("Device Driver Loading Fail!\r\n");
        return -1;
}
```

주의할 사항은 Gcc에서는 main()함수의 리턴값을 int형으로 수정해 주어야 하고 리턴값을 가져야 한다.

[참고]
라이버러리에는 outp(PortAddress, Data), inp(PortAddress), outportb(PortAddress, Data), inportb(PortAddress)함수를 제공하는데 도스에서 사용했던 함수명과 동일하고 동작도 동일하게 동작한다. 그리고 delay()함수는 도스의 delay()함수와는 좀금 다른데 1ms단위로 지연되는 함수 이지만 윈도우 자체가 멀티 쓰레드로 동작하기 때문에 다중(여러 창을 띄운 상태로)작업 시 정확하게 1ms로 동작하지 않는 경우가 있고 MS사에서 조차 30ms이하는 보장할 수 없다고 하니 10ms이하는 for문을 이용하여 딜레이를 만드는 방법으로 해결하여야 한다. 자세한 내용을 더 빠른 시간 딜레이를 원하는 예제에 있으니 참고 하길 바란다.

아래는 E-Board의 LED를 On/OFF하는 예제이다.

[tutorial.c]

```
#include <stdio.h>

//------------------------------------------------------------
//EBoard WIN-DOS LIB Header
#include "eblib.h"
```

```
//-----------------------------------------------------------------


#define BASE_ADDR           0x300
#define PORTA               BASE_ADDR | 0x04
#define PORTB               BASE_ADDR | 0x05
#define CWR0                BASE_ADDR | 0x07
#define CWR1                BASE_ADDR | 0x0b

#define delay_time          1000

void init_eboard(void)
{
        outportb(CWR0, 0x88);  /* PortA, PortB, PortC(L):Out, PortC(H): In  */
        outportb(CWR1, 0x80);  /* PortA, PortB, PortC(L):Out, PortC(H): Out */
        outportb(PORTA, 0xff); /* initialize dot_matrix led */
}

int main(void)
{
        printf("E-Board PCI Board Test Program for DOS\r\n");

//-----------------------------------------------------------------
//Device Driver Initialize
        if(InitDriver(EB_DEVICE_PCI))
        {
                printf("Device Driver Loading Fail!\r\n");
                return 0;
        }
```

```
//----------------------------------------------------------------

        init_eboard();

        while(1)
        {
                out_data = 0xFF;          /* led on  : 1111 1111 */
                outportb(PORTB, out_data);
                delay(delay_time);

                out_data = 0x00;                   /* led off : 0000 0000 */
                outportb(PORTB, out_data);
                delay(delay_time);
        }
        return 1;
}
```

• **프로그램 컴파일 및 실행**

이제 최종적으로 컴파일 하고 실행하면 되는데 메뉴에서 [Execute ➡ Compile & Run]이나 를 클릭하면 컴파일 및 실행이 된다.

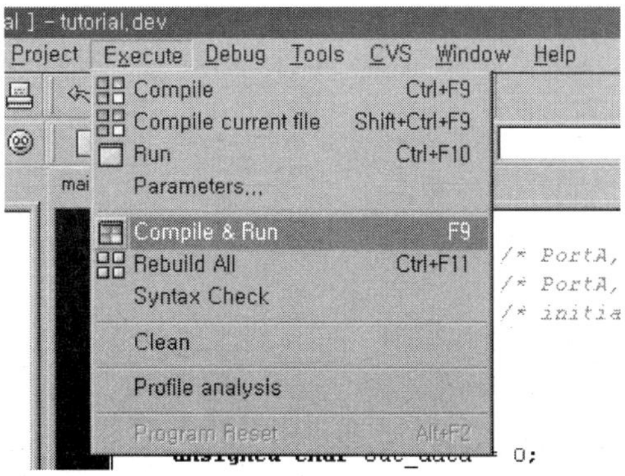

프로그램을 실행시키면 아래 그림과 같이 도스 콘솔 형태의 실행된 어플리케이션이 실행되고 Ez-Board의 LED가 깜박거리는 것을 볼 수 있다.

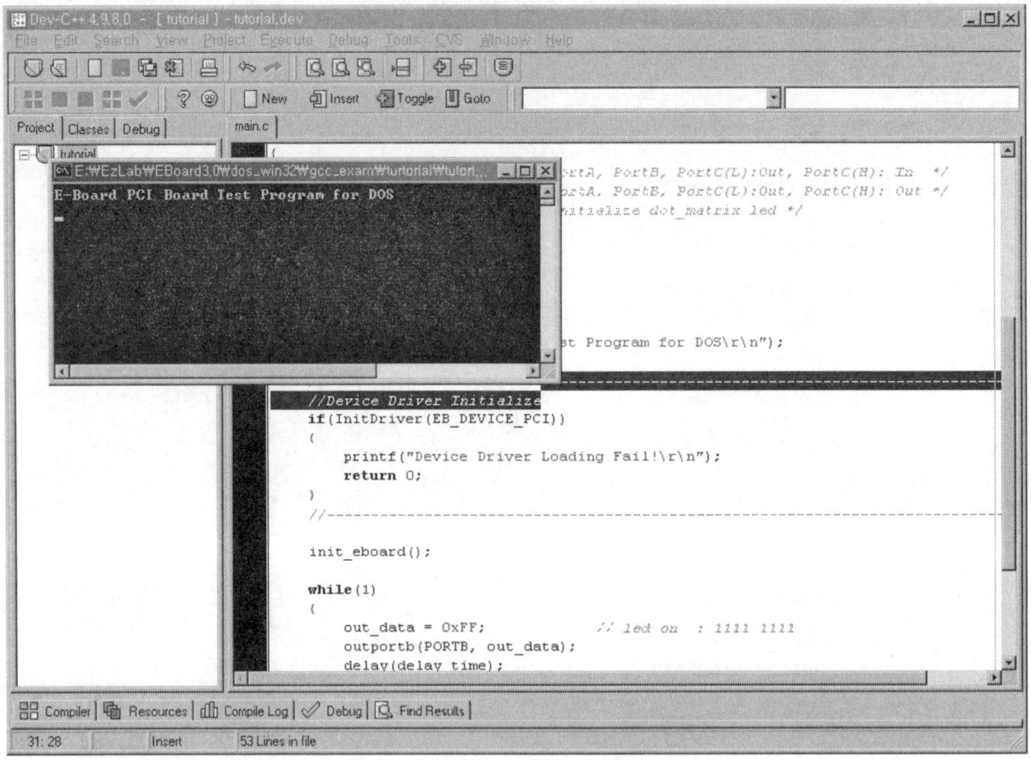

• Dev-C++에서 에러처리

만약 프로그램 소스 작성 중 에러가 발생했다면 컴파일 할 때 Compiler 창에 에러 메세지와 라인번호가 표시되는데 더블클릭하면 그 라인으로 자동으로 커서가 이동한다.

예제에서는 init_eboard()에서 괄호 ')'가 빠져 있다고 나오고 마우스로 더블클릭하면 그 라인으로 커서가 이동되므로 에러부분을 제대로 수정하면 정상적으로 컴파일 될 것이다.

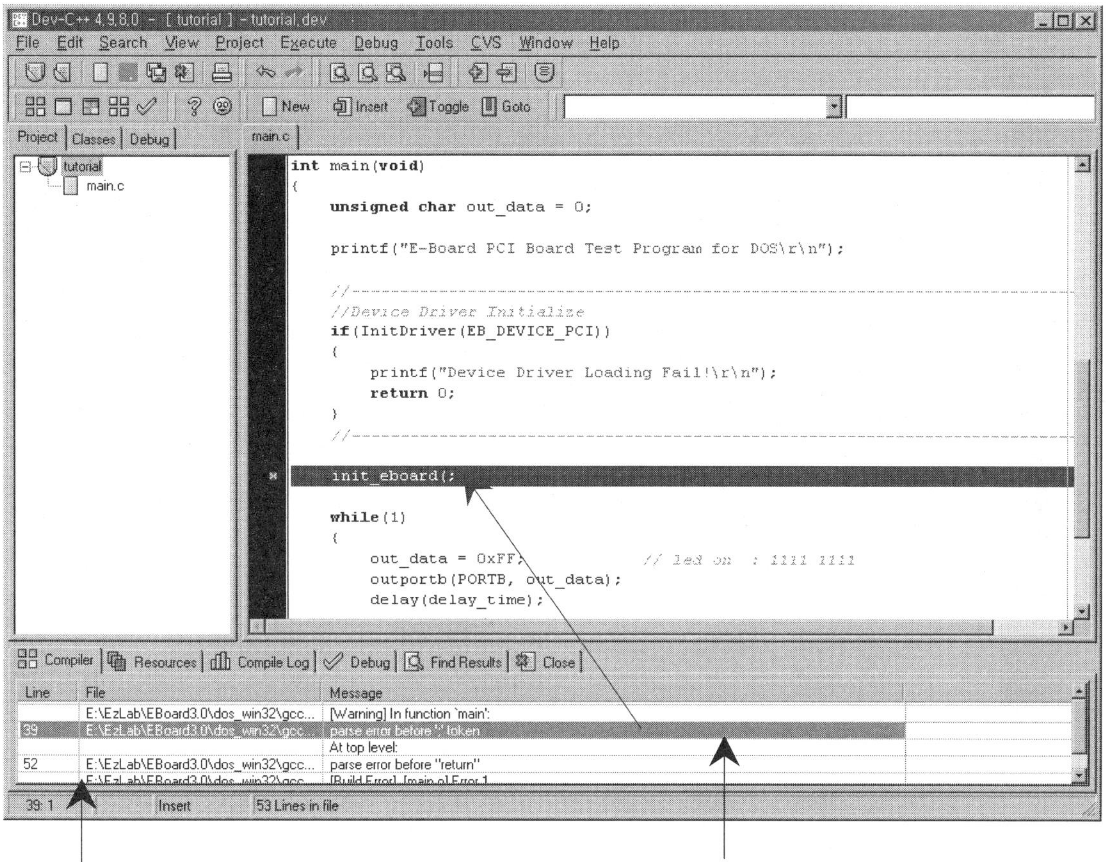

Compiler 창

에러부분을 더블클릭하면 에러 라인으로 커서가 이동한다.

- Dev-C++에서 디버깅

Dev-C++의 디버깅 기능을 이용하면 작성한 프로그램을 한 스텝씩 따라가며 실행 시킬 수 있고 변화하는 변수 값들을 관찰할 수 있어 프로그램 작성에 있어 많은 편리성이 있다.

일단 디버깅을 하기 위해서는 프로그램 실행 중 멈추기를 원하는 곳에 브레이크 포인터를 설정한다. 설정방법은 멈추고 싶은 라인 왼쪽 옆 에디터의 검은 부분을 클릭하면 적색의 체크표시가 되고 브레이크 포인터로 설정된다.

main.c

```
//Device Driver Initialize
if(InitDriver(EB_DEVICE_PCI))
{
    printf("Device Driver Loading Fail!\r\n");
    return 0;
}
//-----------------------------------------------------------

init_eboard();

while(1)
{
    out_data = 0xFF;            // led on  : 1111 1111
    outportb(PORTB, out_data);
    delay(delay_time);

    out_data = 0x00;            // led off : 0000 0000
    outportb(PORTB, out_data);
    delay(delay_time);
}
```

멈추길 원하는 라인 왼쪽 검은 부분을 클릭 하여 브레이크 포인터를 설정한다.

브레이크 포인터 설정 후 [Debug (✓)]를 클릭하거나 F8을 이용하여 디버그 모드로 프로그램을 실행시킨다.

프로그램이 컴파일 되고 실행되면서 정상적으로 동작하다 브레이크 포인터를 만나면 프로그램은 멈추고 아래 그램과 같이 Dev-C++디버거 환경으로 바뀐다.

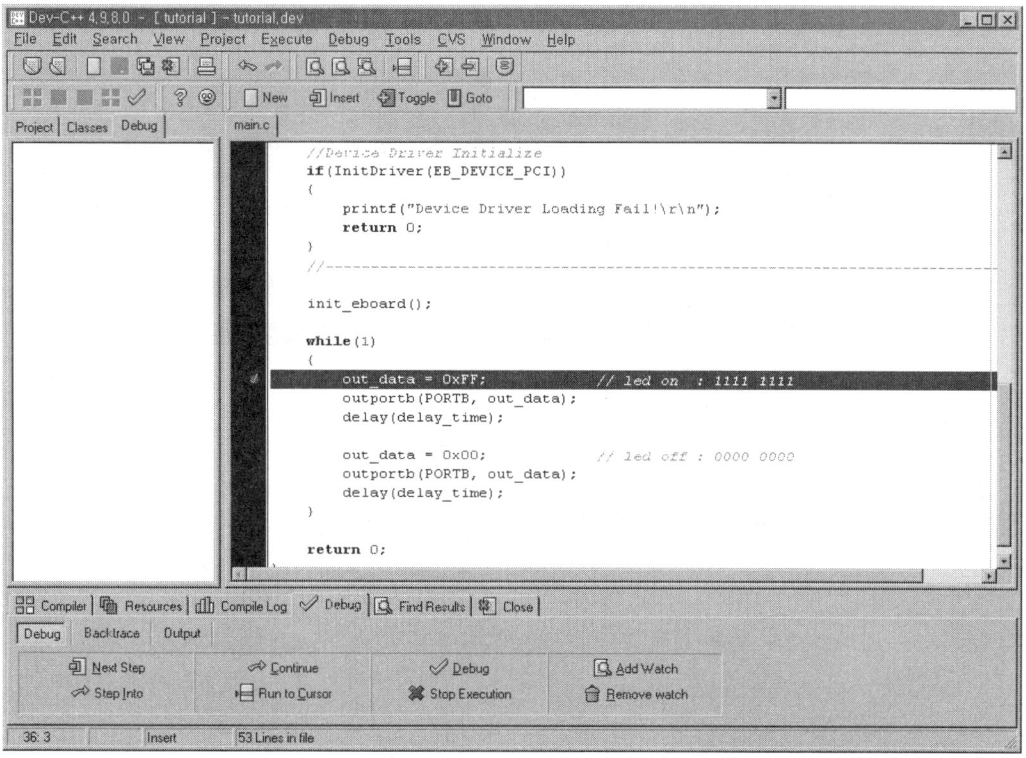

그 상태에서 NextStep(Next Step)을 클릭 하여 한 스텝씩 실행 시킬 수 있다. 주요 기능으로는 다음과 같다.

Stop Execution : 디버그 모드 종료

Step Into : StepInto. 디버깅시 함수 안으로 다음 스텝을 옮긴다.

Continue : Continue. 함수 안에서 빠져나온다.

Next Step : NextStep. 디버깅 시 함수 안으로 들어가지 않고 스텝을 옮긴다.

Run to Cursor : Run To Cursor. 현재 커서가 위치되어 있는 곳 까지 이동(실행)한다.

변수의 값을 보려면 Add Watch 를 클릭하여 보기 원하는 변수명을 기입하면 된다. NextStep을 클릭하면서 다음 스텝을 이동하면 변수 값이 변하는 것을 볼 수 있다.

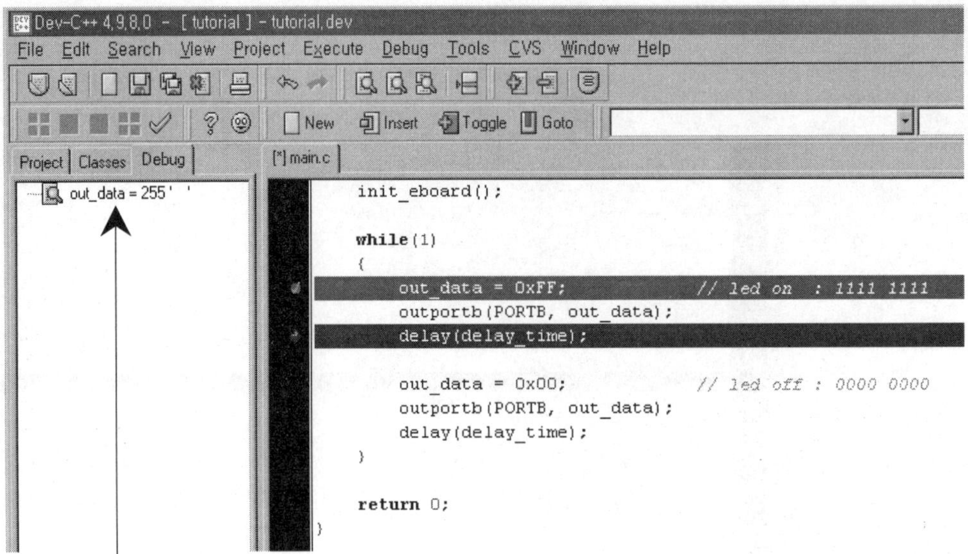

Debug 창을 통해 현재 실행 위치에서 변수(out_data)의 값을 볼 수 있다.

디버거를 종료하려면 [Stop Execution]를 클릭 하여 디버거 모드를 종료할 수 있다.

2. 디지털 입출력 응용

[실험 1.] LED 구동 및 제어 프로그램

【실험목적】

- LED(발광 다이오드)의 구조 및 특성을 익힌다.
- 컴퓨터에서 입출력 보드를 통한 LED의 점멸 제어를 익힌다.
- 점멸 제어를 위한 PPI 8255A의 사용법 및 제어 프로그램 작성을 익힌다.

【기초지식】

- LED(light-emitting diode, 발광 다이오드)

순방향 바이어스된 다이오드에서 자유 전자(Free electron)는 접합부를 통하여 정공(Holes) 속으로 떨어진다. 전자가 높은 에너지에서 낮은 에너지 준위(Energy level)로 떨어질 때 에너지가 방출된다. 보통의 다이오드에서는 에너지가 열의 형태로 방출된다. 그러나 LED는 에너지가 빛으로 방출된다. LED는 낮은 전압, 긴 수명, 빠른 점멸 스위칭 속도 등의 장점이 있으므로 많은 응용에서 전구를 대체하고 있다.

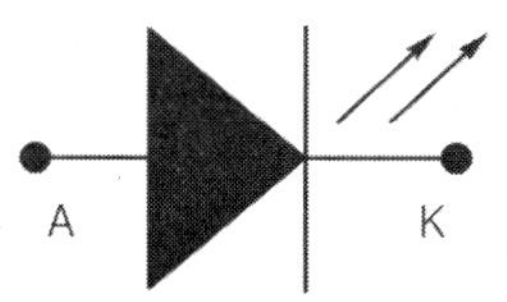

a) LED의 심볼

Part No.	Color	Absolute max. ratings (Ta = 25℃)				
		Power dissipation Pd (mW)	Foward current IF (mA)	Peak forward current IPF (mA)	Reverse voltage VR (V)	Operating temp. Topr (℃)
SLR-56VR	R	60	20	60	3	-25~+85
SLR-56MG	G	75	25	60	3	-25~+85

b) LED의 데이터 시트

【그림 2.1-1】 LED의 심볼(symbol)과 데이터 시트

보통의 다이오드는 빛을 통과시키지 않는 물질인 실리콘(Silicon)으로 만들어지지만 LED는 다른 재료로 만들어진다. 갈륨(Gallium), 비소(Arsenic), 인(Phosphorus) 같은 원소를 사용하여 제작되는 LED는 적색, 녹색, 황색, 오렌지색, 적외선 등의 빛을 발생시킬 수 있다. 가시광선 영역의 LED는 계측기나 계산기 등에 쓰이며, 적외선 LED는 도난경보 등 보이지 않는 발광(發光)이 필요한 경우의 응용에 쓰인다.

• LED 구동

LED는 대개 10~20[mA]의 전류에서 1.5~2.5[V]의 전압 강하를 갖는다. 정확한 전압 강하는 LED의 전류, 색, 오차 등에 의해 결정된다. 정확한 데이터가 주어지지 않았다면, LED 회로를 분석하거나 수정할 때 대개의 경우 2[V]의 전압 강하를 갖는다고 가정하면 될 것이다.

LED 회로를 설계하고자 한다면 데이터 시트(Data sheets)를 참조하라. LED 전압은 허용 범위가 크다. [그림 2.1-1] (a)는 LED의 회로 심볼(Symbol)이다. 밖으로 향하는 화살표는 방출되는 빛을 상징하는 것이다. 그림 삼각형의 왼쪽이 양극(A, Anode)이고, 오른쪽이 음극(K, Cathode)이다. 양극에 (+), 음극에 (-)전원을 연결하면 LED에 순방향으로 전류가 흐른다.

일반적으로 LED 전류는 10~20[mA] 정도로 허용된다. 이 정도의 범위면 대부분의 응용에서 알맞은 빛을 낼 수 있다. LED의 밝기는 흐르는 전류에 의해 결정된다. 그러므로 허용하는 범위 안에서 전류를 많이 흐르게 하면 LED는 더 밝은 빛을 방출한다. 그러나 허용 범위를 넘는 전류는 LED를 파괴할 수 있다. LED 전류의 허용 범위는 LED 마다 다르므로 정확한 값이 필요하다면 데이터 시트를 참조하라. [그림 2.1-1] (b)는 LED의 데이터 시트의 예를 보여준다.

[그림 2.1-2]에는 LED의 직류 점등회로가 나타나 있다. 만일 [그림 2.1-1]의 SLR-56VR의 데이터를 참고하여 전원전압이 5[V]이고 LED 양단에 걸리는 전압이 2[V]라면 LED를 구동하기 위하여 전류는 20[mA]가 된다. 그런데 이 20[mA]는 절대최대 정격으로 10[mA]의 전류가 흐르도록 하려면 이때의 전류제한 저항 값은 아래와 같이 구할 수 있다.

$$R = \frac{5-2\ [\mathrm{V}]}{10\ [\mathrm{mA}]} = 300\ [\Omega]$$

다시 말해 R = 300[Ω]의 전류제한저항을 넣으면 LED가 정상적으로 동작하게 된다.

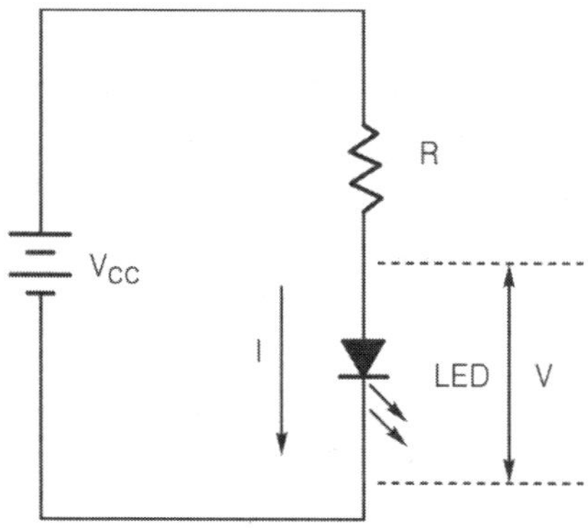

Vcc : 전원전압

V : LED 양단에 걸리는 전압

I : 순방향 전류

R : 전류제한저항

$$I = \frac{Vcc - V}{R}$$

【그림 2.1-2】 LED의 직류 점등회로

이러한 LED를 구동하는 방식은 [그림 2.1-2]의 직류점등회로와 같은 스태틱 구동방식과 다이나믹 구동방식(펄스구동)이 있다. 다이나믹 구동의 장점은 적은 수의 포트로 많은 LED를 이용한 표시를 제어할 수 있다는 것이다. 이 방식은 사람 눈의 잔상현상을 이용한 것으로 LED의 조합으로 이루어진 매트릭스(Matrix) LED의 구동이나 많은 양의 LED를 구동할 경우 이 다이나믹 구동을 많이 이용하게 된다.

다이나믹 구동의 경우 [그림 2.1-3]과 같이 LED가 점등하고 있는 시간을 직류점등의 $\frac{1}{2}$로 하고 직류 점등시보다 2배의 펄스전류를 인가하면 시각적으로는 밝기가 동일하게 나타난다. [그림 2.1-1]의 데이터 시트에서 보더라도 순방향피크전류(Peak forward current)의 경우 IPF=10[㎃]로 직류점등에 비해 2배 이상의 상당히 큰 전류를 흘릴 수 있다.

그러나 이 전류는 TTL이나 CMOS의 로직 IC로 구동하기에는 상당한 주의가 필요하다. 즉 출력용량이 큰 버퍼용 IC를 이용한다든가 외부 출력에 TR을 부착하여 사용하여야 한다.

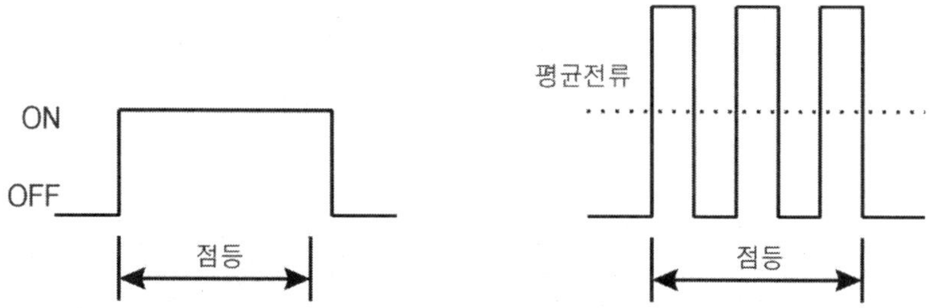

a) 직류구동 b) 펄스구동

【그림 2.1-3】 직류구동과 펄스구동의 원리

• 실험보드의 LED회로

실험보드의 타겟보드에서 중앙의 빨강, 초록의 램프 8개가 바로 LED이다. LED에 너무 많은 전류를 흘리면 LED가 파괴되므로 전류 제한용 저항을 사용하는데, 실험보드에서는 330[Ω]을 사용한다. 이 경우 LED에 흐르는 전류를 계산하여 보자. 전원은 5[V]이고 LED에 걸리는 전압은 2[V]이므로 저항에 걸리는 전압은 3[V]가 된다. 저항 값은 330[Ω]이므로 흐르는 전류는 3 ÷ 330 ≒ 9[mA]가 된다(전압÷저항 = 전류).

[그림 2.1-4]는 실험보드의 LED 구동회로이다. PPI 8255A의 출력 전류는 LED를 구동하기에 약할 수 있기 때문에 실험보드에서는 7404를 사용하여 LED를 구동하고 있다. 74LS04는 TTL(Transistor Transistor Logic)의 인버터(Inverter)가 6개 내장되어 있으며, 74HC04는 HCMOS(High-speed CMOS)의 인버터이다. 7404는 인버터이기 때문에 PPI 8255A의 출력이 '1'이 되면 7404의 출력이 '0'이 되어 LED가 순방향으로 연결된 상태가 되므로 전류가 흐르게 되어 LED가 점등되며, PPI 8255A가 '0'이면 7404의 출력은 '1'이 되어 전류가 흐르지 못하므로 LED가 꺼진다.

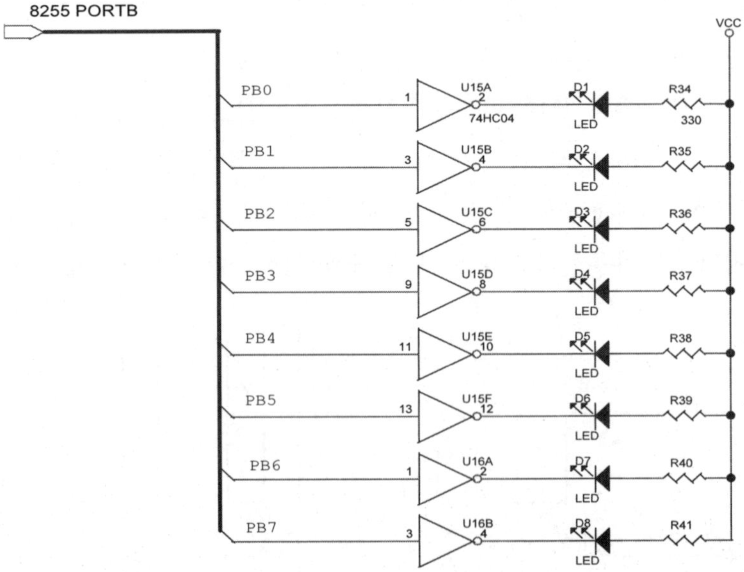

【그림 2.1-4】 실험보드의 LED구동회로

만일 PPI 8255A가 High-impedance 상태라면 7404의 입력에는 아무 것도 연결되지 않은 것 처럼 되고, 이 경우 TTL IC는 입력이 '1'인 것처럼 행동하므로 이 경우 역시 LED가 점등된다. PPI 8255A가 초기화된 상태이거나 포트가 입력의 상태로 되어있을 때 LED가 켜진다면 이 것은 이런 이유에서이다.

실험보드는 LED의 증가가 오른쪽으로 일어나도록 구성하였다. 다시 말하면 좌측이 최하위 비트가 되고 우측이 최상위 비트가 된다. 이것은 7-세그먼트 LED에도 동일하게 적용시켰다. 그런데 여기에서 혼동하기가 쉽다. 우리가 일상적으로 대하는 숫자는 우측이 높은 자리 수이기 때문이다. 하지만 이 문제는 너무 염려하지 않아도 된다. 소프트웨어적으로 처리가 가능하기 때문이다.

그리고 LED의 경우 하위 4비트와 상위 4비트의 색깔을 다르게 사용하였다.

【프로그램 설명】

먼저 I/O 보드의 PPI 8255A의 포트B에 LED를 연결하여 보도록 하자. 이제 LED를 구동하려면 먼저 LED가 연결된 포트를 출력 상태로 만들어 주어야 한다. 이를 위해서는 PPI 8255A의 CWR에 알맞은 값을 써 주어야 한다. 이에 대해서는 'PPI 8255A 프로그래밍(Programming)'을 보기 바란다. 실험보드에서는 CWR에 88H를 써넣어 PPI 8255A를 초기화한다.

실험보드에 있는 8개의 LED는 PPI 8255A의 포트 B에 의해 제어된다. 포트 B의 각 비트는 LED 하나를 제어하는데 쓰인다. 비트의 상태가 '1'(High, + 5[V])일 때 거기에 연결된 LED가 켜진다. 반대로 비트가 '0'(Low, 0[V])이면 LED가 꺼진 상태가 된다. PPI 8255A가 초기화 되어있는 상태라면 PPI 8255A의 포트 B에 데이터 값을 출력하여 LED를 구동할 수 있다.

【표 2.1-1】 LED 포트의 출력 값

LED	7	6	5	4	3	2	1	0
더하는 값(10진수)	128	64	32	16	8	4	2	1
더하는 값(16진수)	0x80	0x40	0x20	0x10	0x08	0x04	0x02	0x01

포트 B에 출력되는 값에 따라 점등되는 LED가 결정된다. 원하는 LED만을 점등시키는 방법은 간단하다. 출력되는 값을 2진수로 바꾸어 보면, 1이 되는 비트의 LED는 켜지며 0인 비트의 LED는 꺼진다. LED 7번, 3번, 0번만 점등시키려면 PPI 8255A의 포트 B에 89H(100010012,

13710)를 출력시키면 된다. [표 2.1-1]을 사용하면 쉽게 출력 값을 계산할 수 있다.

예를 들어 LED 6, LED 5, LED 1만을 점등시키려면, 표에서 LED 6, LED 5, LED 1에 해당하는 값을 찾아서 모두 더하면 된다. 즉, 64 + 32 + 2 = 98, 즉 98을 포트 B에 출력하면 된다.

그런데 여기서 하나 짚고 넘어 가야할 문제가 있다. 우리는 10진수에 익숙한데 실제 컴퓨터에서는 2진수의 체계로 구성되어 있고 2진수를 쉽게 사용하기 위하여 16진수의 개념이 사용되고 이제는 16진수에 익숙해질 필요가 있다. 특히 디지털 입출력에서는 2진수의 비트 연산을 많이 사용하게 되므로 16진수에 익숙해지도록 하자.

```
/* 프로그램 2.1-1 : LED1.C */
#include <stdio.h>
#include <conio.h>
#include <dos.h>

// EBoard WIN-DOS LIB Header
#include "../../eblib/eblib.h"

#define BASE_ADDR     0x300
#define PORTA         BASE_ADDR | 0x04
#define PORTB         BASE_ADDR | 0x05
#define PORTC         BASE_ADDR | 0x06
#define CWR0          BASE_ADDR | 0x07
#define CWR1          BASE_ADDR | 0x0b


#define delay_time    1000

void init_eboard(void)
{
        outp(CWR0, 0x88);  /* PortA, PortB, PortC(L):Out, PortC(H): In   */
```

```
        outp(CWR1, 0x80);  /* PortA, PortB, PortC(L):Out, PortC(H): Out */
        outp(PORTA, 0xff); /* initialize dot_matrix led */
}

void main(void)
{
        // Device Driver Initialize
        if(InitDriver(EB_DEVICE_PCI))
        {
                printf("Device Driver Loading Fail!\r\n);
                return;
        }

        init_eboard();

        do {

                outp(PORTB, 0xff);          /* led on : 1111 1111 */
                delay(delay_time);

                outp(PORTB, 0x00);          /* led off : 0000 0000 */
                delay(delay_time);

        } while(!kbhit());

        init_eboard();
}
```

이제 이런 기본적인 내용을 가지고 실제로 LED를 구동하여 보자. 프로그램 2.1-1은 LED전체를 ON, OFF시키는 가장 간단한 프로그램이다. 하나씩 의미를 살펴보도록 하자.

우선 #define으로 선언되어 있는 부분부터 살펴보자. 실험보드를 제어하기 위한 상수들을 선언한 것으로 베이스 어드레스와 PPI 8255의 포트 A, 포트 B, 제어워드레지스터를 선언하고 있다.

이러한 식으로 표기한 것은 실험보드에서의 인터페이스 카드의 딥 스위치의 설정에 따라 어드레스가 변하기 때문에 위와 같이 표기하면 딥 스위치의 설정에 따라 베이스 어드레스의 값만 변경하면 되므로 프로그램의 수정이 용이하기 때문이다. 베이스 어드레스를 변경하려면 "#define BASE_ADDR 0x300"의 0x300을 알맞은 어드레스로 변경하면 된다.

"#define PORTA BASE_ADDR | 0x04" 이렇게 선언하여 두면 프로그램 내에서 PORTA라는 문자열은 BASE_ADDR와 0x04의 비트-OR(|)의 형태로 대치(replace)된다. 연산을 하여보면 BASE_ADDR은 0x300으로 대치되고 결과는 아래와 같다.

```
                0x300   = 0 0 1 1   0 0 0 0   0 0 0 0
Bit-OR ( | )  | 0x04    = 0 0 0 0   0 0 0 0   0 1 0 0
              -------------------------------------------
                0x304   = 0 0 1 1   0 0 0 0   0 1 0 0
```

init_eboard()함수는 실험보드를 초기화하기 위한 것으로 I/O보드 상에 존재하는 2개의 PPI 8255를 초기화하기 위한 것으로 하나는 입출력용으로 다른 하나는 출력 전용으로 사용된다.

이 프로그램은 PPI 8255의 포트 B를 통하여 연결된 LED를 delay_time 시간간격, 즉 1000[ms]간격으로 LED를 점멸시키고 있다.

이상없이 동작이 되면 PPI 8255A의 포트 A와 포트 C도 체크해 보도록 하자. 위의 프로그램의 내용을 약간만 수정하면 된다.

```
/* 프로그램 2.1-2 : LED2.C */

#include <stdio.h>
#include <conio.h>
```

```
#include <dos.h>

// EBoard WIN-DOS LIB Header
#include "../../eblib/eblib.h"


#define BASE_ADDR    0x300
#define PORTA        BASE_ADDR | 0x04
#define PORTB        BASE_ADDR | 0x05
#define PORTC        BASE_ADDR | 0x06
#define CWR0         BASE_ADDR | 0x07
#define CWR1         BASE_ADDR | 0x0b

#define delay_time   1000

void init_eboard(void)
{
        outp(CWR0, 0x88);  /* PortA, PortB, PortC(L):Out, PortC(H): In  */
        outp(CWR1, 0x80);  /* PortA, PortB, PortC(L):Out, PortC(H): Out */
        outp(PORTA, 0xff); /* initialize dot_matrix led */
}

void main(void)
{
        // Device Driver Initialize
        if(InitDriver(EB_DEVICE_PCI))
        {
                printf("Device Driver Loading Fail!\r\n);
                return;
        }
```

```
	init_eboard();

	do	{
		outp(PORTB, data);

		if(data <= 0xff) data++;	/* data increment */
		else data = 0x00;/* data initilize */

		delay(delay_time);

	}while(!kbhit());

	init_eboard();
}
```

프로그램 2.1-2는 데이터 값을 출력하고 데이터 값을 1씩 증가시키면서 LED를 통해 출력하고 있다. 그리고 출력 값이 255(0xFF)보다 크면 LED를 모두 끄고, 계속해서 키보드 입력이 있을 동안 0에서 255까지의 데이터를 증가시키는 것을 반복한다.

【실험내용】

1. 프로그램 2.1-1을 작성하고 수행하여 그 결과를 확인하시오.
2. 프로그램 2.1-2을 작성하고 수행하여 그 결과를 확인하시오.

【실험결과】

1. 프로그램 2.1-1의 프로그램을 정리하여 제출하시오.
2. 프로그램 2.1-2의 프로그램을 정리하여 제출하시오.

【대화하기】

1. LED를 4개씩 점멸하도록 프로그램을 작성하고 실행하시오.

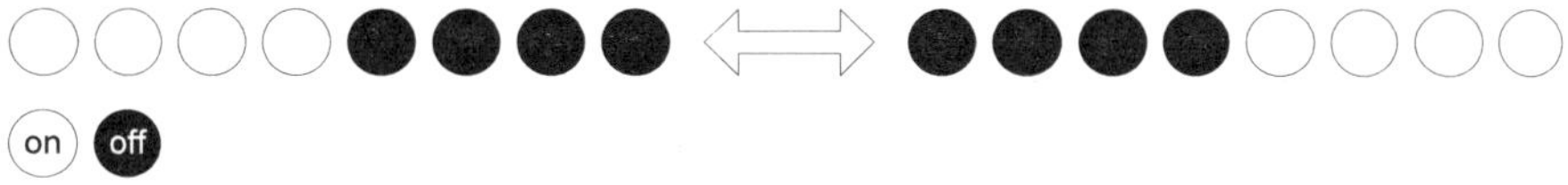

2. LED를 다음과 같이 점멸하도록 프로그램을 작성하고 실행하시오.

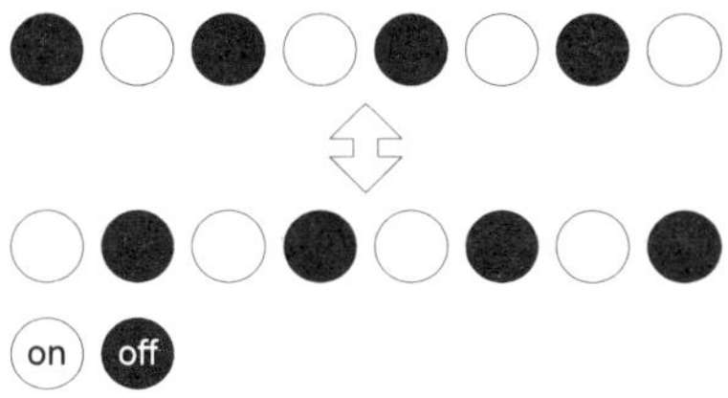

3. 비트 시프트 연산자을 이용하여 LED 하나를 좌측에서 우측으로 다시 우측에서 좌측으로 점멸시키는 프로그램을 작성하고 실행하시오.

4. 그림과 같이 8개의 LED를 일정 시간동안 한 개씩 점등시키면서 이동되도록 프로그램을 작성하고 실행하시오.

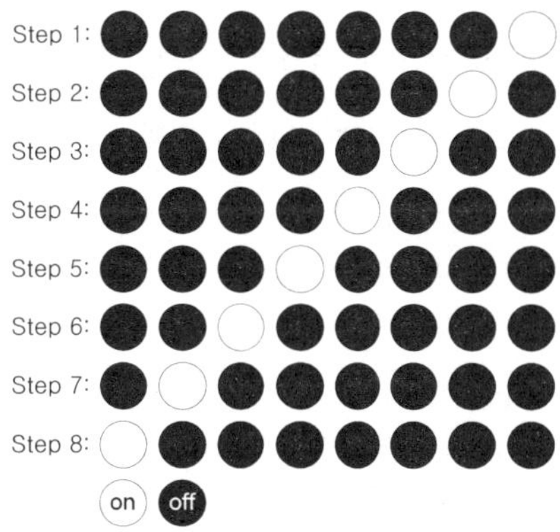

[실험 2.] 7-세그먼트 LED 구동 및 제어 프로그램

【실험목적】

- 7-세그먼트 LED의 구조 및 특성을 익힌다.
- 컴퓨터에서 입출력 보드를 통한 7-세그먼트 LED의 표시 제어를 익힌다.
- 7-세그먼트 LED의 표시 제어를 위한 PPI 8255A의 사용법 및 제어 프로그램 작성을 익힌다.

【기초지식】

• 7-세그먼트 LED의 구동

[그림 2.2-1]은 7-세그먼트 LED의 외형과 내부구조를 나타내고 있다. 7-세그먼트 LED는 a~g의 7개의 LED와 소수점 표시를 위한 dp(Decimal Point)의 LED 1개로 구성된다. 각 LED는 표시되는 문자의 일부분을 구성하므로 각각을 세그먼트(Segment)라 부른다.

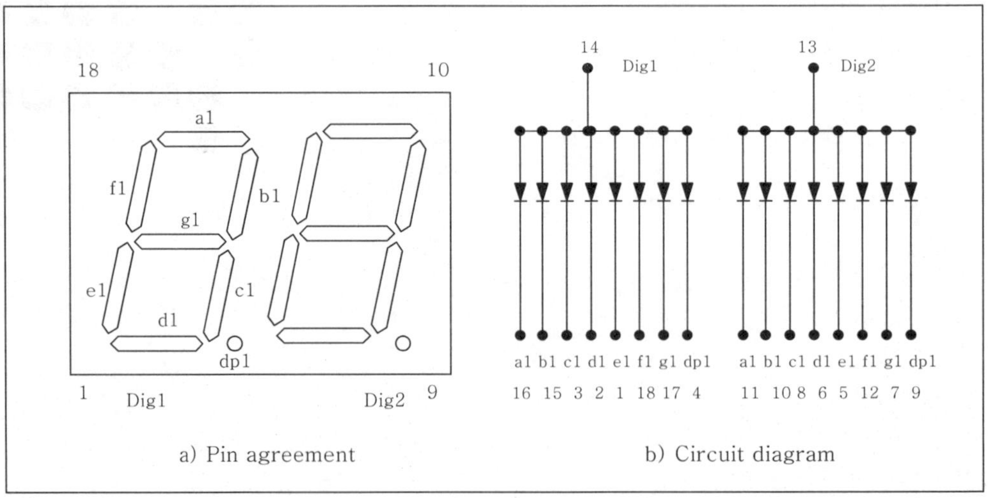

【그림 2.2-1】 7-세그먼트 LED의 외형과 내부 구조

[그림 2.2-1] (b)는 7-세그먼트 LED의 내부구조이다. 각 세그먼트 LED에는 전류 제한용

저항을 외부에 직렬로 연결하여 사용한다. 직렬로 연결된 저항들을 통해 전원에 연결하면 0~9의 문자가 LED로 표현되는 것이다. 예를 들어, a, b, c를 점등시키면 '7'이 표시되고, a, b, c, d, g를 점등시키면 '3'이 표시된다.

7-세그먼트 LED는 숫자뿐만 아니라 A~F의 영문도 표현할 수 있다. 그러므로 7-세그먼트 LED는 0~9, A~F의 16개 문자를 표현할 수 있으므로 BCD나 16진수의 표현에 많이 사용된다.

7-세그먼트 LED는 [그림 2.2-1] (b)와 같이 양극(Anode)이 공통으로 연결되어 있는 AC(Anode-Common, 양극 공통단자)형과, 음극(Cathode)이 공통으로 연결되어 있는 CC(Cathode-Common, 음극 공통단자)형의 두 가지가 있다. 그러므로 7-세그먼트 LED를 선택할 때는 필요한 LED가 AC형인지 CC형인지에 주의하여야 한다.

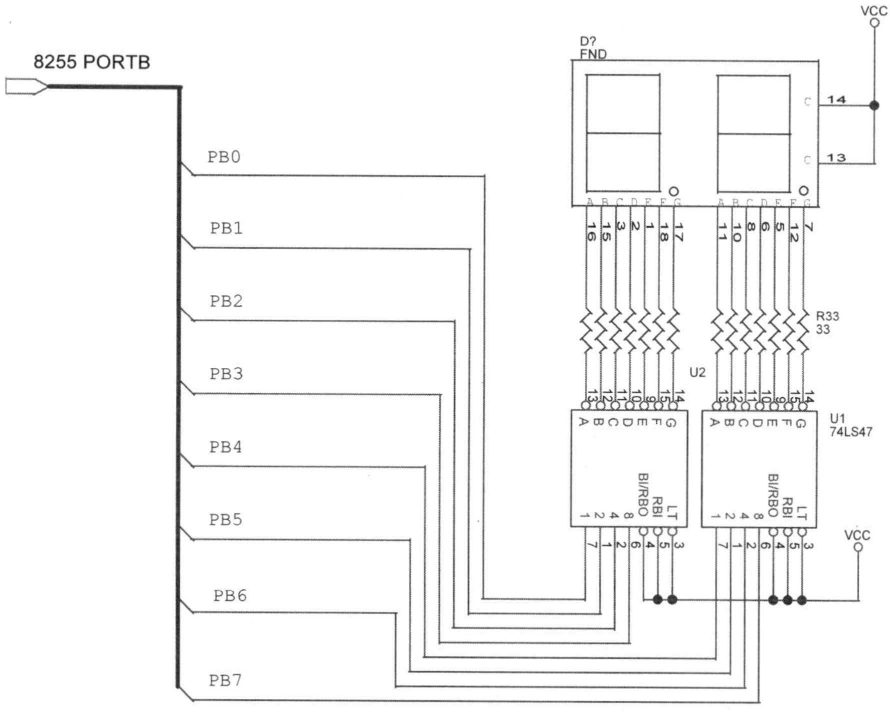

【그림 2.2-2】 7-세그먼트 LED의 구동회로

[그림 2.2-2]는 실험보드에서의 7-세그먼트 LED의 구동회로를 보여주고 있다. 회로에서 7-세그먼트 LED 구동으로 7447을 이용하고 있다.

7447은 AC형의 7-세그먼트 LED의 구동에 적합한 IC로 디스플레이 디코더 드라이버로 많이 사용된다. 입력에 BCD코드로 수치를 입력하면 그 수치에 따른 출력이 각 세그먼트의 출력단자 A~G가 “L″로 된다. 또한 오픈콜렉터 방식의 출력을 가지고 있어 직접 7-세그먼트 LED를 구동할 수 있다.

회로도에서 보아 알 수 있듯이, 7-세그먼트 LED 2개가 하나로 내장된 타입을 사용하고 있다. 싱글타입의 7-세그먼트를 사용할 경우 A~G의 출력 핀만 맞추어주면 된다. 그리고 7447의 LT(램프 테스터)단자, RBI(리플 블랭킹입력), BI/RBO(블랭킹 입력/리플 블랭킹 출력)단자는 사용하지 않으므로 ″H″로 묶어둔다.

참고로 7447의 LT단자가 ″L″일 때 입력에 관계없이 A-G의 모든 출력이 “L″로 되어 모든 세그먼트를 점등시킨다. 이 단자를 이용하여 세그먼트의 이상유무를 판별할 수 있다.

RBI 단자는 7447을 다단으로 접속하여 사용하는 경우 다음 단의 BI/RBO과 연결되어 유효 자리수 이상의 불필요한 숫자를 소등시킬 수 있다.

즉 7-세그먼트 LED의 출력이 07과 같이 디스플레이 되는 경우 상위자리의 0(zero)은 의미가 없다. 따라서 이 0(Zero)을 소등시킬 때 이용한다. 이 경우 LT를 제외한 모든 입력은 “L″가 되어야 한다.

BI/RBO 단자가 “L″일 때는 입력에 관계없이 모든 출력이 ″H″가 되어 모든 세그먼트를 소등시킨다. 또한 이단자에 펄스를 가하여 LED의 밝기를 조절할 수가 있다.(LED의 펄스 구동 참조)

[그림 2.2-3]은 74LS47의 표시 자형을 보여주고 있다.

10 진수	0	1	2	3	4	5	6	7	8	9	10	11	12	13	14	15

자 형

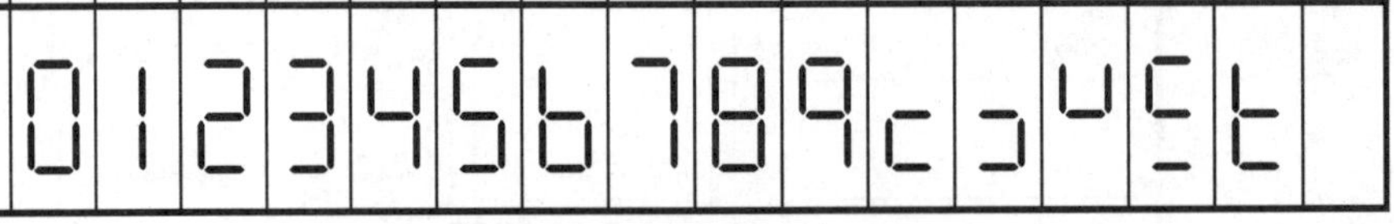

【그림 2.2-3】 74LS47의 표시 자형

【프로그램 설명】

프로그램 2.2-1는 7-세그먼트 LED를 0부터 99까지를 표시하는 프로그램이다. 그런데 한가지 주의해야 할 것은 우리가 사용하는 10진수의 형태는 1의 자리수가 오른쪽에, 10의 자리수가 왼쪽에 존재하여야 한다. 그러나 타겟보드의 7-세그먼트 LED는 [그림 2.2-2]의 구동회로에서 보아서 알 수 있듯이 숫자의 위치가 바뀌어 있다. 이것은 원래 LED와 자리를 동일하게 표시하기 위한 것으로 소프트웨어적으로 이 문제를 해결할 수 있다.

```
out  = quot | (rem << 4);
```

(out은 포트에 출력될 데이터, quot는 몫, rem은 나머지를 의미한다)

이 라인에서 보듯이 몫과 나머지의 위치를 바꾸어 디스플레이 시켜주면 이 문제는 간단히 해결된다.

아래 예제를 프로그램하여 실행해 보자.

```
/* 프로그램 2.2-1 : FND1.C */
#include <stdlib.h>
#include <stdio.h>
#include <conio.h>
#include <dos.h>

#include "../../eblib/eblib.h"  // EBoard WIN-DOS LIB Header

#define BASE_ADDR    0x300
#define PORTA        BASE_ADDR | 0x04
#define PORTB        BASE_ADDR | 0x05
#define CWR0         BASE_ADDR | 0x07
#define CWR1         BASE_ADDR | 0x0b
#define delay_time   100

void init_eboard(void)
{
        outp(CWR0, 0x88);  /* PortA, PortB, PortC(L):Out, PortC(H): In  */
        outp(CWR1, 0x80);  /* PortA, PortB, PortC(L):Out, PortC(H): Out */
```

```
    outp(PORTA, 0xff); /* initialize dot_matrix led */
}

void main(void)
{
    int count, quot, rem ;
    unsigned out;

    // Device Driver Initialize
    if(InitDriver(EB_DEVICE_PCI))
    {
        printf("Device Driver Loading Fail!\r\n);
        return;
    }
    init_eboard();
    clrscr();
    do{
       if(count>=100) count=0;  /* 0 - 99까지 1씩 증가 */
       else count++;

       quot = count / 10;
       rem  = count % 10;
       out = quot | (rem << 4);
       outp(PORTB, out);

       gotoxy(10,10);
       printf(" output data = %-3d", count);
       delay(delay_time);
    }while(!kbhit());
```

```
        init_eboard();
}
```

이번에는 7-세그먼트 LED를 펄스점등방식으로 구동하려면 어떻게 하여야 할까? 프로그램 2.2-2을 실행하자. 이 프로그램은 display_fnd()함수를 이용하여 입력된 데이터를 펄스점등의 방식으로 10번을 반복해서 OFF, ON을 반복한다.

마지막에 점등된 데이터는 ON 형태를 취하기 때문에 메인루틴으로 돌아가서 delay(delay_time)함수를 만나서 이 시간동안 7-세그먼트 LED가 직류점등의 형태로 구동된다.

```
/* 프로그램 2.2-2 : FND2.C */
#include <stdlib.h>
#include <stdio.h>
#include <conio.h>
#include <dos.h>

#include "../../eblib/eblib.h"     //EBoard WIN-DOS LIB Header

#define BASE_ADDR    0x300
#define PORTA        BASE_ADDR | 0x04
#define PORTB        BASE_ADDR | 0x05
#define CWR0         BASE_ADDR | 0x07
#define CWR1         BASE_ADDR | 0x0b

#define delay_time   100

/* 제어워드의 초기화 */
void init_eboard(void)
{
```

```
        outp(CWR0, 0x88);  /* PortA, PortB, PortC(L):Out, PortC(H): In  */
        outp(CWR1, 0x80);  /* PortA, PortB, PortC(L):Out, PortC(H): Out */
        outp(PORTA, 0xff); /* initialize dot_matrix led */
}

void display_fnd(unsigned data)
{
        int i,quot, rem ;
        unsigned out;

        for(i=0; i<10; i++)
        {
            quot = data / 10;
            rem  = data % 10;
            out = quot | (rem << 4);
            outp(PORTB, 0xff);
            outp(PORTB, out);
        }
}
void main(void)
{
        int count, quot, rem ;
        unsigned out;

        if(InitDriver(EB_DEVICE_PCI))       //Device Driver Initialize
        {
                printf("Device Driver Loading Fail!\r\n);
                return;
        }
```

```
        init_eboard();
        clrscr();

        do{
            if(count>=100) count=0;  /* 0 - 99까지 1씩 증가 */
            else count++;

            gotoxy(10,10);
            printf(" output data = %-3d", count);
            display_fnd(count);
            delay(delay_time);
        }while(!kbhit());

        init_eboard();
}
```

프로그램 2.2-3을 수행시키려면 먼저 인터페이스카드의 스위치 3, 4, 5중 자신의 컴퓨터에서 사용하지 않는 인터럽터를 찾아서 스위치를 ON시켜야한다. 프로그램 2.2-3은 스위치 5번을 ON하여 실행이 가능하도록 만들어진 프로그램이다. 참고로 이 예제는 WIN95 환경에서는 수행이 되지 않는다. 반드시 도스모드로 부팅하여 실행시켜 보자.

```
/* 프로그램 2.2-3 : FND4.C */
#include <stdio.h>
#include <dos.h>
#include <conio.h>

#include "../../eblib/eblib.h"     //EBoard WIN-DOS LIB Header
```

```
#define BASE_ADDR     0x300
#define PORTA         BASE_ADDR | 0x04
#define PORTB         BASE_ADDR | 0x05
#define CWR0          BASE_ADDR | 0x07
#define CWR1          BASE_ADDR | 0x0b
#define delay_time    1000

#define IRQNUM                  0x1C
#define PICMSK                  0x21    /* I/O address of OCW1(IMR) of 8259 PIC */
#define PICEOI        0x20      /* Non-specific End of Interrupt command */
#define MASKON                  0xDF    /* Mask IRQ5 on  -> IMR   1101 1111 */
#define MASKOFF       0x20      /* Mask IRQ5 off -> IMR   0010 0000 */

unsigned int fnd_count = 0;     /* fnd display counter */
unsigned int int_count = 0;     /* interrupt counter */
unsigned int quot, rem, out;
unsigned int keep_int_mask;

void interrupt (*oldvect)();/* Old interrupt vector */

void interrupt display_fnd()
{
     disable();
     int_count++;
     outportb(PORTB, out);
     delay(10);
     outportb(PORTB, 0xff);

     enable();
```

```
    outportb(PICEOI, 0x20);        /* in case hardware interrupt */
}

void init_interrupt(void)
{
    oldvect = getvect(IRQNUM);
    setvect(IRQNUM, display_fnd);
    keep_int_mask = inportb(PICMSK);
    outportb(PICMSK, keep_int_mask & MASKON);
}

void end_interrupt(void)
{
      outportb(PICMSK, keep_int_mask | MASKOFF);
      setvect(IRQNUM, oldvect);
}

void init_eboard(void)
{
outportb(CWR0, 0x88); /* PortA, PortB, PortC(L):Out, PortC(H): In */
outportb(CWR1, 0x80); /* PortA, PortB, PortC(L):Out, PortC(H): Out */
outportb(PORTA, 0xff);/* initialize dot_matrix led */
}

void main(void)
{
      if(InitDriver(EB_DEVICE_PCI))        //Device Driver Initialize
      {
            printf("Device Driver Loading Fail!\r\n);
```

```
        return;
    }

    init_eboard();
    clrscr();

    init_interrupt();

    do{
        if(fnd_count<99) fnd_count++;   /* 0 - 99까지 1씩 증가 */
        else fnd_count=0;

        quot = fnd_count / 10;
        rem = fnd_count % 10;
        out = quot | (rem << 4);

        gotoxy(10, 10);
        printf("Counter of interrupt : %5d", int_count);
        gotoxy(10,12);
        printf("7segment output data : %5d", fnd_count);
            delay(delay_time);
    }while(!kbhit());

    end_interrupt();

    init_eboard();
}
```

【실험내용】

1. 프로그램 2.2-1을 작성하고 수행하여 그 결과를 확인하시오.
2. 프로그램 2.2-2을 작성하고 수행하여 그 결과를 확인하시오.
3. 프로그램 2.2-3을 작성하고 수행하여 그 결과를 확인하시오.

【실험결과】

1. 프로그램 2.2-1의 프로그램을 정리하여 제출하시오.
2. 프로그램 2.2-2의 프로그램을 정리하여 제출하시오.
3. 프로그램 2.2-3의 프로그램을 정리하여 제출하시오.

【대화하기】

1. 7-세그먼트 LED에 99부터 0까지를 표시하며 반복하는 프로그램을 작성하고 실행하시오.
2. 7-세그먼트 LED에 임의의 수(0~99)를 표시하는 프로그램을 작성하고 실행하시오.
3. PPI 8255A의 포트하나를 이용하여 AC형의 7-세그먼트 LED 8개를 구동하려면 어떻게 해야할까 ?

【생각. 1】

[그림 2.2-4]와 같이 다이나믹 구동을 하면 이 문제는 간단하게 해결된다. 하위 4비트를 이용하여 BCD 데이터를 출력하고 상위 4비트를 이용하여 디코더하여 7-세그먼트 LED 선택신호 "H"를 출력시키면 된다. 그런데 문제는 프로그램에 있다. 한 번에 하나의 7-세그먼트 LED만 점등이 가능하기 때문이다.

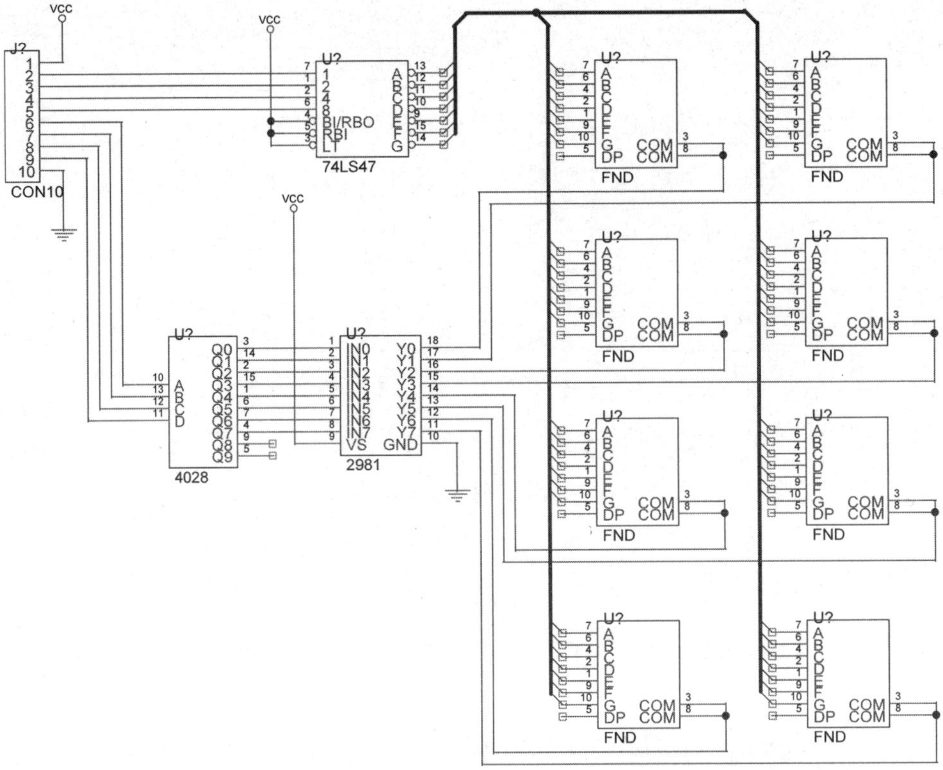

【그림 2.2-4】 7-세그먼트 LED의 다이나믹 구동

[실험 3.] 누름 스위치 동작 및 제어 프로그램

【실험목적】

- 누름 스위치의 구조 및 특성을 익힌다.
- 컴퓨터에서 입출력 보드를 통해서 데이터 값을 입력받는 방법에 대하여 익힌다.
- 데이터를 입력받기 위한 PPI 8255A의 사용법 및 제어 프로그램 작성을 익힌다.
- 여러 가지 출력장치들을 제어하는 방법에 대하여 익힌다.

【기초 지식】

• 누름 스위치의 동작

타겟보드의 오른쪽 밑의 버튼(Button) 4개가 실험보드의 누름 스위치이다. 타겟보드에 사용된 누름 스위치는 보통 때는 OFF(열림)상태이고, 스위치를 누르게 되면 ON(닫힘)이 되는 스위치이다. 물론 스위치를 누른 손을 떼면 다시 OFF 상태가 된다. 누름 스위치에는 그 반대의 작동을 하는(ON → OFF(눌려진 상태) → ON(손을 뗀다)) 형태의 것도 있고 두 종류의 회로가 모두 들어있는 경우도 있다.

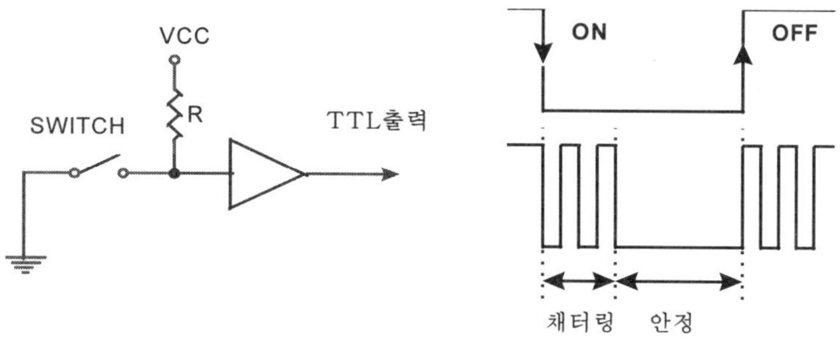

【그림 2.3-1】 스위치 입력에 따른 채터링 현상

스위치를 누른다고 해서 바로 스위치에 일정한 전류가 흐르는 것은 아니다. 스위치가 열림→닫힘, 닫힘→열림으로 바뀌는 순간에 스위치에 흐르는 전류는 일정하지 않고 불안정하게 된다. 이 때 발생되는 잡음을 채터링(Chattering)이라 한다. [그림 2.3-1]은 스위치 입력에 따른 채터링 현상을 보여 준다. 이것은 스위치의 작동이 금속 접점에 의한 기계적인 것이기 때문이다. 채터링은 통상 10[ms] 이내에 발생되고 안정화되기 때문에 프로그램에서 스위치를 읽을 때는 충분히 안정하게 되도록 기다리면서 스위치 값을 여러 번 읽는 등의 방법으로 채터링에 대비할 수 있으며, 회로 적으로 채터링 방지회로(RC와 슈미트 트리거[Schmitt trigger]를 사용)를 넣어 예방할 수도 있다.

• **누름 스위치의 동작회로**

[그림 2.3-2]는 타겟보드의 스위치 입력 회로이다. 스위치의 한쪽이 GND(그라운드, 0V)에 연결되어 있으므로, 스위치를 누르게 되면 스위치에 연결된 입력포트가 '0'이 된다. 스위치를 놓으면, 입력포트는 10[kΩ] 저항에 의해 + 5V(VCC)에 연결되어 있으므로 '1'이 된다. 입력포트에 연결된 저항 같이 회로가 열린(Open) 상태가 될 때 '1'로 유지시키기 위한 저항을 풀업 저항(Pull-up resister)이라 한다. 회로의 입력이 열림(Open)일 때 입력의 상태가 불안해지는 소자(특히 MOS계열의 소자, PPI 8255A도 MOS 칩이다.)의 입력에 풀업이나 풀다운(Pull-down)저항을 쓴다.

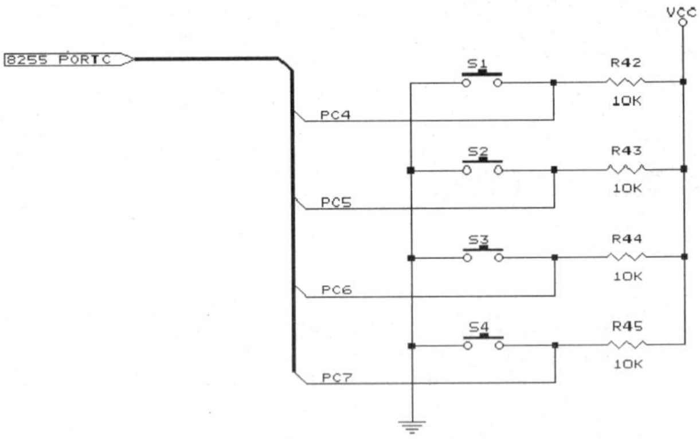

[그림 2.3-2] 스위치 입력회로

실험보드의 스위치는 포트 C 의 상위 4 Bit 에 1:1로 연결되어있다. PC에서 스위치의 상태를 알려면 PPI 8255의 포트 C를 프로그램으로 읽으면 된다.

【프로그램 설명】

스위치에 연결된 비트는 상위의 4비트이므로 포트 C를 읽은 값은 16(10000_2) 이상 255(11111111_2) 이하의 값이 됨을 알 수 있다. 각각의 스위치는 포트 C의 한 비트씩에 연결되므로 각 비트의 상태(0인가, 1인가)를 알면 스위치가 눌려있는지 아닌지를 알 수 있다. [그림 2.3-2]에서 보는 바와 같이, 각 입력 비트는 스위치가 눌리면 GND(그라운드,

Ground, Earth, 0V)에 연결되고 눌리지 않으면 풀업(Pull-up) 저항에 의하여 VCC(+5[V])에 연결되므로, 스위치가 눌린 비트는 '0'이 되고, 눌리지 않은 비트는 '1'로 되어 있다. 실험 보드에서 보통의 경우 동작(Active) 상태가 '1', 동작하지 않는 상태가 '0'으로 되는 것과 착각하지 말도록 주의하라. 포트 C를 읽은 경우, 읽은 값의 하위 4비트는 스위치와 상관없는 값이 되며 때에 따라 틀린 값이 될 수도 있다. 하위의 4비트 값을 무시하기 위하여 결과 값을 16으로 나눈 나머지만을 사용하는 방법도 있다. 포트 C의 값은 하위 4비트의 값에 따라 16종류의 다른 값을 가질 수 있으며, 비트가 '1'일 때를 'ON', '0'일 때를 'OFF'로 표시하고 싶다면 결과 값을 16으로 나눈 몫의 모든 비트를 반전(Invert, Not, '0'은 '1'로, '1'은 '0'으로) 한 값을 사용하면 된다.

스위치의 상태를 알려면 PPI 8255A의 포트 C의 값을 읽기만 하면 된다. 프로그램 2.3-1과 2.3-2는 스위치의 상태를 읽어 화면에 표시하는 프로그램이다. 실행시키고 스위치를 누르면서 두 프로그램의 차이를 확인하기 바란다.

```
/* 프로그램 2.3-1 : SWITCH1.C */

#include <stdio.h>
#include <conio.h>
#include <dos.h>

#include "../../eblib/eblib.h"      //EBoard WIN-DOS LIB Header

#define BASE_ADDR     0x300
#define PORTA         BASE_ADDR | 0x04
#define PORTB         BASE_ADDR | 0x05
#define PORTC         BASE_ADDR | 0x06
#define CWR0          BASE_ADDR | 0x07
#define CWR1          BASE_ADDR | 0x0b

void init_eboard(void)
{
        outp(CWR0, 0x88);
```

```
        outp(CWR1, 0x80);
        outp(PORTA, 0xff);  /* initialize dot_matrix led */
}

void main(void)
{
        int i, j, count;

        if(InitDriver(EB_DEVICE_PCI))       //Device Driver Initialize
        {
                printf("Device Driver Loading Fail!\r\n);
                return;
        }
        clrscr();
        init_eboard();

        printf("\nPush a Button Switch (SW1 - SW4).\n");

        do
        {
                i = ((0xff - inp(PORTC)) >> 4) & 0x0f;

                if(i) {
                        outp(PORTB, 0xff);
                        printf("Push Button (SW : %d) is on. \n", i);
                        delay(50);
                        outp(PORTB, 0x00);
                        printf("Push Button (SW : %d) is off.\n", i);
                }
```

```
    }while(!kbhit());
    init_eboard();
}
```

```
/* 프로그램 2.3-2 : SWITCH2.C */

#include <stdio.h>
#include <conio.h>
#include <dos.h>

#include "../../eblib/eblib.h"     //EBoard WIN-DOS LIB Header

#define BASE_ADDR    0x300
#define PORTA        BASE_ADDR | 0x04
#define PORTB        BASE_ADDR | 0x05
#define PORTC        BASE_ADDR | 0x06
#define CWR0         BASE_ADDR | 0x07
#define CWR1         BASE_ADDR | 0x0b

void init_eboard(void)
{
    outp(CWR0, 0x88);
    outp(CWR1, 0x80);
    outp(PORTA, 0xff);  /* initialize dot_matrix led */
}

void main(void)
```

```
{
    int i, j, count;

    if(InitDriver(EB_DEVICE_PCI))       //Device Driver Initialize
    {
        printf("Device Driver Loading Fail!\r\n);
        return;
    }
    clrscr();
    init_eboard();

    printf("\nPush a Button Switch (SW1, SW2, SW3, SW4).\n");

    do      {
            i = ((0xff - inp(PORTC)) >> 4) & 0x0f;
            switch(i)
            {
            case 1:
                    outp(PORTB, 0x10);
                    printf("Push Button 1 (SW1) is on.\n");

                    count = 0;
                    do
                    {
                            i = ((0xff - inp(PORTC)) >> 4) & 0x01;
                            if (i != 0) count++;
                            delay(1);
                    } while(count < 10);
                    count = 0;
```

```
        do
        {
            i = ((0xff - inp(PORTC)) >> 4) & 0x01;
            if (i == 0) count++;
            delay(1);
        } while(count < 10);

        outp(PORTB, 0x00);
        break;

    case 2:
        outp(PORTB, 0x20);
        printf("Push Button 2 (SW2) is on.\n");

        count = 0;
        do
        {
            i = ((0xff - inp(PORTC)) >> 4) & 0x02;
            if (i != 0) count++;
            delay(1);
        } while(count < 10);

        count = 0;
        do
        {
            i = ((0xff - inp(PORTC)) >> 4) & 0x02;
            if (i == 0) count++;
            delay(1);
        } while(count < 10);
```

```
            outp(PORTB, 0x00);
            break;

        case 4:
            outp(PORTB, 0x40);
            printf("Push Button 3 (SW3) is on.\n");

            count = 0;
            do
            {
                i = ((0xff - inp(PORTC)) >> 4) & 0x04;
                if (i != 0) count++;

                delay(1);
            } while(count < 10);
            count = 0;
            do
            {
                i = ((0xff - inp(PORTC)) >> 4) & 0x04;
                if (i == 0) count++;
                delay(1);
            } while(count < 10);

            outp(PORTB, 0x00);
            break;

        case 8:
            outp(PORTB, 0x80);
```

```
                printf("Push Button 4 (SW4) is on.\n");

                count = 0;
                do
                {
                        i = ((0xff - inp(PORTC)) >> 4) & 0x08;
                        if (i != 0) count++;
                        delay(1);
                } while(count < 10);

                count = 0;
                do
                {
                        i = ((0xff - inp(PORTC)) >> 4) & 0x08;
                        if (i == 0) count++;
                        delay(1);
                } while(count < 10);


                outp(PORTB, 0x00);
                break;
            }
    }while(!kbhit());


    init_eboard();
}
```

【실험내용】

1. 프로그램 2.3-1을 작성하고 수행하여 그 결과를 확인하시오.
2. 프로그램 2.3-2을 작성하고 수행하여 그 결과를 확인하시오.

【실험결과】

1. 프로그램 2.3-1의 프로그램을 정리하여 제출하시오.
2. 프로그램 2.3-2의 프로그램을 정리하여 제출하시오.

【대화하기】

1. 하나의 포트를 이용하여 [그림 2.3-3] 매트릭스 방식의 스위치 입력회로를 구성하였다. 이 회로는 전화기에서 사용하는 스위치의 구조이다. 이러한 스위치 입력을 인식하려면 어떻게 프로그래밍을 하여야 할까?

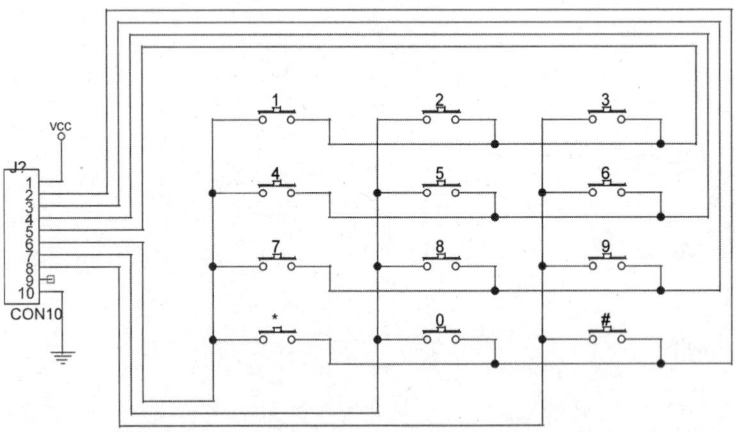

【그림 2.3-3】 매트릭스 방식의 스위치 입력 회로와 실물 사진

2. 프로그램 2.3-2를 수정하여, 2개의 입력 스위치를 동시에 눌렀을 때 프로그램이 종료되도록 수정하시오.

[실험 4.] 릴레이 구동 및 제어 프로그램

【실험목적】

- 릴레이(Relay)의 구조 및 특성을 익힌다.
- 컴퓨터에서 입출력 보드를 통한 릴레이의 동작을 익힌다.
- 릴레이 동작 제어를 위한 PPI 8255A의 사용법 및 제어 프로그램 작성을 익힌다.

【기초지식】

디지털 회로에서 외부에 있는 전자 기기나 모터 등을 구동시키는 경우에 가장 손쉽게 사용되는 것이 전자 릴레이(Relay)이다. 이 릴레이는 전자석과 기계접점으로 구성되어 있어 전자석을 ON/OFF 함으로서 기계접점을 ON/OFF 할 수 있다.

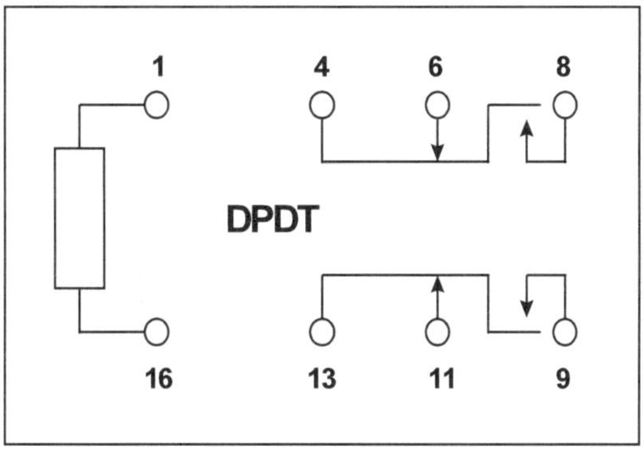

【그림 2.4-1】 릴레이의 핀 배치도

[그림 2.4-1]은 실험보드에서 사용하고 있는 릴레이의 핀 배치도이다. 그림에서 보아 알 수 있듯이 2회로 2접점 형태의 릴레이이다. 핀 배치는 16핀의 IC와 동일한 구조를 가지고 있다. 위의 그림은 릴레이를 밑에서 보았을 때의 핀 배치이다. 이 릴레이의 1번과 16번 핀의 코일에 전류를 흘려주면 4번과 6번 핀의 접점이 OFF상태가 되고 반대로 4번과 8번 핀은 ON 상태가 된다.

릴레이는 히스테리시스의 특성을 가지고 있다. 릴레이를 구동하려면 감동전류 이상의 전류를 흘려 주어야하며 일단 릴레이가 ON이 되면 유지전류까지는 전류 값을 내려도 OFF 되지 않는다. 응답특성 또한 어느 정도 지연이 있으며, 노이즈에 대하여도 민감하게 반응하지 않는 특성을 갖고 있다. 아래 표는 릴레이의 특성을 보여주고 있다. 실험보드에서도 릴레이를 구동하기 위하여 트랜지스터를 이용하고 있다.

[그림 2.4-2]은 릴레이의 구동회로이다. PPI 8255A의 출력에 트랜지스터를 연결함으로써 베이스단자에 전류를 흘려주게 되고, 트랜지스터 콜렉터 단자에는 베이스 전류의 수십 배에 해당하는 콜렉터 전류를 흘릴 수 있게 된다. 트랜지스터의 증폭작용으로 인하여 릴레이에는 정격전압과 충분한 동작전류를 공급할 수 있게 된다. 릴레이와 병렬로 연결된 다이오드는 릴레이의 스위칭 작용으로 발생하는 서지(릴레이의 코일에 의한 역기전압으로 발생되는 펄스성 전압)전압의 흡수용으로, 아주 중요한 역할을 한다.

릴레이와 같이 전류용량이 비교적 큰 부하를 구동하는 다른 방법으로, 오픈 컬렉터 타입의 IC를 이용하거나 전류 증폭율이 큰 달링턴 드라이버 IC를 이용하는 방법도 있다.

【표 2.4-1】 릴레이의 주요특성

항 목		정 격
코일	정 격 전 력	0.15W
	감 동 전 력	0.0075W
	사용 온도 범위	-30℃ ~ +90℃
접점	접 점 재 질	금도금은 파라늄합금-은파라늄합금
	최대개폐전압전류	DC 24V 1A, AC 120V 0.5A
	접 촉 저 항	100mΩ 이하
수명	최대 통전 전류	1.25A
	전 기 적 수 명	DC 24V 1A 50만회이상, AC120V 0.5A 50만회이상
	기 계 적 수 명	2,000만회이상

[그림 2.4-2]을 참조하여 릴레이구동회로를 직접 만들어 보자. 릴레이의 출력에 아무 것도 연결되어 있지 않아 출력을 눈으로 확인하는 것이 곤란하므로 출력 접점에 일단은 LED를 연결하여 확인한다.

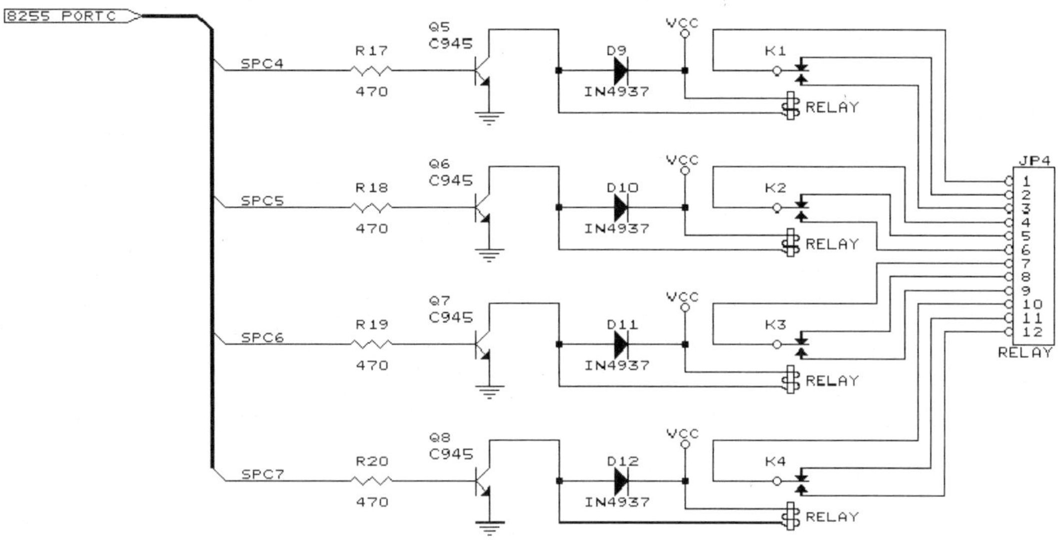

【그림 2.4-2】 릴레이의 구동회로

【프로그램 설명】

프로그램 2.4-1은 타겟보드 상의 4개의 릴레이를 좌우로 ON/OFF시키는 프로그램으로 릴레이의 동작을 소리를 통해서만 알 수 있으므로 LED를 동시에 켜줌으로서 LED가 모니터의 역할을 하고 있다.

```
/* 프로그램 2.4-1 : relay control */

#include <stdio.h>
#include <conio.h>
#include <dos.h>
#include "../../eblib/eblib.h"      //EBoard WIN-DOS LIB Header

#define BASE_ADDR    0x300
#define PORTA        BASE_ADDR | 0x04
```

```
#define PORTB           BASE_ADDR | 0x05
#define RELAY           BASE_ADDR | 0x0a
#define CWR0            BASE_ADDR | 0x07
#define CWR1            BASE_ADDR | 0x0b
#define delay_time      500
void init_eboard(void)
{
        outp(CWR0, 0x88);
        outp(CWR1, 0x80);
        outp(PORTA, 0xff);  /* initialize dot_matrix led */
}

void main(void)
{
        unsigned i, j;
        if(InitDriver(EB_DEVICE_PCI))       //Device Driver Initialize
        {
                printf("Device Driver Loading Fail!\r\n);
                return;
        }
        init_eboard();

        do {
                for (i = 0x10; i <= 0x80; i = i << 1) { /* increase relay */
                        outp(RELAY, i);
                        outp(PORTB, i);  /* monitoring */
                        delay(delay_time);
                }
```

```
            for (i = 0x00; i <= 0xf0; i += 0xf0) {  /* relay off, on */
                    outp(RELAY, i);
                    outp(PORTB, i);
                    delay(delay_time);
            }
        } while(!kbhit());
        init_eboard();
}
```

【 실험내용 】

1. 프로그램 2.4-1을 작성하고 수행하여 그 결과를 확인하시오.

【 실험결과 】

1. 프로그램 2.4-1의 프로그램을 정리하여 제출하시오.

【 대화하기 】

1. 누름 스위치(Push Switch) 1, 2, 3, 4가 눌러 졌을 때 각각 릴레이 1, 2, 3, 4가 동작되도록 프로그램을 작성하여 실행하시오.
2. 임의로 다수의 누름 스위치(SW1, 2, 3, 4)가 눌러 졌을 때 각각 릴레이가 동작되도록 프로그램을 작성하여 실행하시오.

[실험 5.] 스테핑 모터의 구동 및 제어 프로그램

【실험목적】

- 스테핑 모터의 구조 및 특성을 익힌다.
- 컴퓨터에서 입출력 보드를 통한 스테핑 모터의 동작원리를 이해하고, 제어 방법을 익힌다.
- 스테핑 모터 제어를 위한 PPI 8255A의 사용법 및 제어 프로그램 작성을 익힌다.
- 전용 제어기를 개발하기 위한 능력을 배운다.

【기초지식】

• 모터(Motor)의 종류와 특징

모터 제어는, 외부를 향해 행위를 취하는 기본적이고 구체적인 물리적인 행위이다. 모터 제어가 사용되는 구체적인 예를 들면, 로보트 팔과 바퀴, 공장 자동 제어, 프린터의 인자 위치 제어, X-Y 플로터의 펜위치 제어, 플로피 디스크의 헤드 위치 제어 등이 있다. 이런 모든 기기들은 모터의 회전력으로 동작하게 된다.

모터에는 여러 종류가 있다. 대표적인 모터로 AC 모터, DC 모터, 스테핑 모터(Stepping motor), 브러시레스 모터(Brushless motor) 등이 있는데, 실험보드에서 제어하게 될 모터는 스테핑 모터이다.

이제 이러한 모터들의 종류와 각각의 특징을 알아보기로 하자.

• DC 모터(DC motor)

DC 모터는 우리들이 주변에서 가장 많이 접하는 모터의 일종으로, 장난감 탱크 등에 들어가는 모터는 DC 모터이다. DC 모터는 높은 회전수를 얻을 수 있으며 비교적 싼값에 큰 출력을 얻을 수 있는 장점이 있다. 그러나 모터의 수명이 짧으며, 속도를 일정하게 유지한다든지 일정한 거리를 정확히 이동하게 한다든지 하는 일을 시키기 위해선 복잡한 부가 장비들을 붙여야 한다는 단점이 있다.

• **AC 모터(AC motor)**

AC 모터의 구조는 DC 모터와 거의 비슷하며 브러시(Brush) 유무에 차이가 있다. 입력 전류가 반드시 교류이어야 하며 DC 모터와 마찬가지로 토크(Torque)제어방식으로 구동된다. 가정에서 흔히 보는 선풍기 등에 들어가는 모터가 이런 종류의 모터이다.

• **스테핑 모터(Stepping motor)**

스테핑 모터는 펄스에 의해 일정한 각도씩 제어할 수 있는 모터로, 주로 위치 결정 용도로서 사용된다. 스테핑 모터는 디지털 신호로 제어하기 용이하므로 컴퓨터로 사용하기에 아주 적합하다.

• **스테핑 모터(Stepping motor)의 특징**

스테핑 모터는 디지털 신호에 의해 일정한 각도씩 돌릴 수 있는 모터이다. 실험보드에서 사용되는 모터는 4상 스테핑 모터로, 4개의 코일이 있으며, 각각을 $A, \overline{A}, B, \overline{B}$상이라고 표시하고 있다. (이 책과 실험보드 회로도 등에서는 $\overline{A}, \overline{B}$와 같이 윗줄을 표시하는 대신에 A′, B′ 또는 A\ , B\와 같이 표시하기도 한다.)

다음은 스테핑 모터의 주요한 특징들이다.

- 모터의 총 회전각은 입력 펄스 수의 총수에 비례하고, 모터의 속도는 1초간의 입력 펄스수(펄스 레이트)에 비례한다.
- 회전각 오차는 스텝(Step)마다 누적되지 않는다.
- 모터의 총 회전각은 입력 펄스 수에 의해 결정되기 때문에 DC 서보 모터(DC servo motor)등과 같이 회전각을 검출하기 위한 피드백(Feedback)이 불필요하게 되고 제어계가 간단해서 비용이 절감된다.
- DC 모터와 같이 브러시 교환 등과 같은 보수를 필요로 하지 않고, 유지비가 적다.
- 특정 주파수에서 진동, 공진이 발생하기 쉽고 관성이 있는 부하에 약하다.
- 고속 운전시 탈조(출력이 입력속도를 따라가지 못해 중간중간 펄스가 빠지며 심한 경우 정지해버리는 현상)하기 쉽다.

• **스테핑 모터의 종류**

스테핑 모터는 구조에 따라 다음과 같이 세 가지로 구분된다.

• 가변 릴럭턴스형(VR형, Variable Reluctance Type)
VR형은 연철 또는 성층강판으로 된 회전자(로터, Rotor)가 있고, 톱니 바퀴 형의 회전자와 고정자(스테이터, Stator) 권선에서 만들어지는 전자력에 끌려 회전된다. 이 모터는 무여자(無與磁)일 때 자력이 어느 곳에서도 발생하지 않으므로 유지 토크(Torque)는 0 이 된다. 또한 VR형은 회전자의 관성이 작고 고속 응답에 우수하다. 스텝 각은 15°가 일반적이다.

• 영구 자석형(PM형, Permanent Magnet Type)
PM형은 회전자로 영구자석을 사용하고 고정자 권선에서 발생되는 자기력에 의해 끌려 회전된다. 이 PM형은 영구자석을 사용하기 때문에 무여자 시에도 유지 토크가 있다는 점이 큰 특징이다. 영구자석의 종류에 따라 스텝 각이 분류되며, 스텝 각이 큰 90°, 45°의 모터는 일반적으로 알니코계 자석을, 18°, 15°, 11.25°, 7.5°등의 모터는 페라이트계 자석을 사용한다.

• 복합형(하이브리드 PM형, Hybrid PM Type)
PM형과 VR형을 복합한 타입으로 회전자 바깥쪽에 톱니가 나와 있다. 회전자에 축방향으로 자화된 영구자석이 끼워져 있으며, 그 바깥쪽에 톱니가 있는 2개의 철심으로 구성되어 있다. 복합형은 고정밀도, 높은 토크, 작은 스텝의 모터에 많이 사용된다.

• **스테핑 모터의 구동 방식**

스테핑 모터의 구동 방식은 그 권선 코일에 어떤 형태로 전류를 흐르게 하는가에 따라 구별되고 있다. 구동 방식은, 전류를 흘리는 방법에 따라, 유니폴라 구동과 바이폴라 구동의 두가지로 나뉜다.

• 유니폴라(Uni-polar) 구동
각각의 코일에 1개의 트랜지스터가 접속되고 트랜지스터를 ON하는 것으로서 각 코일에 전류를 흐르게 한다. 코일에는 한 방향만의 전류(A′→A, A′→A, B′→B, B′→B)밖에 흐르지 않아서 유니폴라(편극성) 구동이라고 한다.

이 방식은 코일에는 동일시간에 A상, A′상, B상, B′상의 한쪽밖에 전류를 흘리고 있지 않으므로 저속 영역에서는 토크(Torque)를 크게 취할 수 없다는 결점이 있다. 그러나 모터의 전원 회로를 포함시켜 회로 구성을 간단히 할 수 있다는 점에서 널리 이용되고 있다.

4상 모터에는 1상 여자, 2상 여자, 1-2상 여자라는 여자 시퀀스(Sequence, 순서)가 있고, 이 방법의 선택에 따라 입력 펄스와 스텝각(한 펄스에 대한 회전각)의 특성이 달라진다.

실험보드에 포함된 모터 드라이버(Motor driver)회로는 유니폴라 구동 방식을 쓰고있다. PPI 8255A 포트 C의 하위 4비트(PC0~PC3)에 저항을 통해 트랜지스터 TR1~TR4(2SD633)에 연결되며, 트랜지스터 2SD633이 트랜지스터 스위치로 동작하여 모터를 제어한다.

- 바이폴라(Bi-polar) 구동

회로는 복잡해지지만 저속 영역에서의 토크를 개선하는 바이폴라 구동이라는 방법이 있다. 이 방식은 모터의 코일에 교대로 전류를 흘리는 방식이다. 유니폴라 구동과 비교하여 트랜지스터가 2배 필요하다. 바이폴라 구동 방식은 코일 2개가 직렬로 연결되므로, 유니폴라 구동에 비해 2배의 전원 전압을 필요로 한다. 그러므로 같은 모터라도 바이폴라로 구동하려면 유니폴라 구동 때의 2배의 전압을 걸어 주어야 한다.

바이폴라 구동 모터는 코일을 감는 방법도 다르다. 2 가닥 코일을 같은 방향으로 겹쳐 감아 단자만을 별도로 빼내는 바이파일러 구조로 되어있다. 이 중에 한가닥 와이어를 연속적으로 감은 것은 모노파일러 권선이라고 하고, 2가닥을 동시에 겹쳐 감은 것을 바이파일러 권선이라고 하는데, 바이파일러 권선 쪽이 2가닥 코일의 인덕턴스가 동등하게 되므로 결과적으로 위치 결정 정확도가 좋아지는 특징을 갖고 있다.

바이폴라 구동에는 유니폴라 구동과 마찬가지로 1상, 2상, 1-2상 여자 방식이 있는데, 바이폴라 1상 여자는 효율 면에서 사용되는 일이 적고, 2상 여자와 1-2상 여자가 많이 사용된다. 여자 방식에 의한 스텝 각 차이 때문에 2상 여자를 풀스텝(Full-step) 구동, 1-2상 여자를 하프스텝(Half-step) 구동이라고 부르고 있다.

- 스테핑 모터의 제어

스테핑 모터는 디지털 회로로 제어하기 쉬운 모터이다. 스테핑 모터를 구동시키려면 스테핑 모터의 각 코일에 순서적인 펄스(Pulse)를 줄 수 있는 구동 회로가 있어야 한다. 이러한 순서적인 펄스는 디지털(Digital) 회로로 구현하는 것이 아날로그(Analog)보다는 훨씬 유리하다. 스테핑 모터의 회전 속도는 주어진 펄스의 주파수에 의해 결정된다. 그러므로 고속의 스테핑 모터 제어에는 가속, 감속을 위한 펄스 주기 변화 패턴이 주어질 필요가 있다. 이를 실현하기 위해 대개의 스테핑 모터 제어 시스템에서는 디지털 컴퓨터(Digital computer)를 사용하고 있다.

스테핑 모터 제어 시스템(Stepping motor control system)을 실현하는 방법으로는, 스테핑 모터 컨트롤 전용 시스템을 이용하는 방법과, 퍼스널 컴퓨터(Personal Computer, PC)에 의한 제어, 두 가지가 있을 수 있다. 스테핑 모터 전용 컨트롤 시스템에서는 펄스를 만들어주기 위해 디지털 컴퓨터등의 디지털 회로(Digital circuit)가 포함되어 있다. PC를 사용한 제어는 펄스 제어 부분을 PC에서 처리하도록 하는 방법이다. 다음은 PC를 사용한 스테핑 모터 제어의 특징이다.

- PC 시스템이 준비되어 있다면, 컨트롤러(Controller)와 인터페이스 회로정도의 간단한 하드웨어(Hardware)로 제어 시스템을 만들 수 있다.
- 소프트웨어의 개발을 PC 자체에서 행할 수 있고 디버그 기능도 이용할 수 있으므로 전용의 개발 기를 필요로 하지 않는다.
- 맨-머신 인터페이스(Man-Machine interface, 예를 들어, 키보드나 CRT 디스플레이)를 이미 표준으로 갖추고 있기 때문에 데이터의 변경 등을 쉽게 할 수 있고, 제어 대상의 기계 시스템에 맞는 가감속 패턴 등을 회로의 변경 없이 단시간에 설정할 수 있다.
- 스테핑 모터 제어 이외의 데이터 처리도 광범위하게 행할 수 있다.
- 제어 시스템의 동작 내용이나 패턴을 직접 표시할 수 있고 동작을 시각(視覺)으로 보여줄 수 있다.
- C 언어 등의 고급(High Level)언어로 제어할 수 있으므로 전문적인 어셈블리어(Assembly language)를 이해하지 못해도 그다지 문제는 없다.
- 간단한 제어로 끝나는 시스템에서는 번거로울 경우가 있다.
- 동작환경이 나쁜 공장의 현장에서는 신뢰성에 문제가 생길 수 있다.

- PC는 일반적으로 사무소나 가정 안에서 사용되므로, 잡음(Noise)에 약해, 기계 시스템이 가동되고 있는 공장 내 등의 잡음이 많은 환경에서는 오동작을 일으키기 쉽다. 또 기성품의 PC를 사용한다면 잡음 대책도 취하기 어렵다.
- 항상 PC와 함께 사용해야 하므로, 많은 개수가 필요하거나 장시간 사용하여야할 경우에는 가격과 유지에 문제가 있다.

위에 밝힌 바와 같이, PC를 사용한 스테핑 모터의 제어는 확실히 시스템 개발자 입장에서 유리하다. 그러나 간단한 용도만으로 이용되는 경우이거나, 대량 생산형의 시스템에서는 전용의 컨트롤러 시스템이 더 적합할 수 있다. 실제로는, 스테핑 모터 제어 시스템의 개발 단계에서는 PC를 사용하고, 생산 단계에서는 원보드 마이컴(One board microcomputer)이나 원칩 마이컴(One chip microcomputer), 혹은 전용의 디지털 로직(Digital logic)을 사용하여 설계를 하는 것이 보통이다.

물론 실험보드에서는 PC를 이용한 스테핑 모터의 제어를 다루고 있다. 실험보드에서 다루는 스테핑 제어의 목적은, 첫째로, 스테핑 모터의 동작 원리를 이해하고, 둘째로, PC에 의한 제어 방법을 익힘으로써, 세째로, 전용 컨트롤러를 개발하기 위한 기술을 습득할 수 있도록 하는 것이나.

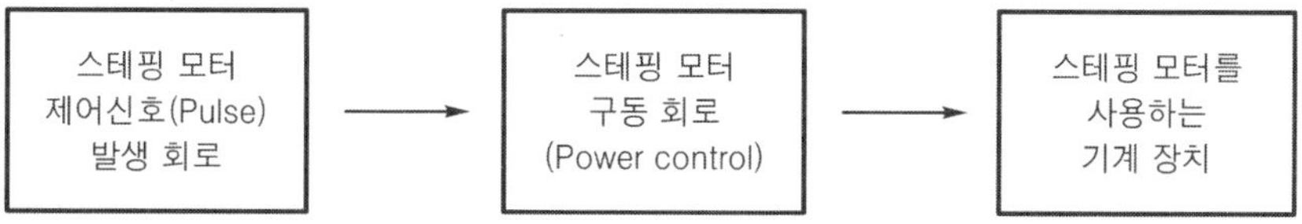

【그림 2.5-1】 스테핑 모터 제어 시스템

- **실험보드에서의 스테핑 모터 제어**

  - 실험보드의 스테핑 모터 구동 회로

    실험보드에는 4상 유니폴라 스테핑 모터(4-phase unipolar stepping motor)를 위한 구동 회로(Driver)가 포함되어있다.

    실험보드에 포함된 모터 드라이버(Motor driver)회로는 유니폴라 구동 방식을 쓰고있다. [그림 2.5-2]는 실험보드의 모터 드라이버 부분의 회로도이다. PPI 8255A(2) 포트

C의 하위 4비트(PC0~PC3)에 저항을 통해 트랜지스터 TR1~TR4(2SD633)에 연결되며, 트랜지스터 2SD633이 트랜지스터 스위치로 동작하여 모터를 제어한다. 모터 제어에는 비교적 많은 양의 전류가 필요하므로, 달링턴형(Darlington type)의 트랜지스터를 사용하고있다. PC에서 실험보드의 PPI 8255A(2)를 제어하여 포트 C의 PC0~PC3 중 어느 것을 '1'(+5[V], VCC)로 만들면 그 비트에 연결되어있는 트랜지스터의 베이스에 전류가 흐르게 되고, 베이스에 전류가 흐르면 트랜지스터가 ON 상태가 되어 이곳에 연결된 모터의 코일에 전류가 흐르게 된다. 포트가 '0'(0V,GND) 상태가 되면, 베이스에 전류가 흐르지 않게 되므로 트랜지스터가 OFF 상태가 되어 코일에 전류가 흐르지 않게 된다. 그러므로 PC에서 실험보드의 PPI 8255A 포트를 제어하여 모터를 구동시킬 수 있게 된다.

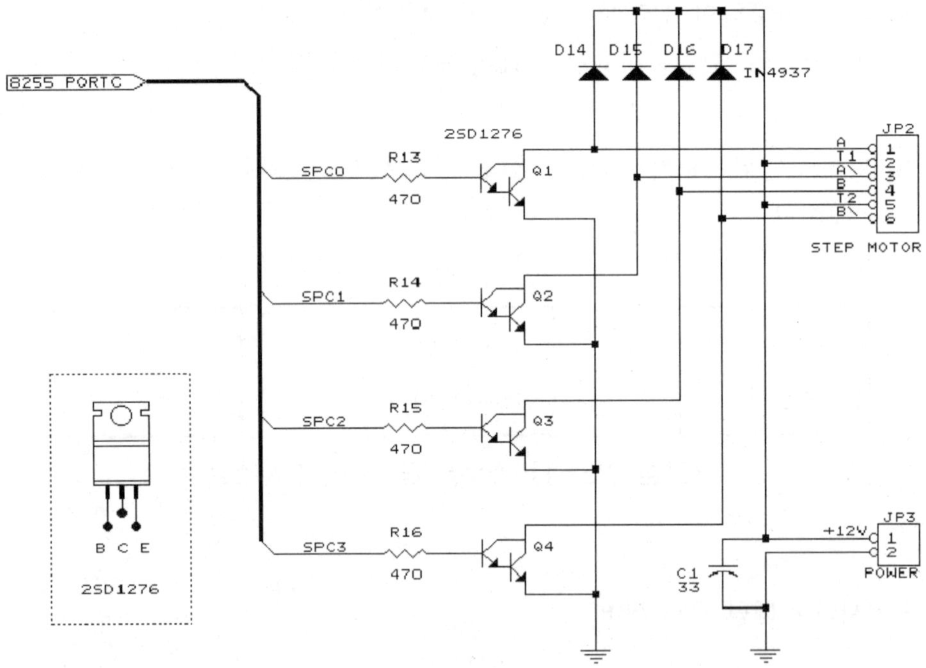

【그림 2.5-2】 스테핑 모터 드라이버 회로

실험보드로 모터를 구동시키는 경우 실험보드는 모터를 구동시키기 위한 전원으로 외부의 전원을 필요로 한다. 실험보드에서는 PC의 5[V] 디지털 전원을 사용하는데, 모터를 구동하기 위해서는 다른(+5[V]가 아닌) 전압이나 충분한 전류 용량을 갖는 전원이 필요할 수 있으며, 모터와 같은 자기 유도형의 기기는 많은 전기적 잡음을 발생시킬 수 있으므로 PC의 디지털 회로 전원은 모터 구동용으로는 적합하지 않다. 모터 구동용 전원은 모터의 규격(동작 전압, 각 상에 흐르는 전류, 전기적 저항 등)과 구동 방식(유니폴라, 바이폴라, 1상 여자, 2상 여자, 1-2상 여자)에 따라 결정된다. 바이폴라 구동일 때는 유니폴라 구동시(時)의 2배의 전압이 필요하며, 2상 여자 방식일 때는, 1상 여자 방식의 2배의 전류 용량을 갖는 전원을 써야 한다. 모터 구동용 전원은 커넥터 JP3을 통해 실험보드에 연결된다.

【프로그램 설명】

실험보드의 스테핑 모터 구동회로는 PPI 8255A(2) 포트 C의 하위 4비트로 제어된다. 실험보드의 모터 구동회로는 유니폴라(Uni-polar) 방식이므로 프로그램으로 제어할 수 있는 구동방식은 유니폴라 1상, 2상, 1-2상 여자방식이다. 모터 구동회로의 트랜지스터(TR)는 포트가 '1'일 때 ON, '0'일 때 OFF가 되므로 포트에 써넣는 값을 구동 방식에 따라 알맞은 순서로 넣어주면 모터가 돌게 된다. [표 2.5-1]은 모터를 돌리기 위해 넣어주어야 할 값들을 순서대로 나타낸 표이다. 1상여자나 2상여자의 경우는 4개의 스텝이 반복되지만 1-2상 여자 방식은 스텝당 회전각이 앞의 1상여자나 2상여자의 절반이므로 8개 스텝이 반복된다. 물론 모터를 거꾸로 돌리려면 넣어주는 값(스텝)의 순서를 거꾸로(아래서부터) 하면 된다.

프로그램 2.5-1, 2.5-2, 2.5-3은 실험보드의 스테핑 모터를 돌리는 프로그램으로, 각각 1상여자, 2상여자, 1-2상여자 방식으로 구동하도록 작성되었다. [표 2.5-1]을 참조하여 스테핑 모터의 포트에 출력되는 값을 확인해 보기 바란다.

【표 2.5-1】 모터 제어를 위한 각 스텝의 포트 값

스 텝	유니폴라 1상여자	유니폴라 2상여자	유니폴라1-2상여자
1	00012(1)*	10012(9)	00012(1)
2	00102(2)	00112(3)	00112(3)
3	01002(4)	01102(6)	00102(2)
4	10002(8)	11002(12)	01102(6)
5(1)	00012(1)	10012(9)	01002(4)
6(2)	00102(2)	00112(3)	11002(12)
7(3)	01002(4)	01102(6)	10002(8)
8(4)	10002(8)	11002(12)	10012(9)

* 상여자값(이진수) 옆의 ( ) 안의 숫자는 십진수

앞의 예제들과 마찬가지로 "#define BASE_ADDR 0x300"의 "0x300"은 인터페이스 카드의 딥스위치 설정에 따라 변경하여 주어야 한다. ([표 1.2-3]을 참조하시오.)

프로그램을 실행시키기 전에 우선 타겟 보드의 스테핑 모터 연결용 커넥터에 스테핑 모터를 연결하고, AC 전원에 연결된 모터 구동용 전원기의 출력선(DC 12[V])을 타겟보드의 어댑터 연결 잭에 꼽아 두어야 한다. 프로그램을 실행시키면 스테핑 모터가 회전하다가 다시 반대 방향으로 회전하고 멈춘다.

```
/* 프로그램 2.5-1 : 스테핑 모터 1상여자 구동 (step_one.c) */

#include <stdio.h>
#include <conio.h>
#include <dos.h>
#include "../../eblib/eblib.h"      //EBoard WIN-DOS LIB Header

#define BASE_ADDR     0x300
#define PORTA         BASE_ADDR | 0x04
#define PORTB         BASE_ADDR | 0x05
#define STEP_MOTOR    BASE_ADDR | 0x0a
#define CWR0          BASE_ADDR | 0x07
#define CWR1          BASE_ADDR | 0x0b
#define delay_time    10

void init_eboard(void)
{
        outp(CWR0, 0x88);
        outp(CWR1, 0x80);
        outp(PORTA, 0xff);  /* initialize dot_matrix led */
        outp(STEP_MOTOR, 0x00);
}
```

```
void main(void)
{
        int i, j, count;
        int step[8] = {1, 2, 4, 8, 1, 2, 4, 8};

        if(InitDriver(EB_DEVICE_PCI))        //Device Driver Initialize
        {
                printf("Device Driver Loading Fail!\r\n);
                return;
        }
        init_eboard();
        while(1)
        {
                for (j = 0; j < 100; j++)
                        for(i=0; i<8; i++)  {
                                outp(STEP_MOTOR,  step[i]);
                                if (kbhit()) return;
                                delay(delay_time);
                        }
                for (j = 0; j < 100; j++)
                        for(i=0; i<8; i++)  {
                                outp(STEP_MOTOR,  step[7-i]);
                                if (kbhit()) return;
                                delay(delay_time);
                        }
        }
        init_eboard();
}
```

```
/* 프로그램 2.5-2 : 스테핑 모터 2상여자 구동 (step_two.c) */

#include <stdio.h>
#include <conio.h>
#include <dos.h>
#include "../../eblib/eblib.h"      //EBoard WIN-DOS LIB Header

#define BASE_ADDR     0x300
#define PORTA         BASE_ADDR | 0x04
#define PORTB         BASE_ADDR | 0x05
#define STEP_MOTOR    BASE_ADDR | 0x0a
#define CWR0          BASE_ADDR | 0x07
#define CWR1          BASE_ADDR | 0x0b

#define delay_time    10

void init_eboard(void)
{
        outp(CWR0, 0x88);    /* PortA, PortB, PortC(L):Out, PortC(H): In  */
        outp(CWR1, 0x80);    /* PortA, PortB, PortC(L):Out, PortC(H): Out */
        outp(PORTA, 0xff);  /* initialize dot_matrix led */
        outp(STEP_MOTOR, 0x00);
}

void main(void)
{
        int i, j, count;
        int step[8] = {9, 3, 6, 12, 9, 3, 6, 12};
```

```
        if(InitDriver(EB_DEVICE_PCI))        //Device Driver Initialize
        {
                printf("Device Driver Loading Fail!\r\n);
                return;
        }
        init_eboard();
        while(1)
        {
                for (j = 0; j < 100; j++)
                        for(i=0; i<8; i++)  {
                                outp(STEP_MOTOR,  step[i]);
                                if (kbhit()) return;
                                delay(delay_time);
                        }
                for (j = 0; j < 100; j++)
                        for(i=0; i<8; I++)  {
                                outp(STEP_MOTOR,  step[7-i]);
                                if (kbhit()) return;
                                delay(delay_time);
                        }
        }
        init_eboard();
}
```

```
/* 프로그램 2.5-3 : 스테핑 모터 1-2상여자 구동 (step_ha.c) */
#include <stdio.h>
#include <conio.h>
```

```
#include <dos.h>
#include "../../eblib/eblib.h"      //EBoard WIN-DOS LIB Header

#define BASE_ADDR    0x300
#define PORTA        BASE_ADDR | 0x04
#define PORTB        BASE_ADDR | 0x05
#define STEP_MOTOR   BASE_ADDR | 0x0a
#define CWR0         BASE_ADDR | 0x07
#define CWR1         BASE_ADDR | 0x0b
#define delay_time   10

void init_eboard(void)
{
        outp(CWR0, 0x88);    /* PortA, PortB, PortC(L):Out, PortC(H): In  */
        outp(CWR1, 0x80);    /* PortA, PortB, PortC(L):Out, PortC(H): Out */
        outp(PORTA, 0xff);  /* initialize dot_matrix led */
        outp(STEP_MOTOR, 0x00);
}

void main(void)
{
        int i, j, count;
        int step[8] = {1, 3, 2, 6, 4, 12, 8, 9};

        if(InitDriver(EB_DEVICE_PCI))        //Device Driver Initialize
        {
                printf("Device Driver Loading Fail!\r\n);
                return;
        }
```

```
        init_eboard();
        while(1)
        {
                for (j = 0; j < 100; j++)
                        for(i=0; i<8; i++)  {
                                outp(STEP_MOTOR,   step[i]);
                                if (kbhit()) return;
                                delay(delay_time);
                        }
                for (j = 0; j < 100; j++)
                        for(i=0; i<8; i++)  {
                                outp(STEP_MOTOR,   step[7-i]);
                                if (kbhit()) return;
                                delay(delay_time);
                        }
        }
        init_eboard();
}
```

- **EbdLib를 사용한 스테핑 모터 프로그래밍**

EbdLib에는 스테핑 모터의 제어를 위한 함수가 준비되어 있다. "EbdStepMotor()" 함수를 이용하여 모터를 한 스텝 회전시키거나 반대 방향으로 회전 또는 정지시킬 수 있으며, "EbdStepMotorPort()" 함수는 스테핑 모터가 연결되는 PPI 8255A(2)의 포트 C의 하위 4비트에 주어진 값을 출력한다. 각 함수의 사용법은 다음과 같다.

(1) EbdStepMotor(mode, dir)

mode : 상여자 방식 지정. (0 = 1상여자, 1 = 2상여자, 2 = 1-2상여자)
dir : 회전 방향 지정. (0 = 정지, 1 = 시계방향, 2 = 시계반대방향)

기능 : 모터를 지정된 상여자 방식과 회전 방향으로 1스텝 회전시킨다.

(2) EbdStepMotorPort(data)

data : 포트에 출력할 값. (0~15)
기능 : PPI 8255A(2)의 포트 C의 하위 4비트(PC0~PC3)에 data를 출력한다.

프로그램 2.5-4는 EbdLib를 사용한 스테핑 모터 구동 예제이다. 예제에서 "mode = 0"은 상여자 방식을 지정하는 변수인데, 여기서는 1상여자로 되어있으나, 위의 함수 설명을 참조하여 원하는 방식으로 바꾸어 주면 된다.

프로그램을 실행시키면 시계방향으로 돌다가 다시 반대방향으로 회전하고 멈춘다. 프로그램을 마치기 전에 "EbdStepMotorPort(0x00)"을 하는 이유는, 스테핑 모터 구동용 TR을 전부 OFF로 하기 위해서이다. 만일 이것을 하지 않으면, 어느 하나의 TR이 프로그램을 마친 뒤에도 계속 ON이 되어 있어 그것에 연결된 모터의 코일에 전류가 계속 흐르는 상태가 유지된다. 이 경우, 모터에 계속 정지 토크가 가해지며 모터가 뜨거워지고, 전원도 계속 사용되는 상태가 되므로, 이를 피하기 위해 포트에 0을 출력하여 TR을 전부 OFF로 해 두는 것이다.

```
/* 프로그램 2.5-4 : EbdLib를 이용한 스테핑 모터 구동 (stm4.c) */

#include <dos.h>
#include "Ebd3Lib.h"      /* EbdLib용 헤더 */

void main(void)
{
        int i;
        int mode = 0;     /* 1상 여자 방식 */
        int dir = 1;      /* 시계방향 */

        EbdDetect();      /* 실험보드 검출 및 초기화 */
```

```
    for (i = 0; i < 100; i++) {
            EbddStepMotor(mode, dir); /* 1스텝 회전 */
            delay(50);
    }
    dir = -1;                               /* 시계반대방향 */
    for (i = 100; i >= 0; i--) {
            EbdStepMotor(mode, dir);  /* 1스텝 회전 */
            delay(50);
    }
    EbdStepMotorPort(0x00);   /* 포트에 0을 출력 = 모든 TR을 OFF */
}
```

【실험내용】

1. 프로그램 2.5-1을 작성하고 수행하여 그 결과를 확인하시오.
2. 프로그램 2.5-2을 작성하고 수행하여 그 결과를 확인하시오.
3. 프로그램 2.5-3을 작성하고 수행하여 그 결과를 확인하시오.
4. 프로그램 2.5-4을 작성하고 수행하여 그 결과를 확인하시오.

【실험결과】

1. 프로그램 2.5-1의 프로그램을 정리하여 제출하시오.
2. 프로그램 2.5-2의 프로그램을 정리하여 제출하시오.
3. 프로그램 2.5-3의 프로그램을 정리하여 제출하시오.
4. 프로그램 2.5-4의 프로그램을 정리하여 제출하시오.

【대화하기】

1. 프로그램 2.5-4를 수정하여, 2상여자 방식으로 구동하도록 프로그램을 작성하고 실행하시오.
2. 프로그램 2.5-4를 수정하여, 1-2상여자 방식으로 구동하도록 프로그램을 작성하고 실행하시오.
3. 스테핑 모터를 현재 위치로부터 90°회전하는 프로그램을 작성하고 실행하시오.
4. 스테핑 모터를 현재 위치로부터 180°회전하는 프로그램을 작성하고 실행하시오.

[실험 6.] DC 모터의 구동 및 제어 프로그램

【실험목적】

- DC 모터의 구조 및 특성을 익힌다.
- 컴퓨터에서 입출력 보드를 통한 DC 모터의 동작원리를 이해하고, 제어 방법을 익힌다.
- DC 모터 제어를 위한 PPI 8255A의 사용법 및 제어 프로그램 작성을 익힌다.
- 전용 제어기를 개발하기 위한 능력을 배운다.

【기초지식】

• DC 모터의 동작

DC 모터를 동작시키는 것은 매우 간단하다. 모터 양단에 전압을 인가시키면 모터는 회전을 하게 된다. 어릴 적부터 비교적 쉽게 주변에서 접해보고 모형완구나 선풍기도 만들어 보고 비교적 친근감이 많이 느껴질 것이다.

이러한 모터의 속도를 조절하는 방법에는 건전지를 늘려서 모터 양단에 걸리는 전압을 바꾸어 주는 것은 많이 해 보았을 것이다. 그리고 이러한 속도의 조절에는 ON, OFF 주기를 바꾸는 방법이 있다.

이 ON, OFF 주기를 바꾸는 방법은 PWM 제어라고 하며 펄스 폭을 바꾸는 방법으로 에너지의 손실이 적고, 저속에서도 강한 토크를 발생한다.

[그림 2.6-1]에는 PWM 구동시 모터양단에 걸리는 전압의 파형을 나타내고 있다. 이와 같이 ON, OFF의 비율을 1:1로 만들어 주면 단자전압의 $\frac{1}{2}$에 해당하는 6[V]정도의 평균출력전압이 모터 양단에 걸리게 되고, ON, OFF의 비율을 3:1로 만들어 주면 단자전압의 $\frac{3}{4}$에 해당하는 9[V]정도의 평균출력전압이 모터 양단에 걸리게 된다.

그러나 이 값은 이상적일 경우의 출력 값이고 실제로는 이와는 약간의 차이가 있다.

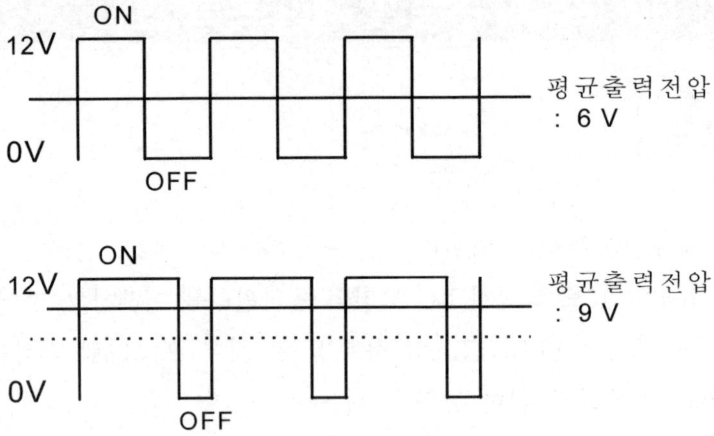

【그림 2.6-1】 PWM 구동시 모터양단에 걸리는 전압의 파형

• DC 모터의 회로설명

PPI 8255의 포트C 출력 중에 남은 비트, PC3을 이용하여 모터를 회전시키게 된다.

[그림 2.6-2]에는 실험보드에 연결된 모터의 구동회로를 보여주고 있다. 모터의 단자전원에는 모터의 정격전압을 인가시키고, PPI 8255의 출력 비트를 ON시키면 트랜지스터가 ON 상태가 되어 모터는 회전을 시작하게 된다.

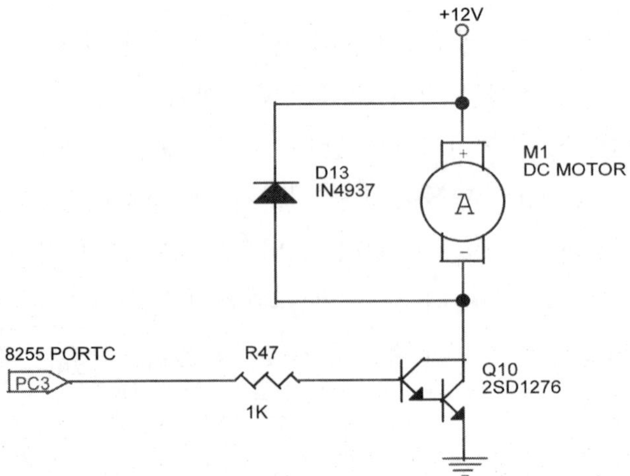

【그림 2.6-2】 DC모터의 구동회로

그러나 이 회로는 ON, OFF 제어는 가능하지만 회전방향을 바꿀 수는 없으므로 [그림 2.6-3]에는 DC모터의 정회전과 역회전이 가능한 응용회로를 보여준다.

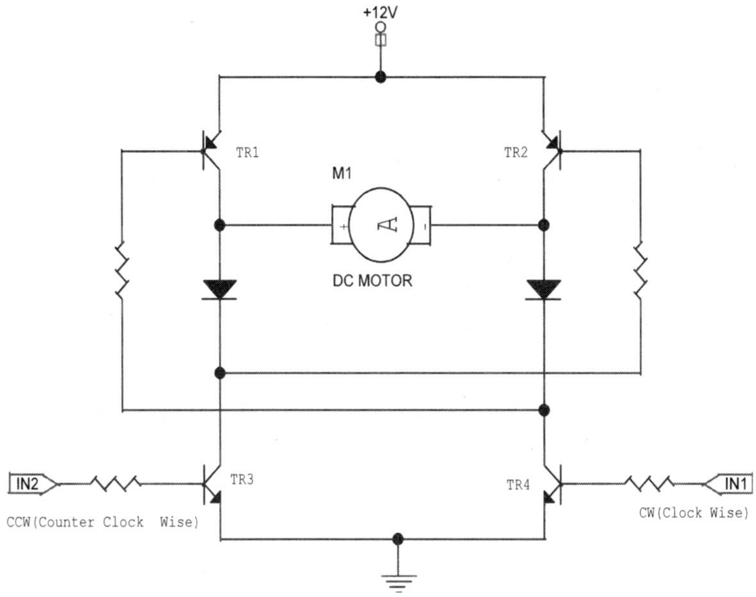

【그림 2.6-3】 DC모터의 정·역회전 구동회로

이 회로는 DC모터를 정회전 또는 역회전시키기 위한 회로로서 IN1="H", IN2="L"상태를 만들어 주면 TR1, TR4가 ON되어 모터가 정회전(CW)하게 되고, 반대로 IN1="L", IN2="H"상태를 만들어 주면 TR2, TR3이 ON되어 모터가 역회전(CCW)을 하게 된다.

그런데 여기에 한가지 문제점이 있다. 모터를 소프트웨어적으로 ON, OFF시키다 보면 IN1, IN2를 동시에 ON으로 하는 경우가 쉽게 발생하게 된다. 이점에 주의가 필요하다. 두 개의 입력을 동시에 ON시키면 TR1～TR4가 모두 ON상태가 되어 위의 회로는 최악의 상태를 맞이하게 된다.

그러므로 프로그래밍의 경우 입력을 ON시키기 이전에 반드시 다른 한쪽의 입력을 반드시 OFF시켜 두어야 한다.

【프로그램 설명】

실험보드의 DC 모터 구동회로는 PPI 8255A(1) 포트 C의 PC3에 의해 제어된다. PC3이 0이면 TR(2SD633)이 OFF되어 모터가 정지하며, PC3이 1이면 TR이 ON이 되어 모터가 회전한다. 그러므로 이 포트에 값을 출력하는 프로그램으로 DC 모터를 제어할 수 있다.

프로그램 2.6-1는 DC 모터를 PWM 방식으로 제어하는 프로그램이다. 이 프로그램에서는 모터를 "switch_on, switch_off" 두 변수에 의해 결정되는 시간 간격으로 계속 ON/OFF 하여 모터의 회전 속도를 조절하고 있다. 회전 속도를 높이려면 "switch_on" 값은 크게 하고 "switch_off" 값은 작게 한다. 회전 속도를 낮추려면 반대로 하면 된다. 프로그램을 실행시키면 모터가 회전하며, 아무 키나 누르면 정지한다.

```
/* 프로그램 2.6-1 : DC 모터 PWM 제어 프로그램 (dc-motor.c) */

#include <stdio.h>
#include <conio.h>
#include <dos.h>
#include "../../eblib/eblib.h"      //EBoard WIN-DOS LIB Header

#define BASE_ADDR     0x300
#define PORTA         BASE_ADDR | 0x04
#define PORTB         BASE_ADDR | 0x05
#define PORTC         BASE_ADDR | 0x06
#define CWR0          BASE_ADDR | 0x07
#define CWR1          BASE_ADDR | 0x0b
#define DC_MOTOR_ON0x08
#define DC_MOTOR_OFF          0x00
/* switch_on, off의 시간에 의해 듀티비가 결정 */
#define switch_on     500
#define switch_off    500
```

```
void init_eboard(void)
{
        outp(CWR0, 0x88);    /* PortA, PortB, PortC(L):Out, PortC(H): In  */
        outp(CWR1, 0x80);    /* PortA, PortB, PortC(L):Out, PortC(H): Out */
        outp(PORTA, 0xff);  /* initialize matrix led */
}

void main(void)
{
        int i;
        if(InitDriver(EB_DEVICE_PCI))         //Device Driver Initialize
        {
                printf("Device Driver Loading Fail!\r\n);
                return;
        }
        init_eboard();

        do        {
                  /* switch_on, off의 시간에 의해 듀티비가 결정 */
                  for (i=0; i<switch_on; i++)
                          outp(PORTC, DC_MOTOR_ON);    // 모터 회전

                  for (i=0; i<switch_off; i++)
                          outp(PORTC, DC_MOTOR_OFF);  // 모터 정지
        }while(!kbhit());
}
```

• **EbdLib를 사용한 DC 모터 프로그래밍**

EbdLib에는 DC 모터의 제어를 위한 함수가 준비되어 있다. "EbdDCMotor()" 함수를 이용하여 모터를 ON/OFF시킬 수 있다. 다음은 함수에 대한 설명이다.

```
EbdDCMotor(n)
```

n : 모터 ON/OFF 지정. (0(FALSE) = OFF, 1(TRUE) = ON)
기능 : 모터를 ON 또는 OFF시킨다.

프로그램 2.6-2은 EbdLib를 사용한 DC 모터 구동 예제이다. 프로그램 2.6-1과 같이 PWM 방식이며, 실행시키면 모터가 잠시 회전하고 멈춘다. 속도를 바꾸려면 모터 ON과 모터 OFF 명령 사이에 있는 시간 지연 루프의 반복 값을 변경하면 된다. 변경하는 요령은 프로그램 2.6-1의 경우와 같다.

```
/* 프로그램 2.6-2 : EbdLib를 이용한 DC 모터 구동 (dcm2.c) */

#include <dos.h>
#include "Ebd3Lib.h"

void main(void)
{
        int i, j;

        EbdDetect();          /* 실험보드 검색 및 초기화 */
        for (j = 0; j < 300; j++) {
                EbdDCMotor(TRUE);         /* DC 모터 ON */
                for (i = 0; i < 5; I++)       /* ON 되어 있는 시간 지연 */
                        delay(1);
```

```
                EbdDCMotor(FALSE);        /* DC 모터 OFF */
                for (i = 0; i < 2; I++)   /* OFF 되어 있는 시간 지연 */
                        delay(1);
        }
}
```

【실험내용】

1. 프로그램 2.6-1을 작성하고 수행하여 그 결과를 확인하시오.
2. 프로그램 2.6-2을 작성하고 수행하여 그 결과를 확인하시오.

【실험결과】

1. 프로그램 2.6-1의 프로그램을 정리하여 제출하시오.
2. 프로그램 2.6-2의 프로그램을 정리하여 제출하시오.

【대화하기】

1. DC 모터 회전 속도를 변화시켜보는 프로그램을 작성하고 실행하시오.

[실험 7.] LCD 동작 및 제어 프로그램

【실험목적】

- LCD의 구조 및 특성을 익힌다.
- 컴퓨터에서 입출력 보드를 통한 LCD의 제어 방법을 익힌다.
- LCD 제어를 위한 PPI 8255A의 사용법 및 제어 프로그램 작성을 익힌다.
- LCD에 문자 등을 출력하여 표시하는 방법을 익힌다.

【기초지식】

LCD는 액정 디스플레이(Liquid Crystal Display)의 약자로, 전자 계산기나 무선 호출기 등에 많이 사용되며, 휴대용 컴퓨터의 화면 표시용으로도 사용되고 있다. 액정은 전압이 걸리면 일정한 방향으로 늘어서는 성질이 있다. 이러한 성질과 전기석에 의한 편광 성질을 이용하여 전압이 걸린 곳이 검게 표시되는 것이다. LCD는 사용하기 편하며 전력 소모가 매우 적은 장점이 있으나, 동작 속도가 느려 빠른 표시를 할 때는 잔상이 남는 문제점이 있다. 이와 같은 특징으로 LCD는 소규모/휴대용 마이크로컴퓨터 시스템에서 가장 간편하며 강력한 기능을 갖는 표시 장치이다.

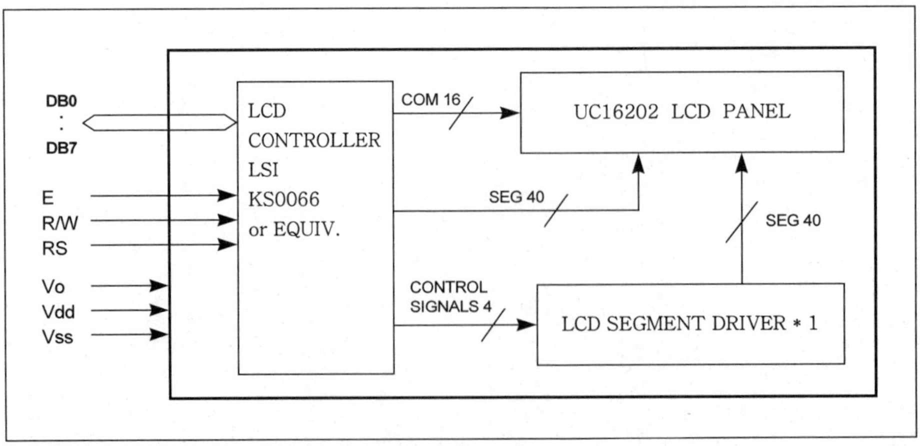

【그림 2.7-1】 LCD의 블럭다이어그램

실험보드에서 사용한 LCD는 LCD 패널과 제어기가 하나로 되어 있는 모듈 형태의 것으로, 제어기에 데이터 버스 등을 통하여 데이터를 전송하기만 하면 원하는 표시를 얻을 수 있다. [그림 2.7-1]은 LCD 모듈의 내부 구조도이다. LCD 제어기는 DB0~DB7의 8비트 데이터 버스를 통해 데이터를 주고받으며, E(Enable : 모듈 선택 신호), R/W(입력/출력 선택), RS(내부 레지스터 선택)의 제어선을 통해 제어된다. Vdd와 Vss에 +5[V] 전원을 넣으면 모듈이 동작하며, Vo에 가해지는 전압으로 LCD의 밝기를 조정한다.

다음은 LCD 제어용 핀에 대한 설명이다.

- DB0~DB7 : 데이터를 주고받는 데이터 버스
- RS : 명령어를 입출력과 내부의 메모리의 입출력 중 하나를 선택하기 위해 사용되는 핀. PPI 8255A의 A0, A1과 비슷한 의미라고 생각하면 된다. RS가 0이면 명령어 쓰기, 플래그/어드레스 읽기 모드가 되며, RS가 1이면 내부 메모리에 값을 읽거나 쓰는 모드가 된다.
- $R/\overline{W}$: 데이터 읽기와 데이터 쓰기를 선택하는데 사용한다.$R/\overline{W}$ 가 0이면 데이터 쓰기이며, $R/\overline{W}$ 가 1이면 데이터 읽기 상태가 된다.
- E : LCD에 제어 명령이나 데이터를 쓰거나 읽는 등의 동작을 하려면 이 핀이 1이 되어야 한다.

【표 2.7-1】 LCD 제어 코드

번호	기능	코드									
		RS	R/W	DB7	DB6	DB5	DB4	DB3	DB2	DB1	DB0
1	디스플레이 클리어	0	0	0	0	0	0	0	0	0	1
2	Home으로 돌아옴	0	0	0	0	0	0	0	0	1	×
3	입력 모드 설정	0	0	0	0	0	0	0	1	$I/\overline{D}$	S
4	디스플레이 ON/OFF	0	0	0	0	0	0	1	D	C	B
5	커서/시프트	0	0	0	0	0	1	$S/\overline{C}$	$R/\overline{L}$	×	×
6	시스템 설정	0	0	0	0	1	IF	N	F	×	×
7	CG RAM 설정	0	0	0	1	ACG					
8	DD RAM 설정	0	0	1	ADD						
9	BF/어드레스 읽기	0	1	BF	AC						
10	CG나 DD 쓰기	1	0	출력 데이터							
11	CG나 DD 읽기	1	1	입력 데이터							

[표 2.7-1]는 LCD를 사용하기 위한 제어 신호와 기능을 정리한 것이다. 표의 각 기능에 해당하는 설명은 다음과 같다.

1 : 화면을 지운다.

2 : 커서를 좌측 상단의 위치(Home)로 옮긴다.

3 : 출력되는 글자가 한 글자씩 뒤로 갈 것인가 앞으로 갈 것인가를 결정.

$I/\overline{D}$ =1 : 증가, $I/\overline{D}$ =0 : 감소, S=1 : Accompanies display shift

4 : 화면의 ON/OFF, 커서의 ON/OFF, 커서의 깜박임 ON/OFF 결정

D=1 : 화면 ON, C=1 : 커서 ON, B=1 : 깜박임 ON

5 : LCD에 출력할 문자를 계속 전송할 경우의 방향을 결정한다.

$S/\overline{C}$ =1 : 디스플레이 시프트, $S/\overline{C}$ =0 : 커서 이동

$R/\overline{L}$ =1 : 오른쪽, $R/\overline{L}$ =0 : 왼쪽

6 : LCD의 제어 설정. 4비트/8비트 데이터 설정과 폰트 크기 등을 결정한다.

IF=1 : 8비트, IF=0 : 4비트

N=1 : 2행, N=0 : 1행

F=1 : 5×10 폰트 사용, F=0 : 5×7 폰트 사용

8 : LCD에 표시할 위치에 해당하는 어드레스를 지정한다. 어드레스는 [표 2.7-2]과 같다.

LCD 화면 (왼쪽 위)

[표 2.7-2] LCD의 화면 위치에 해당하는 어드레스

80H	81H	82H	83H	84H	85H	86H	87H	88H	89H	8AH	8BH	8CH	8DH	8EH	8FH
C0H	C1H	C2H	C3H	C4H	C5H	C6H	C7H	C8H	C9H	CAH	CBH	CCH	CDH	CEH	CFH

(오른쪽 아래)

[그림 2.7-2]은 실험보드에 LCD를 연결하는 커넥터 부의 회로도이다.

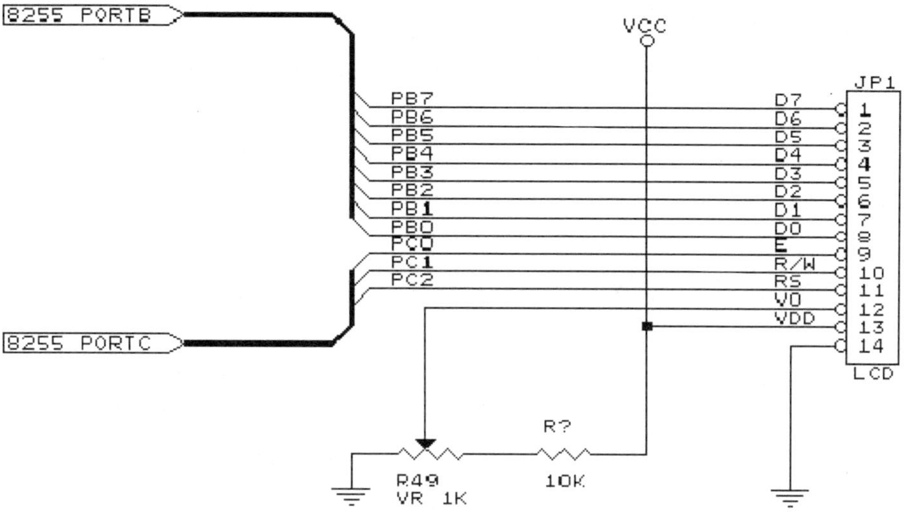

【그림 2.7-2】 실험보드의 LCD 연결 회로

실험보드에서는 PPI 8255A(1)의 포트 B와 포트 C로 LCD를 제어한다. 포트 B에는 데이터 버스가 연결되며, PC0은 E에, PC1은 R/W에, PC2는 RS에 연결된다. 그러므로 LCD에 명령 데이터를 보내는 경우에는 PC0=1, PC1=0, RS=0으로 한 뒤, 데이터를 포트 B에 출력하고, PC0=0으로 하여 데이터 쓰기가 끝났음을 알리면 된다. 다음은 명령 데이터 쓰기 루틴을 작성한 예이다. 처음에 포트 C에 1H를 출력한 후 데이터를 포트 B에 출력하고 다시 포트 C에 0H를 출력한다. 각 I/O 출력 사이에는 LCD의 확실한 동작을 위한 시간 지연이 주어진다.

```
outp(PORTC, 0x01);      /* PC0=1, PC1=0, PC2=0 */
delay(5);
outp(PORTB, value);     /* 데이터 출력 */
delay(5);
outp(PORTC, 0x00);      /* PC0=0, PC1=0, PC2=0 */
delay(5);
```

LCD에 문자를 출력하려면 LCD에 출력할 문자에 해당하는 코드를 출력하면 된다. 즉, "A"를 출력하려면 A에 해당하는 코드인 41H를 출력하면 된다. 이 때, 우선 PC0(E)=1, PC1(R/W)=0, PC2(RS)=1로 하여 문자 데이터 쓰기 모드임을 알리고, 데이터를 포트 B에 출력한 뒤, PC0=0으로 하여 쓰기를 마쳤음을 알린다. 다음은 문자를 출력하는 루틴을 작성한 예이다.

```
outp(PORTC, 0x05);      /* PC0=1, PC1=0, PC2=1 */
delay(5);
outp(PORTB, ch);                /* 문자 코드 출력 */
delay(5);
outp(PORTC, 0x04);      /* PC0=1, PC1=0, PC2=1 */
```

【프로그램 설명】

```
/* 프로그램 2.7-1: lcd.c */
#include <stdio.h>
#include <conio.h>
#include <dos.h>
#include "../../eblib/eblib.h"     //EBoard WIN-DOS LIB Header

#define BASE_ADDR   0x300
#define PORTA       BASE_ADDR | 0x04
#define PORTB       BASE_ADDR | 0x05
#define PORTC       BASE_ADDR | 0x06
#define CWR0        BASE_ADDR | 0x07
#define CWR1        BASE_ADDR | 0x0b

#define delay_time      200
```

```
#define delay_lcd        5

void init_eboard(void)
{
        outp(CWR0, 0x88);   /* PortA, PortB, PortC(L):Out, PortC(H): In  */
        outp(CWR1, 0x80);   /* PortA, PortB, PortC(L):Out, PortC(H): Out */
        outp(PORTA, 0xff);  /* initialize dot_matrix led */
}

void instruction_set(unsigned char value)
{
        outp(PORTC, 0x01);
        delay(delay_lcd);
        outp(PORTB, value);
        delay(delay_lcd);
        outp(PORTC, 0x00);
        delay(delay_lcd);
}

void clr_lcd(void)
{
        instruction_set(0x01);
}

void init_lcd(void)
{
        instruction_set(0x38);
        instruction_set(0x0c);
        instruction_set(0x06);
```

```
        instruction_set(0x02);
        instruction_set(0x01);
}

void char_position(char x, char y)
{
        unsigned char position;
        if(y > 1 ) y = 1;
        if(x > 15) x = 15;

        position = y ? x + 0xc0 : x + 0x80;

        instruction_set(position);
}

void lcd_char_out(char ch)
{
        outp(PORTC, 0x05);
        delay(delay_lcd);
        outp(PORTB, ch);
        delay(delay_lcd);
        outp(PORTC, 0x04);
}

void lcd_string_out(char x, char y, char *text)
{
        char_position(x, y);
        while(*text) lcd_char_out(*(text++));
```

```
}

void main(void)
{
        int i;
        if(InitDriver(EB_DEVICE_PCI))        //Device Driver Initialize
        {
                printf("Device Driver Loading Fail!\r\n);
                return;
        }
        init_eboard();
        init_lcd();
        clr_lcd();

        instruction_set(0x02);
        instruction_set(0x01);
}

void char_position(char x, char y)
{
        unsigned char position;
        if(y > 1 ) y = 1;
        if(x > 15) x = 15;

        position = y ? x + 0xc0 : x + 0x80;

        instruction_set(position);
}
```

```
void lcd_char_out(char ch)
{
        outp(PORTC, 0x05);
        delay(delay_lcd);
        outp(PORTB, ch);
        delay(delay_lcd);
        outp(PORTC, 0x04);
}

void lcd_string_out(char x, char y, char *text)
{
        char_position(x, y);
        while(*text) lcd_char_out(*(text++));
}

void main(void)
{
        int i;
        if(InitDriver(EB_DEVICE_PCI))       //Device Driver Initialize
        {
                printf("Device Driver Loading Fail!\r\n);
                return;
        }
        init_eboard();
        init_lcd();
        clr_lcd();
        do
        {
                for(i=0; i<16; i++)
```

```
        {
            clr_lcd();
            char_position(i,0);
            lcd_char_out(65+i);
            delay(delay_time);
        }
        for(i=0; i<16; i+=2)
        {
            clr_lcd();
            lcd_string_out(i,1," DongYangTC ");
            delay(delay_time);
        }

        for(i=0; i<3; i++)
        {
            clr_lcd();
            lcd_string_out(5,1," DongYangTC ");
            delay(delay_time);

        }
    }while(!kbhit());

    init_lcd();
    init_eboard();
}
```

【실험내용】

1. 프로그램 2.7-1을 작성하고 수행하여 그 결과를 확인하시오.

【실험결과】

1. 프로그램 2.7-1의 프로그램을 정리하여 제출하시오.

【대화하기】

1. LCD에 자기의 이름을 영어로 표시하여 제어하는 프로그램을 작성하고 실행하시오.

[실험 8.] 매트릭스 LED의 동작 및 프로그램

【실험목적】

- 매트릭스 LED의 구조 및 특성을 익힌다.
- 컴퓨터에서 입출력 보드를 통한 3색 매트릭스 LED의 제어 방법을 익힌다.
- 매트릭스 LED 제어를 위한 PPI 8255A의 사용법 및 제어 프로그램 작성을 익힌다.
- 매트릭스 LED에 문자 등을 출력하여 표시하는 방법을 익힌다.

【기초지식】

- **매트릭스 LED의 동작**

매트릭스 LED란 LED를 매트릭스(행렬)의 형태로 나열한 것으로 다양한 종류의 매트릭스 LED가 시판되고 있다. 대표적으로 5×7, 8×8, 16×16 등의 매트릭스로 이루어진 것과 칼라 수에 따라 싱글(Single, 단색)또는 멀티(Multi, 다색)라고 불리고 있다.

이러한 LED를 사용한 디스플레이 장치는 고 휘도에 수명이 길다는 장점 때문에 실외의 대형 패널에서부터 지하철 내부의 안내표시장치에 이르는 소형 표시기까지 다양하게 응용되고 있다.

매트릭스 LED를 구동시키는 방법에는 스태틱구동(Static drive)과 다이나믹구동(Dynamic drive)의 2가지 방법이 있다.

스태틱 구동의 경우는 시프트 레지스터의 비트를 LED 개수만큼 준비하고 여기에 데이터를 보내어 점등하는 방식으로 한 번에 모든 LED를 ON/OFF 한다.

다이나믹 드라이브는 매트릭스 LED를 1행씩 스캔하면서 LED를 ON/OFF 하는 방식으로 CRT의 표시방법과 동일한 방법으로 구동하게 되는 것이다. 그림의 예와 같이 스캔라인과 데이터라인으로 구성되어 스캔라인에 의해 각 행 또는 열을 1행씩 스캔하면서 데이터라인에 의해 동기된 데이터를 출력하는 방식이다. 이 회로는 하나의 스캔라인에 대응하는 8비트의 데이터라인의 예를 보여주는 것으로 도트매트릭스 내부에 구성된 LED가 싱글(Single, 단색)인 경우는 하나의 데이터라인만 있으면 되지만 멀티(Multi, 다색)인 경우 위와 같은 두개의 데이터라인이 필요하게 된다.

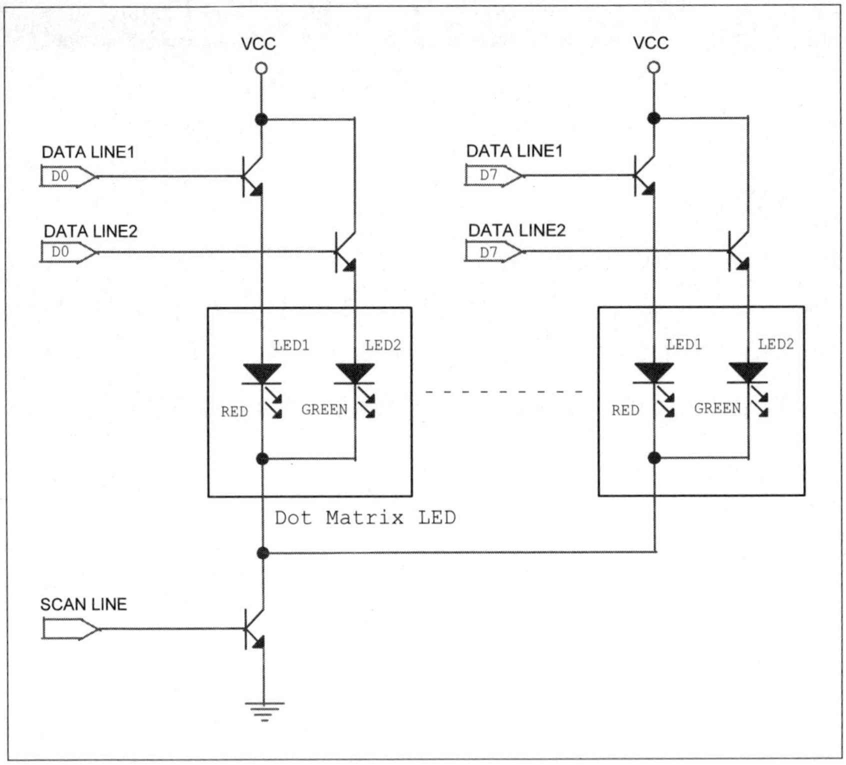

【그림 2.8-1】 매트릭스 LED의 동작원리

만약 데이터라인1과 스캔라인이 ON인 경우 적색의 LED가 점등하게 되고, 데이터라인2와 스캔라인이 ON인 경우는 녹색의 LED가 점등하게 된다. 그리고 두 개의 데이터라인과 스캔라인이 모두 ON인 경우는 적색과 녹색이 모두 점등하게 되어 두 개의 색이 합쳐진 오렌지색에 가까운 LED 출력이 나타나게 된다.

이 다이나믹 드라이브방식은 스태틱 드라이브에 비해 휘도가 낮고, 스캔주파수가 낮은 경우에 깜박거림이 일어난다는 점에서는 다소 떨어진다고 할 수 있으나 구동회로가 간단하기 때문에 낮은 가격으로 대화 면의 구성에 적합하다.

• **매트릭스 LED의 회로설명**

실험보드에서는 8×8의 멀티형의 매트릭스 LED를 구동하고 있다. 이것을 다이나믹 구동을 하려면 8비트의 데이터라인 2개와 8비트의 스캔라인이 필요하다. 스캔라인의 경우 디코딩하여 사용한다고 하여도 이 경우 19비트가 필요하게 된다. 결국 PPI 8255의 포트A, B, C

를 모두 사용해야 한다는 결론이다. 필자는 포트를 절약하기 위하여 여기에 약간의 변칙적인 방법을 동원해서 데이터라인도 디코더를 사용하고 있다. 이것은 도트매트릭스를 구동하기 위한 원리를 설명하기에 충분하다고 느꼈기 때문이다. 이 방법을 사용하면 데이터라인을 동시에 표시하는 것은 불가능하다.

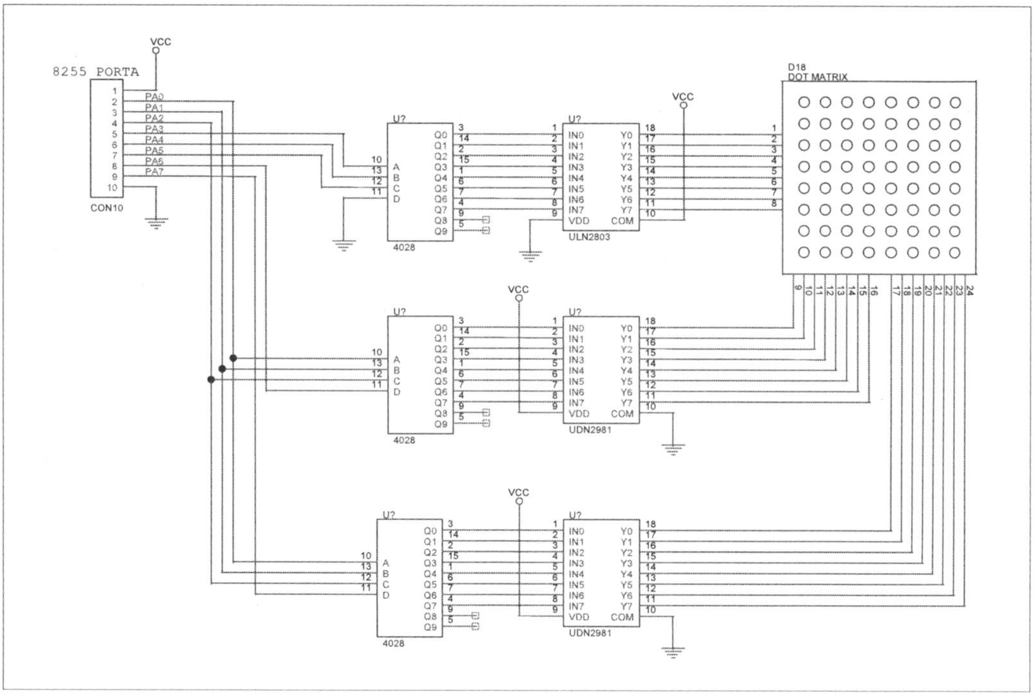

【그림 2.8-2】 실험보드의 매트릭스 LED 동작회로

즉 이것은 데이터라인에 데이터를 출력을 하고 스캔라인을 8번만 돌리면 매트릭스 LED 전체를 ON, OFF할 수 있지만, 데이터라인을 디코딩하여 사용하게 되면 스캔라인과 데이터라인을 각각 8번을 돌려야만 다시 말해서 출력을 64번 내보내야만 매트릭스 LED 전체를 ON, OFF할 수 있다는 이야기이다. 하지만 이렇게라도 포트를 아껴서 디지털 입출력의 많은 예를 타겟보드에서 보여주고 있다.

[그림 2.8-2]의 회로에서는 3종류의 IC를 이용하고 있다.

4028은 4비트의 BCD 입력을 10진(Decimal) 출력으로 변환하는 디코더로서 3비트 입력의 8진(Octal) 출력으로도 사용이 가능하기 때문에 이것을 3개 이용하여 도트매트릭스를 구동하고 있다.

스캔라인 디코더용으로 PPI 8255A(1)의 PA0, PA1, PA2를 이용하며, 데이터라인 디코더용으로 PA3, PA4, PA5를 이용하고 있다. 그리고 PA6, PA7의 경우 데이터라인의 컨트롤용으로 사용되고 있다.

이러한 관계를 정리하여 [표 2.8-1]와 같은 표를 만들어보았다.

【표 2.8-1】 데이터 입력에 따른 매트릭스 LED의 변화

Control		Scan Line			Data Line			10 진수	16 진수	매트릭스 LED의 표시상태(행,열)	참 고
7	6	5	4	3	2	1	0				
0	0	0	0	0	0	0	0	0	00h	●○○○○○○○ (1,1)	데이터라인의 증가에
0	0	0	0	0	0	0	1	1	01h	○●○○○○○○ (1,2)	따라 오렌지색 LED가
0	0	0	0	0	1	1	1	7	07h	○○○○○○○● (1,8)	우측으로 이동한다.
0	0	0	0	1	0	0	0	8	08h	●○○○○○○○ (2,1)	스캔라인의 증가에
0	0	1	1	0	0	0	1	49	31h	○●○○○○○○ (7,2)	따라 오렌지색 LED가
0	0	1	1	1	1	1	1	63	3Fh	○○○○○○○● (8,8)	아래로 이동한다.
0	1	0	0	0	0	0	0	64	40h	●○○○○○○○ (1,1)	녹색의 LED가 점등
0	1	1	1	1	1	1	1	127	7Fh	○○○○○○○● (8,8)	된다
1	0	0	0	0	0	0	0	128	80h	●○○○○○○○ (1,1)	적색의 LED가 점등
1	0	1	1	1	1	1	1	191	BFh	○○○○○○○● (8,8)	된다
1	1	0	0	0	0	0	0	192	C0h	○○○○○○○○(OFF)	모든 LED가 OFF상태

데이터라인이 증가함에 따라 1행의 데이터가 하나씩 이동하여 표시된다. 다음 행으로 이동하기 위해서는 스캔라인이 증가해야하고 컨트롤 라인 비트 즉 비트 6과 7에 따라 색깔이 달라지게 된다. 두 비트가 모두 0인 경우는 적색과 녹색의 LED가 모두 ON되어 오렌지색이 나타나고, 두 비트가 모두 1인 경우 LED가 OFF되어 흰색의 상태가 된다.

그리고 회로도를 살펴보면 매트릭스 LED의 동작원리와 같이 4028의 출력에 TR을 연결하여 전류를 증가시켜야 되나 회로를 간단히 하기 위하여 드라이버 IC ULN2803과 UDN2981을 사용하여 매트릭스 LED를 구동하고 있다.

이 IC의 내부는 달링턴 형태의 TR 어레이로 구성되어 있기 때문에 일반적인 로직 IC에 비해서 상당히 큰 전류를 구동할 수 있다. 이러한 이유 때문에 고전류 인터페이스 드라이브(High-Current Interface Drive)라고하여, LED, 릴레이, 솔레노이드, 모터구동 등과 같이 전류를 많이 소모하는 부하의 구동에 적합하다.

【프로그램 설명】

자 이제 매트릭스 LED를 구동시켜보자. 프로그램 2.8-1은 오렌지색의 LED를 하나씩 차례로 켜주게 된다. 즉 64개의 LED를 하나씩 구동하게 되는 것이다. LED를 하나씩 점등시키면서 100[ms]동안 기다린 후에 다음 LED를 구동하게 된다.

```
/* 프로그램 2.8-1 : DOT_MAT1.C */

#include <stdio.h>
#include <conio.h>
#include <dos.h>
#include "../../eblib/eblib.h"      //EBoard WIN-DOS LIB Header

#define BASE_ADDR           0x300
#define PORTA               BASE_ADDR | 0x04
#define PORTB               BASE_ADDR | 0x05
#define CWR0                BASE_ADDR | 0x07
#define CWR1                BASE_ADDR | 0x0b
#define On_Time             10

void init_eboard(void)
{
        outp(CWR0, 0x88);    /* PortA, PortB, PortC(L):Out, PortC(H): In  */
        outp(CWR1, 0x80);    /* PortA, PortB, PortC(L):Out, PortC(H): Out */
        outp(PORTA, 0xff);  /* initialize dot_matrix led */
}

void main(void)
{
        int i, j;
```

```
    if(InitDriver(EB_DEVICE_PCI))        //Device Driver Initialize
    {
            printf("Device Driver Loading Fail!\r\n);
            return;
    }
      init_eboard();
      while(1)
      {
      for (j = 0; j < On_Time; j++)
              {
                      for (i = 0; i < 64; i++)
                      {
                              outp(PORTA, i);
                              delay(100);
                              if (kbhit()) { /* 키보드 입력이 있으면 종료 */
                                      init_eboard(); /* 종료전에 실험보드 초기화 */
                                      return;
                      }
                      }
              }
      }
}
```

그러면 매트릭스 LED전체를 점등시키려면 프로그램 2.8-1에서 어떤 부분을 수정하면 될까?

이제 프로그램 2.8-2를 살펴보기로 하자. 매트릭스 LED의 점등주기를 빨리 하여 전체가 점등되어 있는 것처럼 보이게 된다. 즉 포트 A를 통하여 0~63까지를 출력하면 오렌지색의 LED가 하나씩 증가하게 되고 delay_time은 0으로 선언되어 있으므로 빠른 속도로 LED를 켜주게 된다. 이러한 동작을 On_Time의 횟수만큼 반복하면 매트릭스 LED전체가

On_Time의 주기동안 켜져 있는 것처럼 보이게 된다. 그리고 다시 포트 A를 통하여 64~127까지의 숫자를 증가시키면서 출력하면 녹색의 매트릭스 LED가 점등하게 된다.

자 이제 프로그램 2.8-2를 수행시키고 On_Time과 delay_time의 숫자를 바꾸어 가면서 아래의 프로그램을 수행하여 보자.

```
/* 프로그램 2.8-2 : DOT_MAT2.C */

#include <stdio.h>
#include <conio.h>
#include <dos.h>
#include "../../eblib/eblib.h"      //EBoard WIN-DOS LIB Header

#define BASE_ADDR              0x300
#define PORTA                  BASE_ADDR | 0x04
#define PORTB                  BASE_ADDR | 0x05
#define CWR0                   BASE_ADDR | 0x07
#define CWR1                   BASE_ADDR | 0x0b
#define On_Time                500     /* 매트릭스 전체의 점등 주기 */
#define delay_time             0       /* LED하나의 점등 주기 */

void init_eboard(void)
{
        outportb(CWR0, 0x88);  /* PortA, PortB, PortC(L):Out, PortC(H): In  */
        outportb(CWR1, 0x80);  /* PortA, PortB, PortC(L):Out, PortC(H): Out */
        outportb(PORTA, 0xff); /* initialize dot_matrix LED */
}
void main(void)
{
        int i, j;
```

```
if(InitDriver(EB_DEVICE_PCI))        //Device Driver Initialize
{
        printf("Device Driver Loading Fail!\r\n);
        return;
}
  init_eboard();

  do{
        for (j = 0; j < On_Time; j++)
        {
              for (i = 0; i < 64; I++)      /* 오렌지색 LED 점등 */
              {
                    outportb(PORTA, i);
                    delay(delay_time);
              }
        }
        for (j = 0; j < On_Time; j++)
        {
              for (i = 64; i < 128; I++)  /* 녹색 LED 점등 */
              {
                    outportb(PORTA, i);
                    delay(delay_time);
              }
        }
        for (j = 0; j < On_Time; j++)
        {
              for (i = 128; i < 192; I++)  /* 적색 LED 점등 */
              {
                    outportb(PORTA, i);
```

```
                    delay(delay_time);
                }
            }
        }while(!kbhit());    /* 아무키나 누르면 do~while 루프가 종료된다. */
        init_eboard();
}
```

이제는 아래 그림과 같이 1행 또는 1열씩 매트릭스 LED를 증가시키면서 스크롤시켜 보자.

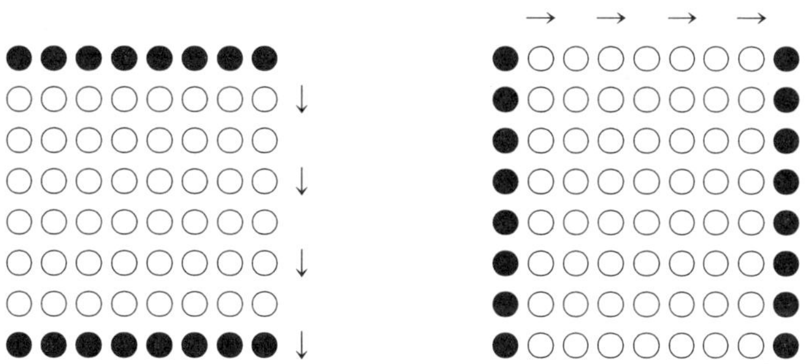

a) 1행씩 아래로 이동   b) 1열씩 오른쪽으로 이동

프로그램 2.8-3은 outp(PORTA, i+down*8); 와 같이 출력되어 0에서 7까지의 숫자를 출력(1행을 출력)하고, down변수의 값이 증가하면 8에서 15까지의 숫자가 출력되어 다음 행으로 이동하게 된다. 이것을 반복하면 수평라인으로 계속해서 스크롤이 일어난다.

프로그램 2.8-4은 outp(PORTA, i*8+right); 라인만 달라지게 되는데 이것은 8씩 건너뛴 값이 출력되고(0,8,16..), right변수의 값이 증가하면 앞의 출력 값에 1씩 더해져서 출력(1,9,17..)되어 다음 열로 이동하게 된다. 이러한 동작은 수직라인으로 스크롤을 일으키게 된다.

```
/* 프로그램 2.8-3 : DOT_MAT3.C */
#include <stdio.h>
#include <conio.h>
#include <dos.h>
#include "../../eblib/eblib.h"      //EBoard WIN-DOS LIB Header

#define BASE_ADDR              0x300
#define PORTA                  BASE_ADDR | 0x04
#define PORTB                  BASE_ADDR | 0x05
#define CWR0                   BASE_ADDR | 0x07
#define CWR1                   BASE_ADDR | 0x0b

#define On_Time                100

void init_eboard(void)
{
        outportb(CWR0, 0x88);  /* PortA, PortB, PortC(L):Out, PortC(H): In  */
        outportb(CWR1, 0x80);  /* PortA, PortB, PortC(L):Out, PortC(H): Out */
        outportb(PORTA, 0xff); /* initialize dot_matrix led */
}

void time_delay(void)
{
      unsigned int i;
      for(i=0; i<5000; i++);
}

void main(void)
```

```
{
        unsigned int i, j, down=0;
     if(InitDriver(EB_DEVICE_PCI))        //Device Driver Initialize
        {
                printf("Device Driver Loading Fail!\r\n);
                return;
        }
        init_eboard();

        do{
                for (j = 0; j<On_Time; j++)  {
                        for (i = 0; i < 8; i++)       {
                                outportb(PORTA, i+down*8);
                                time_delay();
                        }
                }
          if(down<7) down++;
          else down = 0;
        }while(!kbhit());
        init_eboard();
}
/* 프로그램 2.8-4 : DOT_MAT4.C */
#include <stdio.h>
#include <conio.h>
#include <dos.h>
#include "../../eblib/eblib.h"     //EBoard WIN-DOS LIB Header

#define BASE_ADDR                 0x300
#define PORTA                     BASE_ADDR | 0x04
```

```
#define PORTB                    BASE_ADDR | 0x05
#define CWR0                     BASE_ADDR | 0x07
#define CWR1                     BASE_ADDR | 0x0b

#define On_Time                  100

void init_eboard(void)
{
        outportb(CWR0, 0x88);  /* PortA, PortB, PortC(L):Out, PortC(H): In  */
        outportb(CWR1, 0x80);  /* PortA, PortB, PortC(L):Out, PortC(H): Out */
        outportb(PORTA, 0xff); /* initialize dot_matrix led */
}

void time_delay(void)
{
      unsigned int i;
      for(i=0; i<5000; i++);
}

void main(void)
{
        unsigned int i, j, right=0;
      if(InitDriver(EB_DEVICE_PCI))       //Device Driver Initialize
        {
                printf("Device Driver Loading Fail!\r\n);
                return;
        }
        init_eboard();
```

```
    do
    {
            for (j = 0; j<On_Time; j++)          {
                for (i = 0; i < 8; I++)          {
                    outportb(PORTA, i*8+right);
                    time_delay();
                }
            }
        if(right<7) right++;
        else right = 0;
    }while(!kbhit());
    init_eboard();
}
```

매트릭스 LED를 이용하여 다양한 동작을 시켜보았다. 하지만 이러한 과정들은 매트릭스 LED를 이용하여 문자를 디스플레이 하기 위한 기본의 과정들이다. 전광판을 구경하다 보면 문자가 이동하기도 하고 3차원으로 회전도 하며 다양한 메뉴를 가지고 이동하는 것을 알 수 있다. 자 비록 8×8의 1개의 도트매트릭스이지만 이러한 흉내들을 내어보기로 하자.

매트릭스 LED에 문자를 디스플레이 하려면 어떻게 하여야 할까?

실은 8×8 매트릭스 LED로는 알파벳은 표기가 가능하지만 한글의 표기는 불가능하다. 하지만 한글도 받침이 단순하면 가능하다. 먼저 표기하고 싶은 문자를 8×8배열의 형태로 그려보자. 만일 '교육'이라는 글자를 표기하려면 아래 그림과 같이 8×8의 문자 폰트를 만들어 주면 된다.

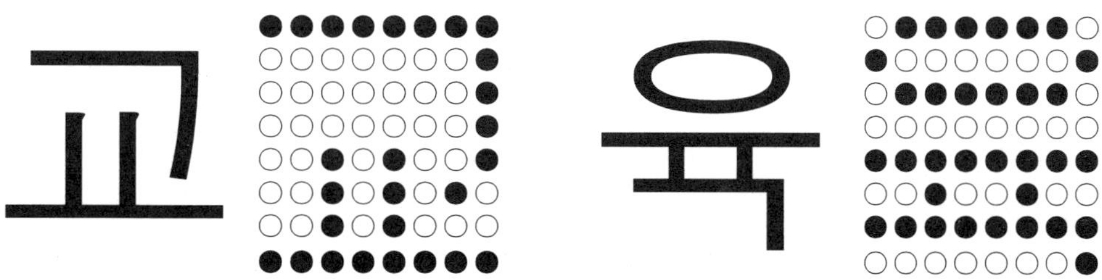

이렇게 만들어진 폰트를 이용하여 8×8의 배열에 위와 같은 폰트의 상태 정보를 LED가 ON일 경우 “1”로, OFF일 경우 “0”으로 만들어 주고 수평라인의 수와 수직라인의 수만큼 루프를 돌리면서 아래와 같은 조건문을 수행하게 되면 매트릭스 LED상에 문자가 디스플레이 되게 된다.

```
if(ch1[j][i] == 1) { /* led ON */
                outp(PORTA, j*8+i+64*color);
                time_delay();
}
else { /* led OFF */
                outp(PORTA, 0xc0);
                time_delay();
}
```

비교적 간단한 문장이다. 8×8배열을 하나씩 차례로 읽어서 저장된 문자가 1이면 LED를 ON시키고, 1이 아닌 경우 즉 0이 입력되어 있는 경우는 LED를 OFF시키게 된다.

```
/* 프로그램 2.8-5 : DOT_MAT5.C */
#include <stdio.h>
#include <conio.h>
#include <dos.h>
#include "../../eblib/eblib.h"      //EBoard WIN-DOS LIB Header

#define BASE_ADDR               0x300
#define PORTA                   BASE_ADDR | 0x04
#define PORTB                   BASE_ADDR | 0x05
#define CWR0                    BASE_ADDR | 0x07
#define CWR1                    BASE_ADDR | 0x0b
```

```
#define On_Time                    50
#define delay_time                 1

void init_eboard(void)
{
        outp(CWR0, 0x88);     /* PortA, PortB, PortC(L):Out, PortC(H): In  */
        outp(CWR1, 0x80);     /* PortA, PortB, PortC(L):Out, PortC(H): Out */

        outp(PORTA, 0xff);  /* initialize dot_matrix led */
}

void time_delay(void)
{
      unsigned int i;
      for(i=0; i<5000; i++);
}

void main(void)
{
      if(InitDriver(EB_DEVICE_PCI))        //Device Driver Initialize
        {
                printf("Device Driver Loading Fail!\r\n);
                return;
        }
        int i, j, k, color=0;
        int  ch1[8][8]={1,1,1,1,1,1,1,1,
                          0,0,0,0,0,0,0,1,
                          0,0,0,0,0,0,0,1,
                          0,0,0,0,0,0,0,1,
                          0,0,0,0,0,0,0,1,
```

```
                        0,0,1,0,1,0,1,0,
                        0,0,1,0,1,0,0,0,
                        1,1,1,1,1,1,1,1};      /* 교 */

    int   ch2[8][8]={0,1,1,1,1,1,1,0,
                        1,0,0,0,0,0,0,1,
                        0,1,1,1,1,1,1,0,
                        0,0,0,0,0,0,0,0,
                        1,1,1,1,1,1,1,1,
                        0,0,1,0,0,1,0,0,
                        1,1,1,1,1,1,1,1,
                        0,0,0,0,0,0,0,1};      /* 육 */

  init_eboard();

    while(1)
    {
            for(k = 0; k < On_Time; k++)
            {
                    for (j = 0; j < 8; j++)         /* 수직라인 */
                    {
                            for (i = 0; i < 8; I++)  /* 수평라인 */
                            {
                                            if(ch1[j][i] == 1) { /* led ON */
                                                    outp(PORTA, j*8+i+64*color);
                                    time_delay();
                                    }
                                            else      {                  /* led OFF */
                                    outp(PORTA, 0xc0);
```

```
                                        time_delay();
                                        }
                                }
                        }
                }
                if (kbhit()) break;
                for(k = 0; k < On_Time; k++)
                {
                        for (j = 0; j < 8; j++)
                        {
                                for (i = 0; i < 8; i++)
                                {
                                                if(ch2[j][i] == 1)    {
                                        outp(PORTA, j*8+i+64*color);
                                        time_delay();
                                                        outp(PORTA, 0xc0);
                                        }
                                                else      {
                                outp(PORTA, 0xc0);
                                        time_delay();
                                        }
                                }
                        }
        }

        if (kbhit()) break;

                /* 오렌지(0), 녹색(1), 적색(2)의 차례로 점등 */
        if(color<2) color++;
```

```
            else color = 0;
        }
        init_eboard();
}
```

```
/* 프로그램 2.8-6 : DOT_MAT6.C */
#include <stdio.h>
#include <conio.h>
#include <dos.h>
#include "../../eblib/eblib.h"      //EBoard WIN-DOS LIB Header

#define BASE_ADDR               0x300
#define PORTA                   BASE_ADDR | 0x04
#define PORTB                   BASE_ADDR | 0x05
#define CWR0                    BASE_ADDR | 0x07
#define CWR1                    BASE_ADDR | 0x0b

#define On_Time                 20
#define delay_time              3000

void init_eboard(void)
{
        outp(CWR0, 0x88);   /* PortA, PortB, PortC(L):Out, PortC(H): In  */
        outp(CWR1, 0x80);   /* PortA, PortB, PortC(L):Out, PortC(H): Out */
        outp(PORTA, 0xff);  /* initialize dot_matrix led */
}


/*
```

```
    EbdLedMatrix(aDots, nColor, nTime)
    ----------------------------------------
    Display dot-matrix(aDots) in 8*8 led matrix.
    aDots: dot-matrix data (64bytes)
    nColor: 0 = orange, 1 = green, 2 = red
    nTime: loop times for display (about 64/1000 sec per loop)
*/
void EbdLedMatrix(unsigned char *aDots, int nColor, int nTime)
{
        int t, id, delay_loop;
        int aColor[] = {0, 64, 128}, aTemp[64];

        for (id = 0; id < 64; id++)
                if (aDots[id])
                        aTemp[id] = id | aColor[nColor];
                else
                        aTemp[id] = 0xc0;
        for (t = 0; t < nTime; t++)
                for (id = 0; id < 64; id++)
                {
                        outp(PORTA, aTemp[id]);
                        for(delay_loop=0; delay_loop<delay_time ; delay_loop++);
//              delay(1);
                }
}

void main(void)
{
    if(InitDriver(EB_DEVICE_PCI))       //Device Driver Initialize
```

```
    {
            printf("Device Driver Loading Fail!\r\n);
            return;
    }
        int i, j, k, c, d, id;
        struct time t1, t2;
        long l1, l2;
        unsigned char ch[ ][64] = {
                { 0,0,0,0,0,0,0,0,
                  0,0,0,0,0,0,0,0,
                  0,0,0,0,0,0,0,0,
                  0,0,0,0,0,0,0,0,
                  0,0,0,0,0,0,0,0,
                  0,0,0,0,0,0,0,0,
                  0,0,0,0,0,0,0,0,
                  0,0,0,0,0,0,0,0 },/* space  */

                { 0,0,0,0,0,0,0,1,
                  1,1,1,1,0,1,0,1,
                  1,0,0,0,0,1,0,1,
                  1,0,0,1,1,1,0,1,
                  1,0,0,0,0,1,0,1,
                  1,0,0,0,0,1,0,1,
                  1,1,1,1,0,1,0,1,
                  0,0,0,0,0,0,0,1 },/* 데  */

                { 0,0,0,0,0,0,0,0,
                  0,1,1,1,1,1,1,1,
                  0,1,0,0,0,0,0,1,
```

```
      0,1,0,0,0,0,0,1,
      0,1,1,1,1,1,1,1,
      0,0,0,0,1,0,0,0,
      0,0,0,0,1,0,0,0,
      0,1,1,1,1,1,1,1 },/* 모   */
    { 0,0,0,0,0,0,0,0,
      0,0,0,0,0,0,0,0,
      0,0,0,0,0,0,0,0,
      0,0,0,0,0,0,0,0,
      0,0,0,0,0,0,0,0,
      0,0,0,0,0,0,0,0,
      0,0,0,0,0,0,0,0,
      0,0,0,0,0,0,0,0 },/* space */

    { 1,1,1,1,1,1,1,0,
      1,1,0,0,0,0,0,0,
      1,1,0,0,0,0,0,0,
      1,1,1,1,1,0,0,0,
      1,1,0,0,0,0,0,0,
      1,1,0,0,0,0,0,0,
      1,1,0,0,0,0,0,0,
      1,1,1,1,1,1,1,0 },/* E   */

    { 1,1,1,1,1,1,0,0,
      1,1,0,0,0,1,1,0,
      1,1,0,0,0,1,1,0,
      1,1,1,1,1,0,0,0,
      1,1,0,0,0,1,1,0,
      1,1,0,0,0,1,1,0,
```

```
        1,1,0,0,0,1,1,0,
        1,1,1,1,1,1,0,0 },/* B   */

      { 0,1,1,1,1,1,0,0,
        1,1,0,0,0,1,1,0,
        1,1,0,0,0,1,1,0,
        1,1,0,0,0,1,1,0,
        1,1,0,0,0,1,1,0,
        1,1,0,0,0,1,1,0,
        1,1,0,0,0,1,1,0,
        0,1,1,1,1,1,0,0 },/* 0   */

      { 0,1,1,1,1,1,0,0,
        1,1,0,0,0,1,1,0,
        1,1,0,0,0,1,1,0,
        1,1,1,1,1,1,1,0,
        1,1,0,0,0,1,1,0,
        1,1,0,0,0,1,1,0,
        1,1,0,0,0,1,1,0,
        1,1,0,0,0,1,1,0 },          /* A   */

      { 1,1,1,1,1,1,0,0,
        1,1,0,0,0,1,1,0,
        1,1,0,0,0,1,1,0,
        1,1,1,1,1,0,0,0,
        1,1,0,0,1,1,0,0,
        1,1,0,0,0,1,1,0,
        1,1,0,0,0,1,1,0,
        1,1,0,0,0,1,1,0 },/* R   */
```

```
{ 1,1,1,1,1,0,0,0,
  1,1,0,0,1,1,0,0,
  1,1,0,0,0,1,1,0,
  1,1,0,0,0,1,1,0,
  1,1,0,0,0,1,1,0,
  1,1,0,0,0,1,1,0,
  1,1,0,0,1,1,0,0,
  1,1,1,1,1,0,0,0 },/* D  */

{ 0,0,0,0,0,0,0,0,
  0,0,0,0,0,0,0,0,
  0,0,0,0,0,0,0,0,
  0,1,1,1,1,1,0,0,
  0,0,0,0,0,0,0,0,
  0,0,0,0,0,0,0,0,
  0,0,0,0,0,0,0,0,
  0,0,0,0,0,0,0,0 },/* -  */

{ 0,1,1,1,1,0,0,0,
  1,1,0,0,1,1,0,0,
  0,0,0,0,1,1,0,0,
  0,0,1,1,1,0,0,0,
  0,0,0,0,1,1,0,0,
  0,0,0,0,1,1,0,0,
  1,1,0,0,1,1,0,1,
  0,1,1,1,1,0,0,1 },/* 3. */

{ 0,0,0,0,1,1,0,0,
```

```
                0,0,0,1,0,0,1,0,
                0,0,1,1,0,0,1,1,
                0,0,1,1,0,0,1,1,
                0,0,1,1,0,0,1,1,
                0,0,1,1,0,0,1,1,
                1,0,0,1,0,0,1,0,
                1,0,0,0,1,1,0,0 },/* .0  */

              { 0,0,0,0,0,0,0,0,
                0,0,0,0,0,0,0,0,
                0,0,0,0,0,0,0,0,
                0,0,0,0,0,0,0,0,
                0,0,0,0,0,0,0,0,
                0,0,0,0,0,0,0,0,
                0,0,0,0,0,0,0,0,
                0,0,0,0,0,0,0,0 }};          /* space */,

    unsigned char ChTemp[64];
    int cid = 0, cnum = 14;

    clrscr();
    printf("LED matrix test for characters.\nPress Any Key to Quit.\n");

    for (cid = 0; cid < 3; cid++) for (d = 0; d < cnum; d++)
    {
            for (i = 0; i < 8; i++)
            {
            for (j = 0; j < 8; j++) for (k = 0; k < 8; k++)
                    {
```

```
                    id = (j << 3) | k;
                    if (k + i < 8)
                        ChTemp[id] = ch[d][(j << 3) | (k+i)];
                    else
                        ChTemp[id] = ch[(d+1)%cnum][(j << 3) |
((k-8)+i)];
                }
                EbdLedMatrix(ChTemp, cid, On_Time);

                if (kbhit()) { init_eboard(); return; }
            }
    }
    init_eboard();
}
```

프로그램 2.8-6은 " 데모 EBOARD-3.0 "이라는 문자열을 좌측으로 이동시키면서 디스플레이하고 있다. 이렇게 문자열을 이동시키는 것도 비교적 간단하게 수행이 가능하다.

EbdLedMatrix(aDots, nColor, nTime)라는 함수는 표시할 문자 폰트의 배열과 칼라를 지정하고 시간을 넣어주면 그 모양을 지정한 시간만큼 반복해서 출력하게 된다. EbdLib에는 위의 프로그램에서 사용된 EbdLedMatrix라는 함수가 포함되어 있다. 프로그램 2.8-7은 EbdLib를 이용한 매트릭스 LED 제어 프로그램이다.

```
/* 프로그램 2.8-7 : DOT_MAT6.C */

#include <dos.h>
#include "Ebd3Lib.c"


void main(void)
```

```
{
   if(InitDriver(EB_DEVICE_PCI))        //Device Driver Initialize
   {
          printf("Device Driver Loading Fail!\r\n);
          return;
   }

     int i;
     static BYTE ch[] = {
               0, 0, 0, 0, 0, 0, 0, 0,
               0, 1, 1, 1, 1, 1, 1, 0,
               0, 1, 1, 0, 0, 0, 0, 0,
               0, 1, 1, 1, 1, 1, 0, 0,
               0, 1, 1, 0, 0, 0, 0, 0,
               0, 1, 1, 0, 0, 0, 0, 0,
               0, 1, 1, 1, 1, 1, 1, 0,
               0, 0, 0, 0, 0, 0, 0, 0 };

     EbdDetect();
     for (i = 0; i < 3; I++)
               EbdLedMatrix(ch, i, 30);
}
```

【실험내용】

1. 프로그램 2.8-1을 작성하고 수행하여 그 결과를 확인하시오.
2. 프로그램 2.8-2을 작성하고 수행하여 그 결과를 확인하시오.
3. 프로그램 2.8-3을 작성하고 수행하여 그 결과를 확인하시오.

4. 프로그램 2.8-4을 작성하고 수행하여 그 결과를 확인하시오.
5. 프로그램 2.8-5을 작성하고 수행하여 그 결과를 확인하시오.
6. 프로그램 2.8-6을 작성하고 수행하여 그 결과를 확인하시오.
7. 프로그램 2.8-7을 작성하고 수행하여 그 결과를 확인하시오.

【실험결과】

1. 프로그램 2.8-1의 프로그램을 정리하여 제출하시오.
2. 프로그램 2.8-2의 프로그램을 정리하여 제출하시오.
3. 프로그램 2.8-3의 프로그램을 정리하여 제출하시오.
4. 프로그램 2.8-4의 프로그램을 정리하여 제출하시오.
5. 프로그램 2.8-5의 프로그램을 정리하여 제출하시오.
6. 프로그램 2.8-6의 프로그램을 정리하여 제출하시오.
7. 프로그램 2.8-7의 프로그램을 정리하여 제출하시오.

【대화하기】

1. 매트릭스 LED에 자기의 이름을 한글로 표시하여 제어하는 프로그램을 작성하고 실행하시오.
2. 매트릭스 LED에 숫자(0~9)를 표시하여 제어하는 프로그램을 작성하고 실행하시오. (숫자는 누름 스위치가 누를 때마다 증가한다.)

3. 아날로그 입력 응용

[실험 1.] DAC 회로 및 제어 프로그램

【실험목적】

- 아날로그와 디지털의 차이점을 알아본다.
- 아날로그 신호를 컴퓨터로 처리하는 방법을 알아본다.
- 실험보드의 아날로그 신호 처리 부분을 살펴본다.
- DAC(Digital to Analog Converter)의 원리를 공부한다
- 실험보드에 장착된 DAC를 이용하여 DAC 제어를 실험한다.

【기초지식】

PC(Personal Computer, 혹은 IBM PC를 말한다.)에서 사용된 회로는 주로 디지털(Digital) 회로이다. 디지털 회로에서 사용되는 각 신호들은 '0'과 '1'의 두 가지 값만을 갖는다. 이미 PPI 8255 포트를 공부하면서 포트의 각 비트의 상태가 '0'과 '1'의 두 상태 중 하나가 됨을 알고 있을 것이다. PC를 포함한 대부분의 컴퓨터는 디지털 컴퓨터이다. 좀더 정확히 설명하면, 디지털(Digital)이란 사용되는 모든 값이 특정한 몇 개의(유한한) 값만으로 한정되는 경우를 말한다. 우리가 사용하는 숫자(10 진수)도 디지털이다. 숫자로 표시할 수 없는 값(예 : 무한 소수)이 존재한다는 것은 이미 알고 있을 것이다. 디지털 컴퓨터에서 사용하는 디지털은 '0'과 '1'만의 디지털이다.

그러나 세상의 모든 물리적인 양은 디지털 값과 같이 여러 개의 한정적인 값만을 갖지 않는다. 모든 물리 양은 연속적이며 각 값들 사이에 무한개의 다른 값을 가질 수 있다. 온도의 예를 들어보자. 온도계의 한 눈금 사이에 몇 개의 온도 값이 존재할 수 있는가? 온도계의 눈금이 아무리 작아도 눈금과 눈금 사이에 존재할 수 있는 온도 값은 셀 수 없이 많

다. 우리는 다만 가까운 값들끼리는 같은 값이라고 가정하여 생각하고 있는 것이다. 이와 같이, 연속적인 값들을 아날로그(Analog)라 한다. 아날로그의 어원인 'analogous'는 '유사(類似)'라는 뜻이다.

아날로그와 디지털의 구별은 시계를 통해서도 알 수 있다. 디지털 시계는 시간의 표시를 숫자로 표시하므로 표시되는 최소의 단위(초, 혹은 $\frac{1}{10}$ 초)의 중간 값은 알 수 없다. 즉, 시계가 1시 30분 55초를 표시하고 있다면, 지금이 1시 30분 55.1초인지, 55.9초인지는 알 수 없는 것이다. 그러나 아날로그 시계는 바늘이 연속하여 움직이므로 알아볼 수만 있다면 그 중간 값도 알 수 있다. 요즘에는 수정 발진을 이용한 아날로그 시계가 많이 사용되는데, 이것은 엄밀히 말하면 아날로그가 아닌 디지털 시계이다. 좀더 정확히 말하면, 아날로그 시계의 표시 방법을 사용하는 디지털 시계라고나 할 수 있을까. 엄밀한 의미의 아날로그 시계는 스프링 등의 기계장치를 사용하는 고전적인 아날로그 시계(태엽 시계) 정도가 될 것이다.

대부분의 컴퓨터는 디지털 컴퓨터이지만 아날로그 컴퓨터도 있다. 아날로그 컴퓨터는 능동 소자와 회로 이론을 사용하여 미분, 적분 등 각종 연산을 행하도록 설계된 컴퓨터이다.

• 아날로그와 디지털의 비교

디지털을 이용한 시스템은 아날로그 시스템에 비해 다음과 같은 잇점이 있다.

1. '0'과 '1'의 두 가지 값만을 사용하므로 시스템의 설계가 쉽다.
2. '0'과 비슷한 값은 모두 '0'으로, '1'과 비슷한 값은 모두 '1'로 계산되므로 아날로그 시스템에 비해 잡음(Noise)에 강하다.
3. 아날로그 방식에 비해 값의 저장이 간단하다.
4. 처리 비트 수를 늘임으로써 정밀도(精密度)를 증가시킬 수 있다.
5. 프로그램으로 제어하기 쉽다(디지털 컴퓨터 이용).
6. 회로를 IC로 만들기가 용이하다.

디지털 시스템은 위와 같은 장점이 있는 반면에 중요한 한계가 있다. 앞에서 설명했듯이 실제의 물리적 양은 모두 아날로그이다. 그러므로 이들을 직접 디지털로 처리할 수 없게 된다. 이것이 아날로그와 디지털 사이의 변환이 필요한 이유이다.

• 아날로그와 디지털의 만남

위에서 설명한 바와 같이 세상의 모든 물리적 양은 아날로그이다. 그러나 아날로그 양은 디지털에 비하여 계산을 하거나 기억을 하기가 어렵다. 그러므로 디지털 컴퓨터의 신호 처리와 기억능력을 사용하기 위하여 아날로그 신호는 디지털 신호로 바뀌며, 디지털 컴퓨터로 계산된 신호는 다시 아날로그 신호로 바뀌어 외부로 전달되도록 하는 방법을 사용하게 된다. 대부분의 시스템(System)은 자연 현상을 인지(認知)하고 제어(制御)하도록 설계되며, 고도의 시스템일수록 시스템 내부의 신호 처리는 디지털 회로를 사용하도록 하는 경향이 있다. [그림 3.1-1]은 이러한 시스템의 간략화된 구성도이다.

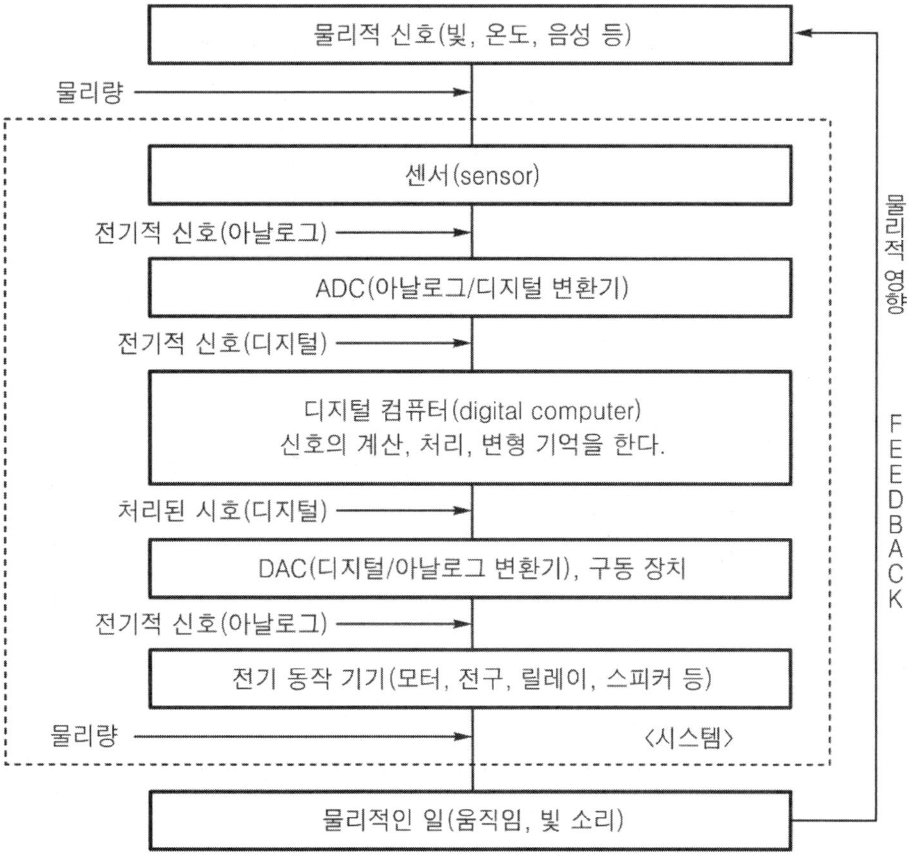

【그림 3.1-1】 시스템 구성의 예

센서(Sensor)는 물리적인 자극(빛, 온도, 음성 등)을 전기적인 신호(전압, 전류)로 바꾸어

준다. 이때 바뀌어진 전기 신호는 아날로그 신호이므로 ADC(Analog to Digital Converter, 아날로그/디지털 변환기)를 사용하여 디지털 신호로 변환한다. 변환된 디지털 신호는 디지털 컴퓨터를 사용하여 원하는 대로 처리되게 된다. 처리된 디지털 신호는 시스템의 외부에 영향을 주기 위하여 사용될 수 있다. 이때, 영향은 물리적인 일이 되므로 전기 에너지를 다른 물리적 에너지로 바꾸어주는 장치(모터, 전구, 릴레이, 스피커, LED등)가 사용된다. 이러한 장치에는 디지털 값으로 직접 제어될 수 있는 것이 있으며, DAC(디지털/아날로그 변환기)를 사용하여 아날로그로 변환된 신호를 써야하는 것도 있다. 전기 기기들에 의해 발생된 물리적 일(움직임, 발광(發光), 소리, 발열(發熱))들은 다시 센서의 입력에 영향을 미칠 수 있는데, 이렇게 출력이 입력에 다시 영향을 주는 것을 되먹임(Feedback)이라 한다. [그림 3.1-1]의 시스템 구성도는 특정한 예(例)일뿐이며 시스템에 따라서는 구성에 차이가 있을 수 있다.

한 시스템뿐만 아니라 하나의 단일 회로, 단일 칩(Chip) 안에서도 아날로그 부분과 디지털 부분이 함께 있도록 설계될 수 있다. 아날로그와 디지털이 함께 있을 경우를 하이브리드(Hybrid, 혼성) 회로라고 부른다. 반도체 기술에서 하이브리드(Hybrid) IC란, 아날로그 회로를 만드는 막 집적회로(Film IC)와 디지털 회로를 만드는 반도체 집적회로(Monolithic IC)가 혼성되어 있는 IC(Integrated Circuit, 집적회로(集積回路))를 말한다.

- **실험보드에서의 아날로그와 디지털**

실험보드에는 아날로그 회로와 디지털 회로 부분이 모두 있다. 디지털 회로 부분으로는 PC의 신호를 주고받기 위한 인터페이스 카드와, I/O 보드에 있는 디지털 IC들이 있다. 물론 PPI 8255의 입출력도 디지털이다. 입출력 장치들 중에서 LED(Light Emitting Diode, 발광 다이오드)와 스위치는 디지털 신호로 입출력된다.

LED와 스위치를 제외한 다른 입출력 장치는 거의 모두 아날로그 회로로 구성되어 있다. 빛은 포토트랜지스터(Photo-transistor)에 의하여 전압으로 바뀌고, 온도는 더미스터(Thermister) 회로에 의해 전압으로 바뀐다. 더미스터 회로에서는 작은 전압 변화를 증폭하기 위해 앰프를 사용하고 있다. 음성은 마이크를 통하여 전압으로 바뀐다. 마이크의 전압 변화는 매우 작으므로 오디오 앰프를 통하여 약 50배정도 증폭된다.

이때 변환된 전압은 대개 5[V]와 0[V]사이의 전압으로 ADC0809 (실험보드에서 사용하는 아날로그/디지털 변환기)의 입력에 알맞은 전압이 된다. 아날로그 전압은 ADC0809에

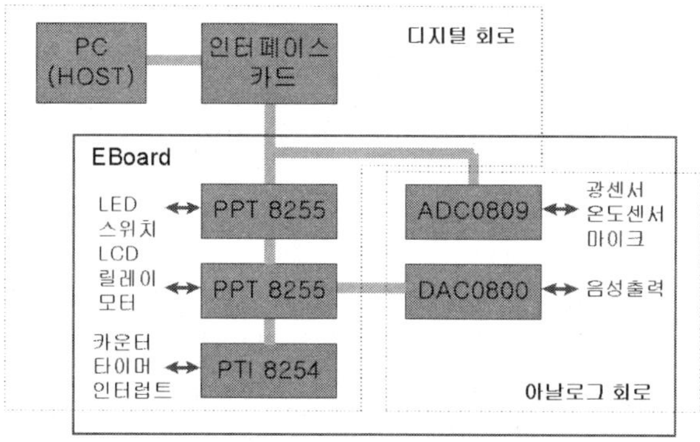

【그림 3.1-2】 실험보드에서의 아날로그와 디지털

의해 디지털 신호로 변환되어 PC에서 읽을 수 있게 된다. [그림 3.1-2]는 실험보드(I/O 보드)의 구성을 아날로그부와 디지털부로 구분한 것이다.

실험보드의 PPI 8255A(2)에는 8비트 DAC(Digital-to-Analog Converter, 디지털/아날로그 변환기)가 연결되어 있다. DAC의 출력은 오디오 앰프를 통하여 증폭되어 스피커에 연결되어 있다. 실험보드에서 DAC를 쓰는 목적은 마이크로부터 입력받은 음성 신호를 PC(디지털)로 처리, 저장했다가 다시 음성의 형태(아날로그)로 재생하는 것이다.

- **실험보드와 DAC**

디지털 기기의 출력은 '0'과 '1'만의 상태를 갖게 되어 있기 때문에 때에 따라서는 이와 동등한 의미의 아날로그 정보로 바꾸어야 할 경우가 있을 수 있다. 이 경우 디지털 정보를 아날로그 정보로 바꾸기 위하여 사용되는 장치가 DAC(Digital-to-Analog Converter, D/A 변환기) 이다. 이러한 변환은, 디지털 시스템의 출력에서 그 변화를 직접 오실로스코프(Oscilloscope)를 통하여 볼 수 있다. 또한 그래프를 그리기 위하여 플로터(Plotter)의 서보모터(Servo-moter)를 돌릴 때에 사용되는 등 여러 가지로 응용이 가능하다. DAC는 디지털 시스템에서 결과를 얻기 위한 디코딩 장치(Decoding device)라고도 할 수 있다.

- **실험보드의 DAC 회로**

실험보드에서는 8비트 DAC 칩인 DAC0800 두 개를 PPI 8255A(2)의 두 포트에 연결하여 아날로그 전압을 출력하는데 사용한다. [그림 3.1-3]은 실험보드의 DAC 부분의 회로이다.

DAC의 디지털 입력은 PPI 8255A(2)의 포트 A와 포트 B에 연결되어 있으므로 DAC의 제어는 PPI 8255A(2)를 통하여 이루어진다. PPI 8255A(2) 포트 A의 출력이 10001100_2(8CH, 140)이라면 DAC0(포트 A에 연결된 DAC)의 출력 전압은, $(\frac{1}{64} + \frac{1}{32} + \frac{1}{2}) \times 5 = 2.73$ [Volt] 가 된다. 입력이 0 일 때 출력은 최소값 0[V]가 되고, 입력이 11111111_2(FFH, 255)일 때 최대값 5[V]가 출력된다.

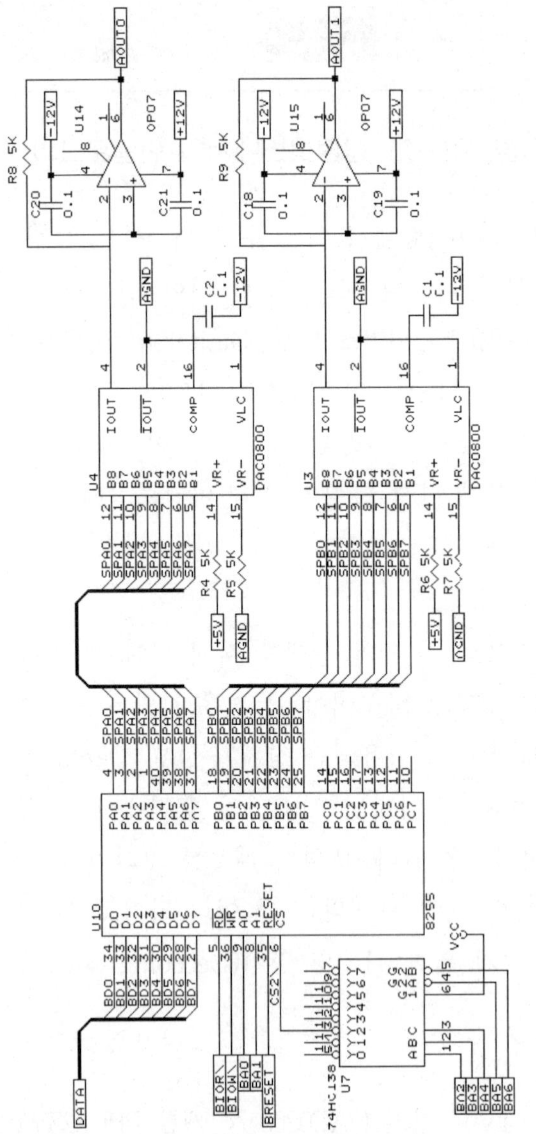

【그림 3.1-3】 실험보드의 DAC 회로도

• 스피커 구동

DAC0의 출력인 AOUT0은 오디오 앰프용 IC LM386을 통하여 스피커에 연결되어 있다. 그러므로 실험보드의 DAC0의 용도는 음성 출력용이라는 것을 알 수 있을 것이다. 스피커의 출력은 VR(R50)을 사용하여 조절할 수 있다. [그림 3.1-4]는 실험보드의 DAC에 연결된 앰프와 스피커 부분의 회로도이다.

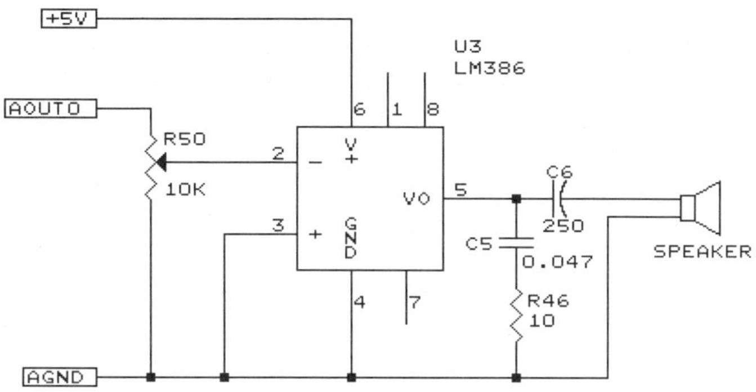

【그림 3.1-4】 실험보드의 스피커 앰프 회로도

【프로그램 설명】

실험보드의 DAC는 PPI 8255A(2)의 포트 A와 포트 B에 연결되어 있으므로 PPI 8255A(2)의 각 포트에 원하는 값을 출력하기만 하면 DAC의 전압 출력에는 포트 값에 비례하는 전압이 출력된다. 이후 포트 A에 연결되어 있는 DAC는 'DAC0', 포트 B에 연결되어 있는 DAC는 'DAC1'이라 부르기로 한다.

```
#include <stdio.h>
#include <conio.h>
#include <dos.h>
#include "../../eblib/eblib.h"      //EBoard WIN-DOS LIB Header
```

```
#define BASE_ADDR    0x300
#define DAC0         BASE_ADDR | 0x08
#define DAC1         BASE_ADDR | 0x09
#define AIO_CWR      BASE_ADDR | 0x0b

int main(void)
{
    if(InitDriver(EB_DEVICE_PCI))       //Device Driver Initialize
    {
            printf("Device Driver Loading Fail!\r\n);
            return;
    }
      outp(AIO_CWR, 0x80);
      outp(DAC0, 0x10);
      outp(DAC1, 0x20);
      return 0;
}
```

프로그램 3.1-1 DAC에 원하는 값을 출력시키는 프로그램

프로그램 3.1-1은 실험보드의 DAC0와 DAC1에 원하는 값을 출력시키는 프로그램이다. 프로그램에서 '#define BASE_ADDR 0x300'은 실험보드의 I/O 시작 어드레스(Address)를 지정하는 것이다. 만약 실험보드의 인터페이스 카드의 딥 스위치 1, 2가 OFF, ON 상태가 아니라면 이것을 [표 1.1-1]을 참조하여 수정하여야 한다. 예를 들어, 딥스위치 1, 2가 모두 ON이면 '#define BASE_ADDR 0x200'와 같이 수정한다.

여기에서는 DAC0에 10H, DAC1에 20H를 출력시키고 있지만 'outp(DAC0, ...);', 'outp(DAC1, ...)'의 값을 변경시켜 원하는 값을 출력시킬 수 있다. DAC 포트에 출력되는 값은 0~255 사이가 되며, DAC의 출력 전압은 이 숫자에 비례한다(0~5[V]). DAC0은 스피커 앰프에 연결되어 있으므로 음성 출력에 사용되며, DAC1의 출력 전압은 'ANALOG

OUT' 단자에 연결되어 있다. 그러므로 프로그램에 의해 출력되는 전압은 이 단자에 전압계나 오실로스코프를 연결하여 측정할 수 있다.

• **스피커 출력 프로그래밍**

컴퓨터(PC)의 내장 스피커는 '1' 또는 '0'으로만 제어하도록 되어 있다. 즉 '1'과 '0'의 주기를 적당하게 변화시킴으로써 스피커가 특정주파수를 가진 소리로 내게 된다([그림 3.1-5]참조). 따라서 출력 소리의 크기 조절은 거의 불가능하고 주파수를 변화시켜 원하는 소리를 내는 것도 매우 힘들다. 그래서 일반적으로 컴퓨터에서 음악을 연주하기 위해서 음향 효과 전용 부품을 사용하게 된다(예를 들면, AdLib 카드나 사운드블라스터 카드 등이 있다.). 실험보드 상에는 음향 효과 전용 부품은 없으나 DAC의 출력을 사용하여 음향 효과와 음성을 내도록 프로그래밍 할 수 있다. 앞에서 소개된 바와 같이 실험보드의 DAC는 음성 출력을 위해서 사용된다.

DAC를 사용하여 소리를 내는 가장 쉬운 방법은 DAC에 어느 일정한 두 값(예를 들어, 0과 255)을 일정한 주기로 번갈아 출력시키는 것이다. 이 방법은 PC 내부 스피커의 소리내는 방법([그림 3.1-5])과 같다.

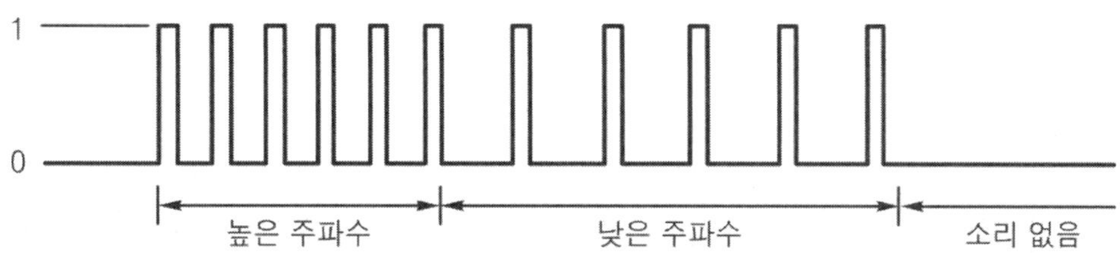

【그림 3.1-5】 PC의 소리내기

```
#include <stdio.h>
#include <conio.h>
#include <dos.h>
#include "../../eblib/eblib.h"      //EBoard WIN-DOS LIB Header

#define BASE_ADDR    0x300
```

```
#define DAC0            BASE_ADDR | 0x08
#define AIO_CWR         BASE_ADDR | 0x0b
int main(void)
{
    if(InitDriver(EB_DEVICE_PCI))       //Device Driver Initialize
    {
            printf("Device Driver Loading Fail!\r\n);
            return;
    }
      int i, v = 255, sp = 0;

      outp(AIO_CWR, 0x80);

      for (i = 0; i < 300; i++)
      {
              outp(DAC0, sp);
              sp = v - sp;
              delay(3);
      }

      return 0;
}
```

프로그램 3.1-2 DAC를 사용한 스피커 소리내기 프로그램

프로그램 3.1-2는 DAC0을 사용하여 스피커에 소리를 출력하는 프로그램이다. 프로그램에서 for 루프(Loop) 사이에 'delay(3);'을 삽입한 이유는, 프로그램의 실행속도가 빠르기 때문에 DAC에 한번 출력할 때마다 약 3[ms] 만큼 시간 지연을 주어들을 수 있는 주파수의 소리로 낮추기 위한 것이다. 'v = 255'로 초기 값이 설정되어 있으므로, 프로그램을 실행시키면 DAC 포트에는 0과 255가 번갈아 출력된다. 그러므로 'v'에 저장되는 초기 값을 바꾸면 소리의 크기가 바뀐다. 이 값은 0~255의 값으로 하여야 한다.

프로그램 3.1-3은 실험보드의 스위치 입력으로 소리를 내는 프로그램이다. 프로그램을 실행시키고 타겟보드의 버튼 스위치 4개중 아무 것이나 누르면 소리가 나며, 소리의 주파수는 눌려진 스위치에 따라 변한다.

스위치 4개를 동시에 누르면 프로그램이 종료된다. 소리를 내는 방법은 프로그램 3.1-2와 같다. 다만 스위치 입력에 따라 변하는 변수 'sw'의 값으로 'delay()' 함수의 인수를 조정함으로써 DAC 출력 값이 변하는 주기를 변경시킨다.

```
#include <stdio.h>
#include <conio.h>
#include <dos.h>
#include "../../eblib/eblib.h"      //EBoard WIN-DOS LIB Header

#define BASE_ADDR    0x300
#define PORTCBASE_ADDR | 0x06
#define DIO_CWR      BASE_ADDR | 0x07
#define DAC0         BASE_ADDR | 0x08
#define AIO_CWR      BASE_ADDR | 0x0b

int main(void)
{
    if(InitDriver(EB_DEVICE_PCI))       //Device Driver Initialize
    {
            printf("Device Driver Loading Fail!\r\n);
            return;
    }
      int i, v = 255, sp = 0, sw;

      outp(DIO_CWR, 0x88);
```

```
        outp(AIO_CWR, 0x80);

        do
        {
                if ((sw = inp(PORTC) >> 4) != 0x0f)
                        for (i = 0; i < 50; i++)
                        {
                                outp(DAC0, sp);
                                sp = v - sp;
                                delay(16 - sw);
                        }
        } while (sw != 0);

        return 0;
}
```

[프로그램 3.1-3] 버튼 스위치를 사용한 소리내기 프로그램

실험보드의 DAC 출력을 사용하면 원하는 전압 파형을 출력시킬 수 있다. 일정한 시간 간격으로 변화하는 전압에 해당하는 데이터를 DAC 포트에 출력하면 된다.

프로그램 3.1-4는 DAC0과 DAC1에 사인 파형을 출력시키는 프로그램이다. DAC0의 출력에는 스피커가 연결되어 있으므로 파형의 주파수에 해당하는 소리가 나게 된다. 빠른 출력을 위해 출력할 파형의 데이터를 미리 계산하여 wave[] 배열에 저장한다. 사인 파형의 1주기를 64개로 나누어 저장하며, 이 값은 '#define WAVEDIV 64'에 의해 지정된다. 'sin()' 함수의 값은 -1~1 사이의 값이며, 이 값으로 1~255의 정수를 만들어 저장한다. 이 값을 DAC0과 DAC1에 출력하며, 'delay(1)'에 의해 약 1[ms] 시간 지연이 되므로 거의 일정 간격으로 64개의 데이터가 반복하여 출력된다. 데이터 출력 간격을 일정하게 하여야 정확한 파형과 주파수를 얻을 수 있다. 이를 위해서는 일정한 시간 간격으로 발생하는 인터럽트를 이용하여 프로그래밍 하면 된다. 실험보드에서는 카운터/타이머 8254를 사용하여 인터럽트를 발생시킬 수 있다.

```
#include <stdio.h>
#include <conio.h>
#include <dos.h>
#include "../../eblib/eblib.h"      //EBoard WIN-DOS LIB Header

#define BASE_ADDR     0x300
#define DAC0          BASE_ADDR | 0x08
#define DAC1          BASE_ADDR | 0x09
#define CWR1          BASE_ADDR | 0x0b
#define WAVEDIV       64

int main(void)
{
    if(InitDriver(EB_DEVICE_PCI))         //Device Driver Initialize
    {
            printf("Device Driver Loading Fail!\r\n);
            return;
    }
        int i, wave[WAVEDIV];

        outp(CWR1, 0x80);                    /* PPI 8255A(2) 초기화 */

        for (i = 0; i < WAVEDIV; i++)        /* 파형 데이터 저장 */
                wave[i] = sin((3.14 * 2.0 / WAVEDIV) * i) * 127 + 128;

        for (i = 0; i < 10000; i++)
        {
                outp(DAC0, wave[i % WAVEDIV]); /* DAC0 출력 */
                outp(DAC1, wave[i % WAVEDIV]); /* DAC1 출력 */
```

```
            delay(1);                        /* 시간 지연 */
        }

        outp(DAC0, 0);
        outp(DAC1, 0);

        return 0;
}
```

【프로그램 3.1-4】 사인 파형 출력 프로그램

• EbdLib를 사용한 DAC의 프로그래밍

EbdLib에는 'EbdDacPort'라는 명령이 있는데, 명령 형태는 'EbdDacPort (ch, n)'이다. 첫번째 인수 'ch'는 DAC의 채널을 선택하는 것으로, DAC0은 0으로, DAC1은 1로 지정한다. 두번째 인수 'n'은 지정된 DAC 포트에 출력하는 값으로, 0~255의 정수이다. 이 명령은 디지털/아날로그 변환기(D/A Converter, DAC)에 n값을 출력하는 명령이다. n값이 출력될 때 출력은 0~5볼트(volt, n 값에 비례)의 전압이 된다.

프로그램 3.1-5는 EbdLib를 사용하여 프로그램 3.1-1과 같은 기능을 하는, 즉 실험보드의 DAC0와 DAC1에 원하는 값을 출력시키는 프로그램이다. 프로그램에서 'EbdDetect();'는 실험보드가 설치된 어드레스를 자동으로 검색하여 초기화시키고, EbdLib에서 사용되는 변수들을 초기화시킨다. 만일 이 프로그램이 잘 작동하지 않는다면 'EbdInit(n)' 명령을 사용하여 지정된 어드레스로 실험보드를 초기화시킬 수 있다. 예를 들어, 실험보드의 인터페이스 카드의 딥 스위치 1, 2가 OFF, OFF 상태라면 'EbdInit (3)'으로 하고, 딥스위치 1, 2가 모두 ON이면 ' EbdInit(0)'으로 하면 된다.

```
#include <stdio.h>
#include <conio.h>
#include "EbdLib.h"
```

```
int main(void)
{
        EbdDetect();
        EbdDacPort(0, 0x10);
        EbdDacPort(1, 0x20);
        return 0;
}
```

【프로그램 3.1-5】 EbdLib를 사용한 DAC 출력 프로그램

여기에서는 DAC0에 10H, DAC1에 20H를 출력시키고 있지만 'EbdDacPort(0, ...);', 'EbdDacPort(1, ...)'의 값을 변경시켜 원하는 값을 출력시킬 수 있다. DAC 포트에 출력되는 값은 0~255 사이가 되며, DAC의 출력 전압은 이 숫자에 비례한다(0~5V). DAC0은 스피커 앰프에 연결되어 있으므로 음성 출력에 사용되며, DAC1의 출력 전압은 'ANALOG OUT' 단자에 연결되어 있다. 그러므로 프로그램에 의해 출력되는 전압은 이 단자에 전압계나 오실로스코프를 연결하여 측정할 수 있다.

앞에서 설명한 바와 같이, DAC0의 입력은 PPI 8255A(2)의 포트 A에 연결되어있으며, DAC0의 출력은 오디오 앰프를 통해 스피커로 연결되어 있다. EbdLib 명령중 'EbdSpeaker(n)'는 'EbdDacPort(0, n)'과 같은 기능을 한다. 이 명령은 DAC0에 연결된 스피커를 구동시키기 위해 사용된다. DAC0에 어느 일정한 두 값을 적당한 시간간격으로 번갈아 출력하면 스피커에서는 시간 간격에 따른 주파수를 갖는 소리가 난다. 프로그램 3.1-6은 EbdLib의 'EbdSpeaker()' 명령을 사용하여 소리를 내는 프로그램이다. 실행후 아무 키나 누르면 프로그램이 종료된다.

```
#include <stdio.h>
#include <conio.h>
#include <dos.h>
#include "EbdLib.h"
```

```
int main(void)
{
        EbdDetect();
        do
        {
                EbdSpeaker(0);
                delay(2);
                EbdSpeaker(255);
                delay(2);
        } while (!kbhit())

        return 0;
}
```

【프로그램 3.1-6】 EbdLib를 사용한 스피커 소리내기 프로그램

【실험내용】

1. 프로그램 3.1-1을 작성하고 수행하여 그 결과를 확인하시오.
2. 프로그램 3.1-2을 작성하고 수행하여 그 결과를 확인하시오.
3. 프로그램 3.1-3을 작성하고 수행하여 그 결과를 확인하시오.
4. 프로그램 3.1-4을 작성하고 수행하여 그 결과를 확인하시오.
5. 프로그램 3.1-5을 작성하고 수행하여 그 결과를 확인하시오.
6. 프로그램 3.1-6을 작성하고 수행하여 그 결과를 확인하시오.

【실험결과】

1. 프로그램 3.1-1의 프로그램을 정리하여 제출하시오.
2. 프로그램 3.1-2의 프로그램을 정리하여 제출하시오.

3. 프로그램 3.1-3의 프로그램을 정리하여 제출하시오.
4. 프로그램 3.1-4의 프로그램을 정리하여 제출하시오.
5. 프로그램 3.1-5의 프로그램을 정리하여 제출하시오.
6. 프로그램 3.1-6의 프로그램을 정리하여 제출하시오.

【 대화하기 】

1. DAC(Digital to Analog Converter)의 동작원리를 조사하여 제출하시오.
2. DAC(Digital to Analog Converter)의 종류와 특징을 조사하여 제출하시오.

[실험 2.] ADC 회로 및 제어 프로그램

【실험목적】

- ADC(Analog to Digital Converter)의 원리를 공부한다.
- 실험보드에서 ADC가 하는 일을 알아본다.
- ADC0809에 대하여 공부한다.
- ADC0809의 PC 인터페이스와 프로그램을 공부한다.

【기초지식】

이 단원에서는 아날로그 입력 신호를 디지털 신호로 바꾸어 주는 장치인 ADC(Analog to Digital Converter)에 대해서 알아본다. 실험보드에서는 ADC로 ADC0809를 사용하고 있다. 실험보드의 타겟 보드에는 ADC의 입력에 연결될 수 있는 아날로그 장치로 음성입력, 빛 센서, 온도 센서가 있어 이들의 신호를 ADC0809의 여덟 개 채널 중 한 채널을 통해 PC로 입력받을 수 있다.

전기적인 신호는 거의 아날로그 형태로 이루어져 있으므로 이를 디지털 시스템의 입력으로 쓰기 위해서 ADC(Analog to Digital Converter, 아날로그-디지털 변환기)를 사용한다. ADC는 디지털 시스템의 입력을 위한 인코딩 장치(Encoding device)의 일종이다.

ADC는 DAC와 마찬가지로 직렬형과 병렬형으로 구분되며, 일반적으로 DAC는 비교적 간단히 만들어지는 반면, ADC는 DAC를 그 회로의 일부로 포함하는 등 DAC보다 복잡한 구조를 갖는다. DAC나 ADC는 그 회로나 제작이 극히 정밀을 요구하는 것이지만 지금은 LSI 등으로 제작되어 쉽게 상품(商品)으로 구할 수 있다.

실험보드에는 아날로그 회로와 디지털 회로 부분이 모두 있다. 디지털 회로 부분으로는 PC의 신호를 주고받기 위한 인터페이스 카드와, I/O 보드에 있는 디지털 IC들이 있다. 빛은 포토트랜지스터(Photo-transistor)에 의하여 전압으로 바뀌고, 온도는 더미스터(The-rmister) 회로에 의해 전압으로 바뀌며, 음성은 마이크를 통하여 전압으로 바뀐다. 이 때 변환된 신호는 최대 5V의 값을 갖도록 증폭되어 ADC0809(실험보드에서 사용하는 아날로그-디지털 변환기)의 입력에 연결된다. 아날로그 전압은 ADC0809에 의해 디지털 신호로 변환되어 PC에서 읽을 수 있게 된다.

• ADC0809

실험보드에서는 ADC0809를 사용하여 아날로그/디지털 변환을 한다. ADC0809는, 마이크로 프로세서에 접속 가능한 8비트 ADC로, 8채널 아날로그 입력 멀티플렉서(Multiplexer)를 내장하고 있다. 멀티플렉서는 8개의 입력 중 원하는 입력을 선택하는 스위치의 역할을 한다.

그러므로 ADC0809 하나에 8개까지의 아날로그 입력을 연결 할 수 있다. 그러나 아날로그/디지털 변환 회로는 하나 밖에 없으므로 한번에는 하나의 아날로그 신호만을 변환할 수 있다. [그림 3.2-1]은 ADC0809의 핀 접속도이고 [그림 3.2-2]는 ADC0809의 내부 구조도이다.

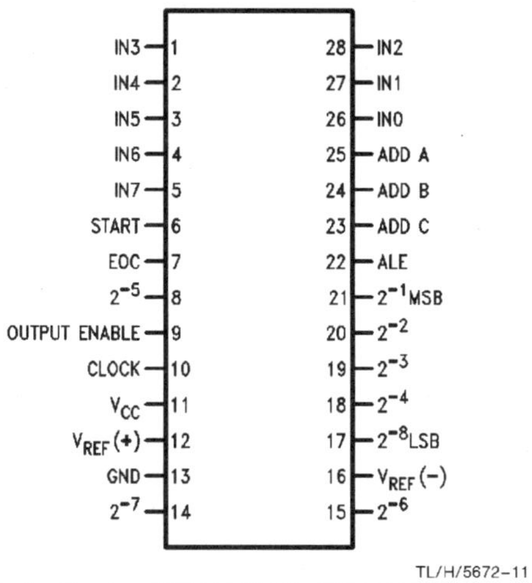

Order Number ADC0808CCN, ADC0809CCN,
ADC0808CCJ or ADC0808CJ
See NS Package J28A or N28A

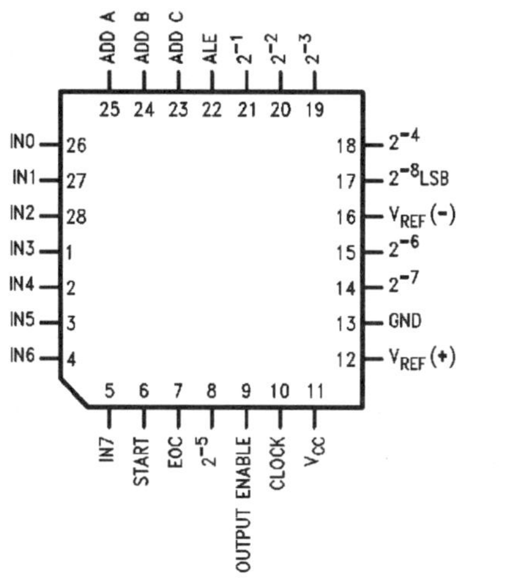

Order Number ADC0808CCV or ADC0809CCV
See NS Package V28A

【그림 3.2-1】 ADC0809의 핀 배치도

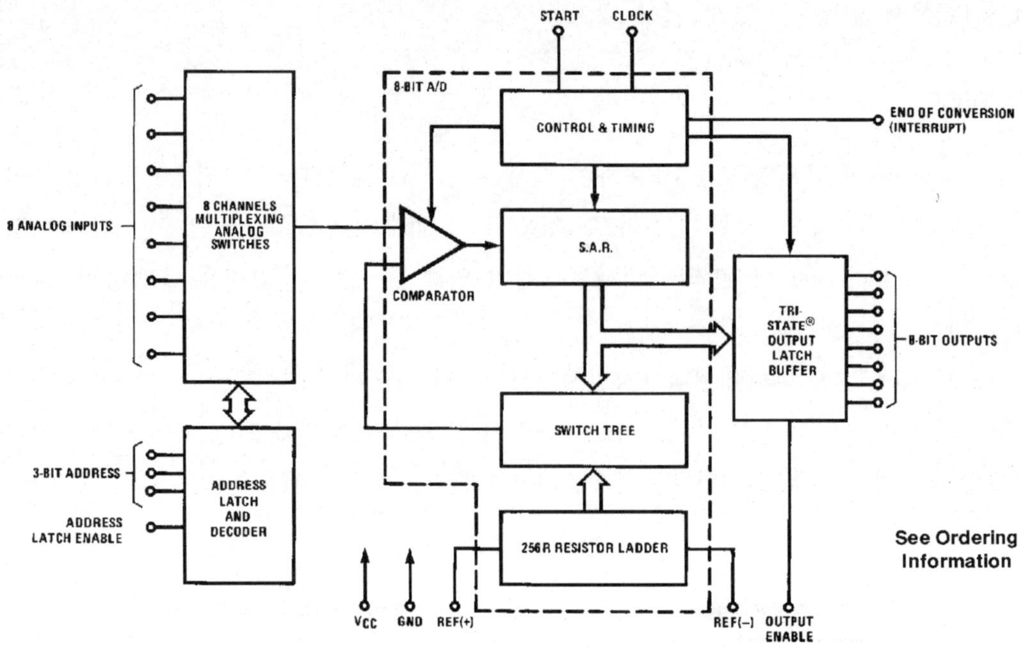

【그림 3.2-2】 ADC0809의 내부 구조도

ADC0809의 입력은 A0, A1, A2 입력에 의해 결정되며, ALE(Address Latch Enable)에 의해 선택된다. 한번 선택된 채널은 다른 채널로 전환할 때까지 계속 변환에 사용된다. A0, A1, A2에 원하는 채널에 해당하는 코드를 지정하고 ALE를 1로 하면 입력 채널이 설정된다. START 신호를 1로 하면 지정되어 있던 채널의 아날로그 입력에 대하여 변환을 시작하며, 변환이 끝나면 EOC(End of Conversion)에 1이 출력된다. OE 신호를 1로 하면 변환된 데이터가 D0~D7를 통해 출력되며, OE가 0이면 D0~D7은 모두 하이 임피던스 상태로 유지된다. [표 3.2-1]은 ADC0809의 각 핀의 기능을 정리한 것이다.

【표 3.2-1】 ADC0809의 제어 신호

제어 신호	기 능	설 명
A_0~A_2	입력 채널 선택 신호	8개의 채널(AIN0~AIN1)중 하나를 변환 입력으로 선택하는데 사용한다.
2^{-1}~2^{-8}	변환 데이터 출력 버스	OE가 1이면 데이터 출력. 0이면 High-impedance
ALE	입력 채널 래치 신호	이 신호가 0에서 1이 되면 A0~A2에 의해 지정되는 입력 채널이 선택된다.
START	변환 시작 신호	이 신호가 0에서 1이 되면 ADC0809는 변환을 시작한다.
EOC	변환 종료 신호	변환을 마치면 ADC0809가 EOC를 1로 출력한다.
OE	데이터 출력 허가 신호	이 신호가 1이면 현재의 변환값을 데이터 버스(2-1~2-8)로 출력한다.

• 실험보드의 ADC 제어

[그림 3.2-3]은 실험보드의 ADC 부분의 회로도이다. ADC0809의 변환 클럭으로는, 4[MHz] 수정 발진기(X1)의 출력을 74393(U11) 카운터를 사용하여 $\frac{1}{4}$로한 1MHz 주파수를 CLK 단자에 공급한다. ADC0809의 입력 채널의 선택은 A0, A1, A2와 ALE(Address latch enable)를 사용한다. A0, A1, A2에 원하는 채널의 코드([표 3.2-2] 참조)를 지정하고 ALE를 '1'로 하여 입력 채널을 지정한다.

회로에서는 BIOW와 CS0이 동시에 0이 되면 7402(U12) NOR 게이트 출력을 통해 ALE가 1이 된다. START 핀을 1로 하면 ADC0809의 지정된 입력 채널에 대한 변환이 시작되는데, ALE는 START 핀과 함께 연결되어 있으므로, 입력 채널이 선택되는 것과 함께 변환이 시작된다. 변환이 끝나면 EOC(End of Conversion) 핀이 '1'이 되며, OE(Out Enable) 핀을 1로 하면 변환된 데이터가 출력된다.

변환된 데이터는 데이터 버스(D0~D7)를 통해 OE에 동기되어 출력된다. OE는 BIOR와 CS0이 동시에 0이 되는 경우 7402(U12) NOR 게이트 출력을 통해 1이 된다.

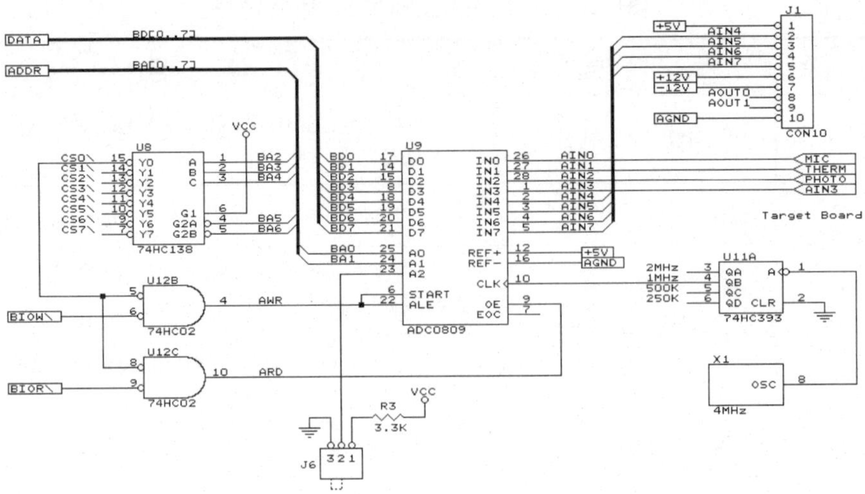

【그림 3.2-3】 실험보드의 ADC 회로도

실험보드에서는 ADC0809의 입력 채널 설정을 위한 제어 신호로 A0과 A1만을 프로그램으로 제어할 수 있다. 어드레스 버스의 SA0과 SA1이 각각 A0과 A1에 연결되므로 실제로 선택할 수 있는 입력 채널은 4개까지이다. A2가 0인 경우, AIN0~AIN3이 선택되며, A2가 1이면 AIN4~AIN7이 선택된다. 실험보드에서 타겟보드의 센서는 AIN0~AIN3에 연결되므로, 타겟보드를 사용할 경우에는 J6의 2-3을 연결하여 A2를 0으로 한다(기본 설정). 만일 AIN4~AIN7을 사용하려고 한다면 J6의 1-2로 점퍼를 바꾼 후, 커넥터 CON10의 2~5핀을 통해 변환하려는 신호를 연결하면 된다. [표 3.2-2]는 실험보드의 ADC0809 입력 채널과 설정 방법을 정리한 것이다.

【표 3.2-2】 ADC0809의 입력 채널 설정

채널	A2	A1	A0	실험보드 장치	비고
AIN_0	0	0	0	음성 센서	J6의 2-3이 연결되어 있는 경우 (기본 설정)
AIN_1	0	0	1	온도 센서	
AIN_2	0	1	0	광 센서	
AIN_3	0	1	1	ANALOG IN	
AIN_4	1	0	0	CON10 (2핀)	J6의 1-2가 연결되어 있는 경우
AIN_5	1	0	1	CON10 (3핀)	
AIN_6	1	1	0	CON10 (4핀)	
AIN_7	1	1	1	CON10 (5핀)	

【프로그램 설명】

아날로그-디지털 변환을 위해서는 우선 ADC0809의 8개 채널 중 변환에 사용할 채널을 설정하고 변환을 시작하여야 한다. 실험보드에서는 이 동작을 ADC의 해당 채널의 어드레스에 아무 값이나 출력시키는 것으로 행한다(ADC 각 채널의 어드레스는 [표 3.2-2]를 참조). 예를 들어, 베이스 어드레스가 300H일 때 채널 0에 대한 변환을 시작하려면 'outp(0x300, 0);' 과 같이 300H 번지에 아무 값이나 출력하며, 채널 1인 경우 'outp(0x301, 0);', 채널 2는 'outp(0x302, 0);', 채널 3은 'outp(0x303, 0);'과 같이 출력하면 된다. 마찬가지로, 채널 4~7을 선택하여 변환을 시작하려면 J6를 1-2로 변경하고 'outp(0x300, 0), outp(0x301, 0), ... ' 와 같이 선택한다.

변환 값을 읽으려면 ADC에 할당되어 있는 4개의 어드레스 중 아무 것이나 하나로부터 'd = inp(0x300);'과 같이 하면 된다. 입력에 사용되는 어드레스에 관계없이, 채널 선택과 변환 시작에 사용된 어드레스에 해당하는 채널의 변환 값이 얻어진다.

프로그램 3.2-1은 ADC 입력을 읽어 그 값을 계속 표시하는 프로그램이다. ADC는 입력을 디지털로 변환하는데 약간의 시간이 걸린다(ADC0809의 경우는 100[μs]정도). 그러므로 변환을 시작시키고 변환이 끝난 후에 값을 읽어야 정확한 값을 얻을 수 있다. 프로그램에서는 delay 함수를 사용하여 변환 시간을 기다리게 하고 있다.

```
#include <stdio.h>
#include <conio.h>
#include <dos.h>
#include "../../eblib/eblib.h"      //EBoard WIN-DOS LIB Header

#define BASE_ADDR     0x300
#define ADC0          BASE_ADDR | 0x00
#define ADC1          BASE_ADDR | 0x01
#define ADC2          BASE_ADDR | 0x02
#define ADC3          BASE_ADDR | 0x03

int main(void)
```

```
{
    if(InitDriver(EB_DEVICE_PCI))        //Device Driver Initialize
    {
            printf("Device Driver Loading Fail!\r\n);
            return;
    }
      do
      {
              outp(ADC0, 0);
              delay(10);
              printf("ADC0 = %x\n", inp(ADC0));
      } while (!kbhit());
      return 0;
}
```

프로그램 3.2-1 ADC의 채널 0의 변환 값을 출력하는 프로그램

위 프로그램에서 베이스 어드레스는 300H로 되어 있지만 인터페이스 카드의 딥스위치 선택에 따라 [표 1.2-3]과 같이 변경되어야한다.

음성 신호와 같이 시간에 따라 계속 변화하는 신호를 입력받아 분석하려면 일정한 시간 간격으로 A/D 변환 값을 읽어 저장하여야 한다. 이 경우에는 일정한 시간마다 발생되는 인터럽트를 이용하여야 하는데, 실험보드에서는 카운터/타이머 부품인 8254를 사용하여 타임 인터럽트를 발생시키고 있다.

• **EbdLib를 사용한 ADC 프로그래밍**

EbdLib에는 ADC를 제어하기 위한 함수로, 'EbdSetAdc()'와 'EbdAdcPort()'가 포함되어 있다. EbdSetAdc()함수는 ADC0809의 입력 채널을 선택하여 변환을 시작하게 하는 함수이며, EbdAdcPort()는 변환된 값을 리턴하는 함수이다. 이들 함수에 대하여는 실제로 함수가 어떻게 작성되어 있는가를 살펴본다면 보다 확실히 알 수 있을 것이다.

다음은 EbdSetAdc() 함수의 코드이다.

```
void EbdSetAdc(int ch)
/* Return: ADC=converted data of A/D converter(ADC0809) */
{
        outp(ADC0 + ch, 0);
}
```

ADC0은 ADC0809의 채널 0(AIN0)에 해당하는 I/O 어드레스이므로, 'ADC0 + ch'는 변환할 채널 ch에 해당하는 I/O 어드레스가 된다. 이 어드레스에 아무 값이나 출력하면 채널이 선택되며, 선택된 채널에 대하여 A/D 변환이 시작된다. 그러므로 채널 1의 변환을 시작하려면, 'EbdSetAdc(1);' 과 같이 하면 되는 것이다.

EbdAdcPort()는 현재 변환되어 있는 값을 ADC0809로부터 읽어 복귀하는 함수이며, EbdLib에서는 다음과 같이 정의되어 있다.

```
BYTE EbdAdcPort()
/* Return: ADC=converted data of A/D converter(ADC0809) */
{
        return inp(ADC0);
}
```

ADC0809의 변환 값을 읽을 때는 ADC0809에 할당되어 있는 어드레스중 어느 하나에서 I/O 읽기를 하면 된다. 그러므로 여기서는 ADC0~ADC3에 저장되어 있는 ADC0809의 어드레스중 ADC0에서 변환 값을 읽어 복귀한다.

프로그램 3.2-2는 EbdLib를 이용하여 프로그램 3.2-1과 같은 동작을 하도록 작성한 것이다. 우선 'EbdDetect()'함수를 사용하여 실험보드의 검색 및 초기화를 한 후, 'EbdSetAdc()' 함수로 입력 채널의 지정과 변환 시작을 지시하며, 'delay()'로 변환할 시간 여유를 준 후, 'EbdAdcPort()' 함수로 변환된 값을 읽어 표시한다.

```
#include <dos.h>
#include "Ebd3Lib.h"
#include "../../eblib/eblib.h"      //EBoard WIN-DOS LIB Header

int main(void)
{
    if(InitDriver(EB_DEVICE_PCI))        //Device Driver Initialize
    {
            printf("Device Driver Loading Fail!\r\n);
            return;
    }
      EbdDetect();        /* 실험보드 검색 및 초기화 */
      do
      {
              EbdSetAdc(0);     /* 채널 0 지정 및 변환 시작 */
              delay(1); /* 시간 지연 */
              printf("ADC0 = %x\n", EbdAdcPort());          /* 변환값 표시 */
      } while (!kbhit()); /* 키가 눌리면 정지 */
      return 0;
}
```

【프로그램 3.2-2】 EbdLib를 사용한 ADC의 채널 0 변환 값 출력 프로그램

【실험내용】

1. 프로그램 3.2-1을 작성하고 수행하여 그 결과를 확인하시오.
2. 프로그램 3.2-2을 작성하고 수행하여 그 결과를 확인하시오.

【실험결과】

1. 프로그램 3.2-1의 프로그램을 정리하여 제출하시오.
2. 프로그램 3.2-2의 프로그램을 정리하여 제출하시오.

【대화하기】

1. ADC(Analog to Digital Converter)의 동작원리를 조사하여 제출하시오.
2. ADC(Analog to Digital Converter)의 종류와 특징을 조사하여 제출하시오.

4. 아날로그 센서 응용

[실험 1.] 아날로그 센서의 동작 및 센서 입력 프로그램

【실험목적】

- 실험보드에서 아날로그 센서의 하는 일을 알아본다.
- 아날로그 센서에 대하여 공부한다.
- 아날로그 센서의 인터페이스와 프로그램을 공부한다.

【기초지식】

실험보드의 타겟보드에는 온도, 빛, 소리에 대한 센서가 장치되어 있다. 온도 센서로는 더미스터(Thermistor)가 사용되며, 빛 센서로는 포토트랜지스터(Photo-transistor)가 사용되고, 소리를 입력하는데는 콘덴서 마이크(Electronic Condenser Microphone)를 쓴다. [그림 4.1-1]는 실험보드의 ADC에 연결된 각 센서들의 회로도이다. 음성이나 음향 신호를 입력받기 위한 마이크와 증폭회로, 온도 센서인 더미스터, 빛의 밝기에 따라 전압이 바뀌는 포토트랜지스터가 장치되어 있어 각각 AIN0, AIN1, AIN2에 접속된다. [표 4.1-1]은 ADC0809에 연결되는 센서의 입력 채널과 I/O 어드레스를 정리한 것이다.

【표 4.1-1】 ADC 입력에 연결되는 센서와 어드레스

ADC 입력채널	센 서	어드레스
AIN0	마이크 앰프	ADC 할당 어드레스의 시작 어드레스 + 0H
AIN1	더미스터	시작 어드레스 + 1H
AIN2	포토트랜지스터	시작 어드레스 + 2H

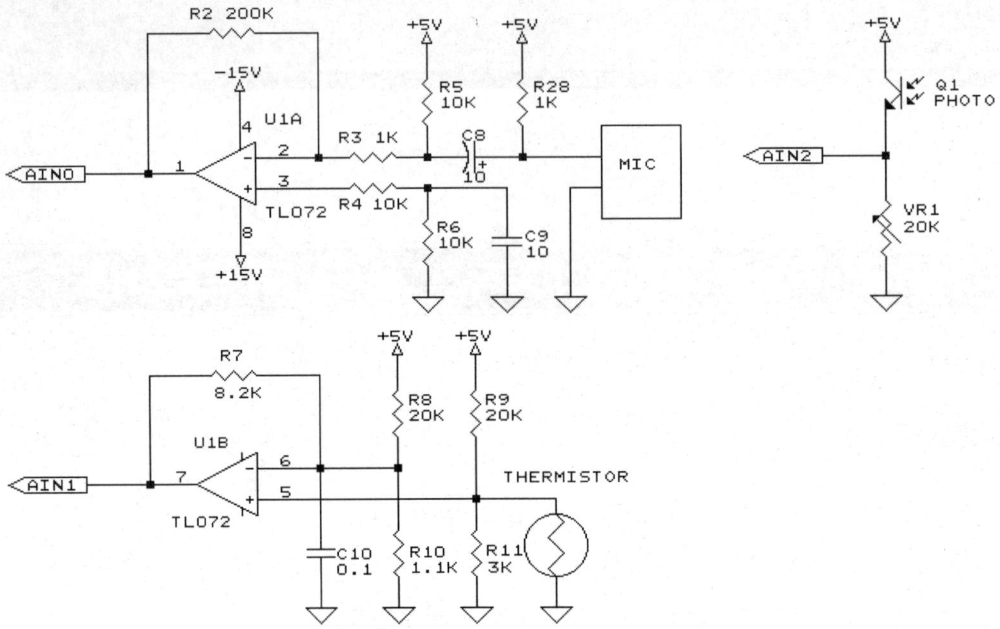

【그림 4.1-1】 실험보드의 ADC에 연결된 센서 회로도

• 마이크 입력

소리를 입력받기 위한 센서로는 콘덴서 마이크를 사용한다. 콘덴서 마이크는 더미스터 왼쪽의 원통형의 것이다. 콘덴서 마이크의 출력은 OP앰프의 반전 증폭 회로로 50배로 증폭하여 AIN0에 입력된다. 콘덴서 마이크는 고정된 플레이트와 팽팽하게 당겨진 금속 진동판 사이의 전기용량의 변화에 따라 동작된다. 콘덴서 마이크는 감도가 좋은 대신 여러 가지 결함을 가지고 있는데, 예를 들면, 아주 높은 내부 임피던스를 갖고 있기 때문에 그 마이크 바로 근처에 프리앰프를 필요로 하며, 따라서 프리앰프의 높은 임피던스 회로 내에서 잡음을 발생시키는 것이다. 이 마이크는 또한 전지나 잘 정류된 정류기로부터의 DC 전압을 필요로 한다.

• 더미스터

온도 센서로는 더미스터를 사용한다. 더미스터는 콘덴서 마이크와 포토 트랜지스터 사이에 있는 세라믹 콘덴서와 비슷하게 생긴 것이다. 더미스터의 입력은 차동 증폭 회로로 증폭된 후 AIN1에 입력된다. 더미스터는 온도가 가해지면 열기전력에 의해서 단자의 양단 저항이 변화하는 소자이다. 이 저항의 크기의 변화는 온도의 변화에 관계되기 때문에 이 전압의 크기를 ADC로 측정하면 온도가 얼마인지 측정할 수 있다. 타겟보드에서 사용된 더미스터는 온도가 올라가면 저항이 낮아져 ADC0809에 입력되는 전압도 낮아지게 된다. 그러므로 온도가 올라가면 변환 값은 작아지며, 온도가 내려가면 변환 값이 커진다. 더미스터는 온도의 변화에 따른 반응 시간이 늦기 때문에 실제로 변환 값을 측정해 보면 온도가 변화하여도 변환 값은 서서히 바뀌어 감을 알 수 있다.

• **포토트랜지스터**

빛 센서는 포토트랜지스터를 사용한다. 포토트랜지스터는 타겟보드의 하단중앙부분에 위치하며, 위쪽에 빛을 받아들이기 위한 렌즈가 붙어있다. 포토 트랜지스터 입력은 AIN2에 입력된다. 포토트랜지스터는 광기전력 효과(빛을 쪼이면 광전자 방출로 전류가 흐르는 현상)에 의한 센서로, 비추는 빛의 세기에 따라 흐르는 전류가 변화하기 때문에, 이 성질을 사용하여 빛 센서로 많이 사용된다.

포토트랜지스터의 베이스 전류는 빛의 세기에 의해 변화하므로, 콜렉터에 흐르는 전류는 빛의 세기에 의해 변화하게 된다. 타겟보드에서는 콜렉터-에미터에 흐르는 전류에 의해 직렬로 연결된 저항 양단에 발생하는 전압을 측정하여 빛을 감지하게 된다.

포토트랜지스터에 의한 전압 출력의 크기는 타겟보드의 VR1을 사용하여 조정할 수 있다. VR1의 저항 값이 커지면 포토트랜지스터의 전류에 의한 전압이 높아지게 되어 약한 빛에도 출력 전압이 높아지게 된다.

【프로그램 설명】

프로그램 4.1-1은 타겟보드의 각 센서 값을 읽어 계속 표시하는 프로그램이다. 센서의 정보는 잡음이 많이 포함될 수 있으므로, 각 센서당 10개씩의 값을 읽어 평균한 값을 표시하도록 한다. 프로그램 4.1-2는 프로그램 4.1-1을 EbdLib로 작성한 것이다.

```
#include <stdio.h>
#include <conio.h>
#include <dos.h>
```

```
#include "../../eblib/eblib.h"      //EBoard WIN-DOS LIB Header

#define BASE_ADDR    0x300
#define ADC0         BASE_ADDR | 0x00
int main(void)
{
    if(InitDriver(EB_DEVICE_PCI))       //Device Driver Initialize
    {
          printf("Device Driver Loading Fail!\r\n);
          return;
    }
      int i, j, d;
      do {
            for (i = 0; i < 3; i++) {
                  d = 0;
                  for (j = 0; j < 10; j++) {
                        outp(ADC0 + i, 0);    /* 채널설정, 변환시작 */
                        delay(10);
                        d += inp(ADC0);        /* 변환값 읽어 누적 */
                  }
                  printf("CH%d = %3d  ", i, d / 10); /* 평균값 표시 */
            }
            printf("\n");
      } while (!kbhit());
      return 0;
}
```

【프로그램 4.1-1】 타겟보드의 센서 변환값 표시 프로그램

```
#include <stdio.h>
#include <dos.h>
#include "Ebd3Lib.h"
#include "../../eblib/eblib.h"      //EBoard WIN-DOS LIB Header

int main(void)
{
    if(InitDriver(EB_DEVICE_PCI))       //Device Driver Initialize
    {
        printf("Device Driver Loading Fail!\r\n);
        return;
    }
      int i, j, d;

      EbdDetect();        /* 실험보드 검색 및 초기화 */
      do {
            for (i = 0; i < 3; i++) {
                d = 0;
                for (j = 0; j < 10; j++) {
                    EbdSetAdc(i);               /* 채널설정, 변환시작 */
                    delay(10);
                    d += EbdAdcPort();          /* 변환값 읽어 누적 */
                }
                printf("CH%d = %3d  ", i, d / 10); /* 평균값 표시 */
            }
            printf("\n");

      } while (!kbhit());

      return 0;
}
```

【프로그램 4.1-2】 EbdLib를 사용한 센서 변환값 표시 프로그램

【 실험내용 】

1. 프로그램 4.1-1을 작성하고 수행하여 그 결과를 확인하시오.
2. 프로그램 4.2-2을 작성하고 수행하여 그 결과를 확인하시오.

【 실험결과 】

1. 프로그램 4.2-1의 프로그램을 정리하여 제출하시오.
2. 프로그램 4.2-2의 프로그램을 정리하여 제출하시오.

【 대화하기 】

1. 아날로그 센서를 이용하여 응용할 수 있는 분야를 조사하여 제출하시오.

5 좀 더 나아가기

[실험 1.] 카운터/타이머(PIT 8254)

【실험목적】

- 카운터/타이머 부품인 인텔 PIT 8254의 동작을 이해한다.
- PIT 8254의 인터페이스에 대하여 알아본다.
- PIT 8254의 프로그래밍에 대하여 알아본다.
  - 원하는 시간을 만들어 음성 데이터의 출력 및 저장에 관한 실습
  - 인터럽트를 사용하여 음성 데이터의 출력 및 저장에 관한 실습

【기초지식】

실험보드에서는 PIT(Programmable Interval Timer, PIT) 8254를 일정 주기의 펄스를 발생시키거나 일정한 시간마다 PC에 인터럽트를 거는 용도로 사용한다.

PIT 8254는 프로그래밍 가능한 타이머 인터페이스 칩이며, PPI 8255와 마찬가지로 인텔의 마이크로프로세서(8080, 8085, 8086 등)와 함께 사용될 목적으로 제작된 범용 프로그래머블 입출력 LSI이다.

• PIT 8254의 구조

PIT 8254에는 독립적으로 동작하는 16비트 카운터가 3개 있다. 각각을 카운터 0, 카운터 1, 카운터 2라고 부른다. 또한 이들 포트를 제어하기 위한 제어 워드 레지스터(CWR)라고 하는 8비트의 레지스터가 있다. [그림 5.1-1]은 PIT 8254의 핀 배치도이고 [그림 5.1-2]는 PIT 8254의 블록다이어그램이다.

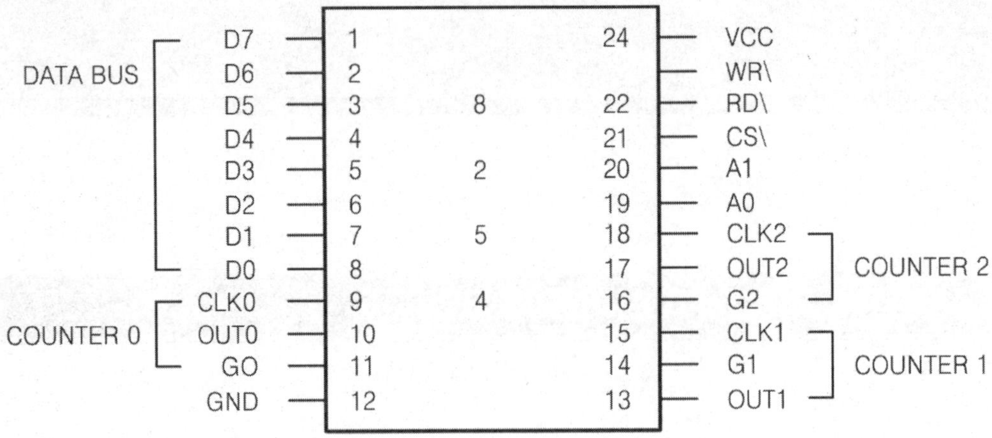

【그림 5.1-1】 PIT 8254 핀 배치도

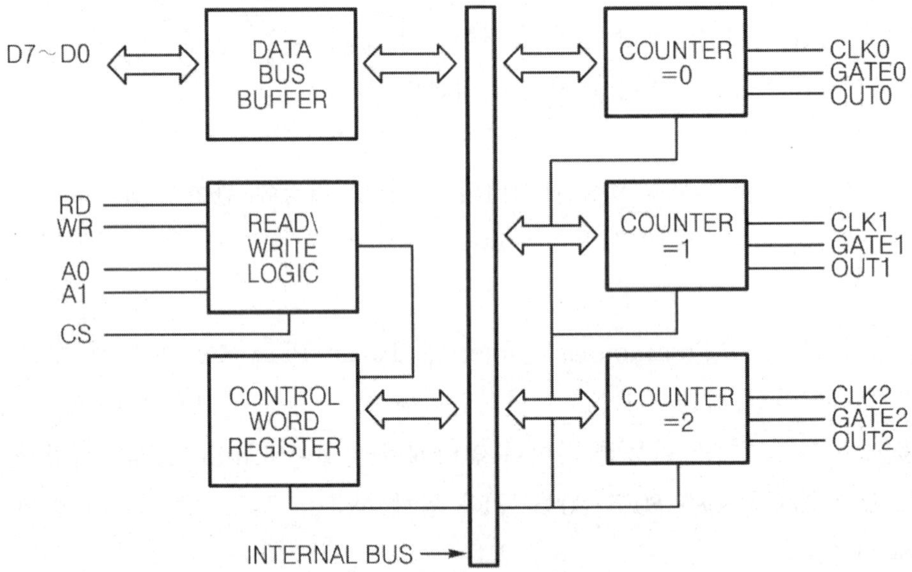

【그림 5.1-2】 PIT 8254의 내부구성

• 데이터 버스 버퍼(Data bus buffer)

데이터 버스 버퍼는 3스테이트 양방향 8비트 버퍼로 시스템의 데이터 버스와 PIT 8254를 인터페이스 시키는데 사용된다. 데이터는 CPU에서 보내지는 입력/출력 명령의 실행에 의하여 전송된다. 제어워드(Control word)나 상태 정보(Status information)도 역시 데이터 버스를 통하여 전달된다.

• 읽기/쓰기(Read/Write)와 제어 로직(Control logic)

이들의 기능은 데이터와 제어 신호, 상태 정보의 내부, 외부 전송을 관리하는 것이다. CPU로부터의 어드레스와 제어 버스의 입력을 받아서 각 제어 그룹(Control group)에 제어 신호를 발생시키게 된다.

• $\overline{\mathrm{CS}}$ (Chip select)

대부분 이 단자에는 어드레스 디코더의 출력이 연결되어 특정한 어드레스가 할당되어 동작하게 된다. 이 입력 핀이 "L"(Low, 0V)이 되면 동작가능상태(Chip enable)가 되어 CPU와 PIT 8254 사이의 통신이 가능해 지고, 만약 이 단자가 "H"(High, 5V)로 되면 동작불능상태(Chip disable)이 되어 3스테이트 상태가 된다.

• $\overline{\mathrm{RD}}$ (Read)

이 입력 핀이 "L"(low, 0V)가 되면 PIT 8254는 A0, A1에 의해 지정된 채널 어드레스의 데이터를 CPU의 데이터 버스에 내보낸다. 즉, 이 입력은 CPU가 PIT 8254로부터 정보를 "읽는(Read)" 것을 허용하게 되는 것이다.

• $\overline{\mathrm{WR}}$ (Write)

이 입력 핀이 "L"(Low, 0V)가 되면 CPU가 PIT 8254에 데이터나 제어워드를 "쓰는(Write)" 것이 허용된다.

• A0과 A1

이 입력은 $\overline{\mathrm{RD}}$, $\overline{\mathrm{WR}}$ 와 함께 사용되어 3개의 카운터와 제어워드레지스터(Control Word Register)중에서 하나를 선택하는데 사용된다. 이 입력은 보통 어드레스 버스의 LSB(Least Significant Bit) 두 비트(A0, A1)에 연결된다. [표 5.1-1]은 PIT 8254의 기본 기능 표이다.

【표 5.1-1】 PIT 8254의 기본적 동작

A1	A0	$\overline{RD}$	$\overline{WR}$	$\overline{CS}$	입력 동작(read)
0	0	0	1	0	카운터 0 → 데이터 버스
0	1	0	1	0	카운터 1 → 데이터 버스
1	0	0	1	0	카운터 2 → 데이터 버스
					출력 동작(write)
0	0	1	0	0	데이터 버스 → 카운터 0
0	1	1	0	0	데이터 버스 → 카운터 1
1	0	1	0	0	데이터 버스 → 카운터 2
1	1	1	0	0	데이터 버스 → 제어
					금지 기능
x	x	x	x	1	데이터 버스 → 3상태
1	1	0	1	0	부적절한 상태
x	x	1	1	0	데이터 버스 → 3상태

• **카운터 0, 카운터 1, 카운터 2**

각 카운터는 클럭 입력(CLK), 게이트(GATE), 출력(OUT) 3개의 입출력 제어선을 갖는다. 이 제어선들의 기능은 PIT 8254의 프로그램된 동작 모드에 따라 변하지만 일반적으로는 다음과 같은 기능을 한다.

CLK - 카운터의 클럭 입력이다. 카운터는 16비트이며, 클럭 주파수는 최대 2.6[㎒](8253의 경우)까지로 카운트가 가능하다.

GATE - 이 입력은 클럭이 카운터로 입력되는 것을 중간에서 허가/금지하는 게이트로 작동하거나, 카운트를 시작하는 펄스 입력으로 사용될 수 있다.

OUT - 이 출력선의 동작은 PIT 8254의 동작 모드에 따라 다르다.

• **PIT 8254의 동작 모드**

PIT 8254는 GATE 단자와 OUT 단자의 사용 방법과 동작 형태에 따라 5개의 동작 모드(Operating mode)를 갖는다. 다음은 각 모드에 대한 설명이다. (GATE 입력 핀의 사용은 모드마다 다르므로 이를 [표 5.1-2]에 정리하였다.)

(1) 모드 0 - 최종 카운트에서의 인터럽트 발생

내부 카운터는 GATE 단자가 1일 때 CLK의 클럭에 따라 다운카운트를 한다. 카운터에 지정된 시상수로부터 출발하여 카운터의 값이 0이 되면 OUT 단자가 1이 된다. 출력은 카운터의 시상수가 다시 설정되거나 다른 모드가 지정될 때까지 1을 유지한다.

(2) 모드 1 - 프로그램으로 조정 가능한 간격의 펄스 발생

모드 1에서 PIT 8254는 클럭 펄스의 정수배가 되는 출력 펄스를 만들어 낼 수 있다. 이 간격은 GATE 입력의 상승 에지(Rising edge)에서 트리거된다. 즉, GATE가 0에서 1로 변화하는 순간부터 OUT이 0이 되었다가 클럭에 따라 주어진 시상수만큼 다운카운트를 하면 출력이 1이 되므로, 카운터에 주어지는 시상수를 변화시키면 OUT이 0이 되어 있는 간격이 변화하게 되는 것이다. 펄스 출력동안에 GATE에 트리거(상승 에지)가 입력되면 다시 처음부터 카운트를 시작하게 된다.

(3) 모드 2 - 클럭 분주기

모드 2에서는 PIT 8254가 지정된 시상수로 나누는 카운터(분주기)가 된다. 카운터의 OUT 단자는 카운터가 0이 되는 1 클럭 주기 동안만 0이 되며 나머지 기간에는 1의 상태가 유지된다. 카운터가 0이 되면 다시 처음에 지정된 시상수가 카운터에 설정되므로 카운터는 1 클럭 주기만큼 0을 출력하는 것을 지정된 시상수 만큼의 시간 간격을 갖고 반복하게 된다. 카운트 도중에 시상수가 다시 설정되더라도 새로운 주기는 일단 카운터가 0이 되어 현재 주기를 마친 다음에 카운터에 입력되어 다음번 주기부터 영향을 미치게 된다.

(4) 모드 3 - 구형파 발생기

모드 3은 OUT 단자가 지정된 주기의 반 동안은 1로, 다음 반 동안은 0으로 되는 것을 제외하고는 모드 2와 유사하다. 만약 카운트 값이 홀수라면 출력은 $\frac{(n+1)}{2}$ 카운트동안 1, $\frac{(n-1)}{2}$ 동안 0이 된다(n은 지정된 시상수). 모드 2와 모드 3에서 GATE 단자는 1일 때 카운트 허가, 0일 때 카운트 금지의 기능을 한다.

(5) 모드 4 - 소프트웨어로 트리거되는 스트로브

모드 4에서는 카운터의 시상수가 입력되면 카운트를 시작하여, 카운터가 0이 되면 OUT이 한 클럭 기간 만큼 0이 되었다가 1이 된다.

(6) 모드 5 - 하드웨어로 트리거되는 스트로브

이 모드에서 카운터는 GATE의 상승 에지 입력에 의해 카운트를 시작하게 된다. OUT은 최종 카운트(카운터가 0이 됨)에서 한 클럭 동안 0이 된다. 카운트 도중에 GATE가 0에서 1로 되면(상승 에지) 카운터가 다시 지정된 시상수로 초기화된다.

【표 5.1-2】 PIT 8254 GATE 입력 핀의 사용법

신호상태 / 모드	0	상승 에지	1
0	카운트 금지		카운트 허용
1		카운트 초기화	
2	카운트 금지 출력을 1로 고정	카운트 초기화	카운트 허용
3	카운트 금지 출력을 1로 고정	카운트 초기화	카운트 허용
4	카운트 금지		카운트 허용
5		카운트 초기화	

• **제어워드레지스터**

PIT 8254를 제어하려면 제일 먼저 PIT 8254의 제어워드레지스터(CWR)를 조작하여 PIT 8254가 알맞은 모드에서 동작하도록 지시해 주어야 한다. 제어워드레지스터는 모두 8비트를 갖는다. 이 레지스터는 A0와 A1이 모두 1일 때 선택된다. 이 레지스터의 데이터는 동작 모드를 제어하고, 2진 카운터/BCD 카운터를 선택하는데 사용된다. 이 레지스터에는 쓰기 동작만 가능하며, 읽을 수는 없다. CWR의 각 비트의 기능은 [그림 5.1-3]에서 알 수 있다.

CWR의 D7과 D6은 SC1과 SC0으로 불리며, 프로그래밍될 카운터를 선택하는데 사용된다. 일단 한 카운터가 선택되면 다른 제어 워드에 의해 변경될 때까지 그 상태로 남아있게 된다.

제어 비트 D5와 D4는 D7과 D6에 의해 선택된 카운터에 대한 읽기/설정(Read/Load) 모드를 정의하는데 사용된다. D5와 D4는 특정 카운터가 마이크로프로세서에 의해 어떻게 읽혀지고 또 그 카운터에 어떻게 데이터가 써지는지를 정의한다. 이 비트의 자세한 기능은 다음과 같다.

• D5 D4

0 0 – 카운터의 값이 래치된다. 이것은 선택된 카운터의 내용이 일시 적인 래치로 옮겨져 카운터 값을 읽는 도중 값이 변하는 것에 의한 오입력을 막는 역할을 한다. 만약 래치 모드가 사용되지 않는다면 데이터 읽기 동작 동안에 읽혀지는 데이터가 변화할 수 있다. 이렇게 되면 CPU로 잘못된 데이터가 입력된다. 카운터가 카운트 동작을 하는 동안에 그 카운터의 값을 읽기 위해서는 먼저 래치 제어 워드를 써넣은 다음 읽혀질 바이트의 순서를 결정하는 제어 워드를 써넣어야 한다.

0 1 – 16비트 시상수중 하위 8비트만의 읽기/설정.

1 0 – 16비트 시상수중 상위 8비트만의 읽기/설정.

1 1 – 먼저 하위 바이트를, 그 다음 상위 바이트를 읽기/설정함.

제어 워드 레지스터의 D3, D2, D1은 카운터의 6가지 동작 모드 중 한가지를 선택하는데 사용되며, D0 비트는 카운터의 형태를 결정하는 데 사용된다. D0가 0이면 지정된 카운터는 2진수를 다운카운트하는 형태가 되며, D0이 1이 되면 지정된 카운터는 BCD(Binary Coded Decimal) 카운터로 동작한다. 각 카운트 모드에서 시상수의 최대 값은 2진 카운터로는 216이며 BCD로는 65,536이다.

PIT 8254의 카운터 0을 모드 2의 BCD 카운터로 하고, 시상수를 하위 바이트, 상위 바이트의 차례로 입력시키기 위한 CWR은 다음과 같이 된다([그림 5.1-3]과 비교해보기 바란다.).

CWR:	D7	D6	D5	D4	D3	D2	D1	D0	
	0	0	1	1	0	1	0	1	= 35H

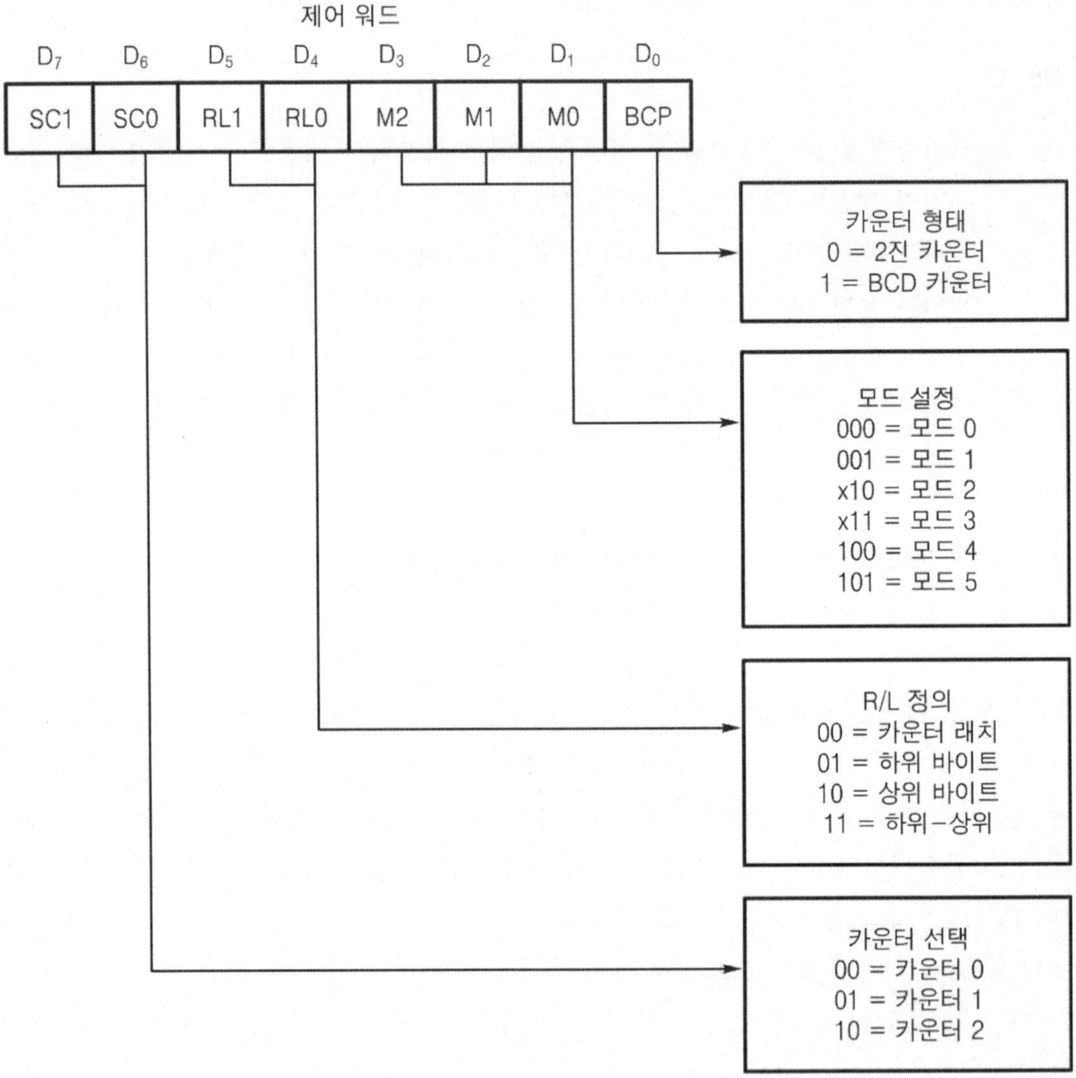

【그림 5.1-3】 PIT 8254 제어 워드의 기능

• 실험보드의 PIT 8254 인터페이스

실험보드의 I/O 장치(PPI 8255A(1), PPI 8255A(2), ADC0809, PIT 8254)의 구별은 어드레스 버스 중에서 비트 2, 3, 4(BA2, BA3, BA4)를 사용하여 이루어진다. PIT 8254의 $\overline{CS}$ 는 U8 74138의 Y3이 0 일 때 선택되므로 PIT 8254에 주어지는 어드레스의 범위는 실험보드에 할당되는 I/O 번지의 선두(베이스 어드레스) + CH(12)에서부터 베이스 어드레스 + FH(15)의 4개 어드레스를 갖게된다. 그러므로 실험보드에서 PIT 8254 제어에 사용되는 어드레스는 다음의 [표 5.1-3]와 같게 된다.

【표 5.1-3】 실험보드의 PIT 8254제어용 어드레스

I/O 어드레스	대응되는 것
20CH(혹은 28CH, 30CH, 38CH)*	PIT 8254 카운터 0
20DH(혹은 28DH, 30DH, 38DH)	카운터 1
20EH(혹은 28EH, 30EH, 38EH)	카운터 2
20FH(혹은 28FH, 30FH, 38FH)	제어 워드 레지스터(CWR)

주) 인터페이스 카드의 딥 스위치 상태에 따라 어드레스가 다르다.

PIT 8254의 제어부 회로는 PPI 8255A의 제어신호 부분의 회로와 같으며, $\overline{CS}$ 에 연결된 U8 74138의 출력이 Y1, Y2가 아니라 Y3인 것만 다르다. PIT 8254의 $\overline{CS}$ 는 부논리이므로 PIT 8254는 U8의 Y3가 0일 때 $\overline{RD}$, $\overline{WR}$ 단자의 상태에 따라 동작하게 된다.

【프로그램 설명】

PIT 8254의 카운터를 사용하려면 먼저 PIT 8254의 모드와 카운터 형태를 지정하고 필요한 시상수를 카운터에 로드(Load)시켜야 한다. 현재 제어하고자 하는 카운터와 카운터 동작 모드, 형태, 시상수 입출력 방법의 지정은 CWR에 넣는 값에 의해 결정된다. 그러므로 PIT 8254의 카운터를 사용하기 전에 CWR에 알맞은 데이터를 넣어줄 필요가 있다. CWR의 각 비트의 기능에 대해서는 [그림 5.1-3]을 참고하기 바란다.

CWR의 I/O 어드레스는 20FH, 28FH, 30FH, 38FH의 넷 중 하나이며 인터페이스 카드의 딥 스위치 상태에 따라 달라진다. 자세한 내용에 대해서는 '5.1-2 실험보드의 PIT 8254 인터페이스'를 참고하라.

카운터 2를 사용하여 시간 간격으로 펄스를 발생시키기 위해 카운터 2를 모드 2로 세팅하기로 하자. 실험보드의 PIT 8254 카운터 2의 CLK 입력이 4[㎒] 수정 발진기에서 75393를 통해 500[㎑]로 주어지므로, 1[㎑]로(1/1000초) 펄스를 발생시키고 싶다면 시상수를 500으로 하여야 한다(500[㎑] / 500 = 1[㎑]). 이 때 CWR은 다음과 같이 지정하면 된다. (CWR = 101101012)

D7 D6	= 1 0	- 카운터 2를 선택하기 위해.
D5 D4	= 1 1	- 16비트 시상수를 하위, 상위바이트 순으로 입력.
D3 D2 D1	= 0 1 0	- 모드 2.
D0	= 1	- BCD 모드(16비트를 4비트로 나누어 각각이 10진수의 한 자리수를 나타내도록 하는 것).

BCD 카운터로 지정하였으므로 시상수는 500H으로 지정하면 된다. 먼저 CWR에 제어워드 101101012 = B5H를 입력한 뒤 0H와 5H를 카운터 0의 어드레스에 출력하면 되는 것이다. 이를 C 프로그램으로 나타내면 프로그램 5.1-1과 같다.

```
/* 프로그램 5.1-1  PIT 8254 채널 2에 1KHz 펄스를 만드는 프로그램 */

#include <stdio.h>
#include <conio.h>
#include <dos.h>
#include "../../eblib/eblib.h"      //EBoard WIN-DOS LIB Header

#define BASE_ADDR      0x300
#define COUNTER0       BASE_ADDR | 0x0c
#define COUNTER1       BASE_ADDR | 0x0d
#define COUNTER2       BASE_ADDR | 0x0e
#define PIT_CWR        BASE_ADDR | 0x0f
```

```
int main(void)
{
    if(InitDriver(EB_DEVICE_PCI))        //Device Driver Initialize
    {
            printf("Device Driver Loading Fail!\r\n);
            return;
    }
      outp(PIT_CWR, 0xB5);      /* PIT 8254 CWR 지정      */
      outp(COUNTER2, 0x00);     /* 시상수 하위 바이트를 카운터 2에 로드 */
      outp(COUNTER2, 0x05);     /* 시상수 상위 바이트를 카운터 2에 로드 */
      return 0;
}
```

• **카운터 읽기(read)**

현재의 카운터 값을 PIT 8254로부터 읽는 방법은 그 카운터에 대한 CWR의 지정에 의해 결정된다. 위에서와 같이 PIT 8254를 하위바이트, 상위바이트 순으로 입출력하기로 지정하였다면 그 카운터의 어드레스로부터 데이터를 2번 읽어 첫번째를 하위 8비트로, 두번째를 상위 8비트로 하는 16비트 숫자가 현재의 카운터에 저장된 값이 될 것이다.

프로그램 5.1-2는 PIT 8254의 채널 2를 사용하여 $\frac{1}{100}$ 초마다 펄스를 발생시키고 카운터 값을 읽어 계속 표시하도록 하는 프로그램이다. CWR은 프로그램 5.1-1과 같으며, 500[㎑]의 CLK에 대하여 100[Hz] 펄스를 발생시키려면 시상수를 5000H로 한다.

이후 do 루프에 의해 카운터 2의 값이 키를 누를 때까지 계속 표시된다. 카운터 값은 카운터 2에 해당하는 어드레스에 읽혀지며, CWR에 의해 지정된 순서대로 8비트씩 입력된다. 여기서는 하위 8비트가 먼저 읽혀 Low에 저장되고, 다음으로 상위 8비트가 High에 저장되므로, 실제 카운터 값 d는 High를 왼쪽으로 8비트 시프트 한 값에 Low를 논리합(OR) 연산을 하여 계산한다.

```
/* 프로그램 5.1-2  PIT 8254 카운터 값을 읽는 프로그램 */

#include <stdio.h>
#include <conio.h>
#include <dos.h>
#include "../../eblib/eblib.h"      //EBoard WIN-DOS LIB Header

#define BASE_ADDR    0x300
#define COUNTER0     BASE_ADDR | 0x0c
#define COUNTER1     BASE_ADDR | 0x0d
#define COUNTER2     BASE_ADDR | 0x0e
#define PPI_CWR      BASE_ADDR | 0x0f

int main(void)
{
    if(InitDriver(EB_DEVICE_PCI))       //Device Driver Initialize
    {
            printf("Device Driver Loading Fail!\r\n);
            return;
    }
      unsigned int low, high, d;

      outp(PPI_CWR, 0xB5);      /* PIT 8254 CWR 지정      */
      outp(COUNTER2, 0x00);  /* 시상수 하위 바이트를 카운터 0에 로드 */
      outp(COUNTER2, 0x50);  /* 시상수 상위 바이트를 카운터 0에 로드 */

      do
      {
              low = inp(COUNTER2);
```

```
            high = inp(COUNTER2);
            d = low | (high << 8);
            printf("COUNTER 2 = %ud\n", d);
    } while (!kbhit());

    return 0;
}
```

카운터의 값이 계속 변화하는 동안에 값을 읽어 표시할 경우에는 카운터 값이 변화하는 순간에 값을 읽게 되면 잘못된 값을 읽을 수 있다. 이러한 위험을 방지하기 위해 PIT 8254에는 값을 읽기 전에 읽을 값을 버퍼에 저장하여 두는 래치(Latch) 기능이 있다. 이 기능을 이용하면 일단 버퍼에 저장된 값을 읽기 명령으로 읽어오게 되므로 변화하는 순간에 값을 읽어 발생하는 오류를 방지할 수 있다. 카운터의 값을 래치하려면 [그림 5.1-3]에서와 같이 CWR에 원하는 채널을 지정하고 R/L 정의(D5, D4) 비트에 0, 0을 넣으면 된다.

프로그램 5.1-3은 EbdLib에 포함된 시간 지연 루틴의 내부 코드이다. 우선 PIT 8254의 채널 2에 입력되는 500[㎑] 클럭을 500 분주하여 카운터가 0이 되는 데 1/1000초가 걸리도록 설정한다. 그리고 카운터 값을 계속 읽어 0에 가까워지면(이 프로그램에서는 10 이하) count 변수를 하나 증가시키게 된다. 이렇게 하여 지정된 n값 만큼 count를 증가시키면 약 n × 10-3초의 시간이 경과한 후 함수를 마치고 복귀할 수 있다. 예를 들어 'EbdDelay(1000);'을 실행시키면 약 1초 만큼 시간이 경과하게 된다. 이 프로그램에서는 카운터를 읽기 전에 'outp(PIT_CWR, 0x81);'으로 래치하여 카운터를 읽고 있다.

```
/* 프로그램 5.1-3  PIT 8254를 이용한 시간 지연 프로그램 */

void EbdDelay(int n)
{
    int low, high, d, count = 0;

    do {
            outp(PIT_CWR, 0xB1);      /* 채널2, 모드0, low-high, BCD */
```

```
            outp(CHANNEL2, 0x00);    /* low BCD */
            outp(CHANNEL2, 0x05);    /* high BCD */

            for ( ; ; ) {  /* 무한 루프 */

                  outp(PIT_CWR, 0x81);        /* 래치 */
                  low = inp(CHANNEL2);        /* 읽기(low) */
                  high = inp(CHANNEL2);       /* 읽기(high) */
                  d = low | (high << 8);
                  if (d < 10) break;
            }
            count++;

      } while (count < n);
}
```

【실험내용】

1. 프로그램 5.1-1을 작성하고 수행하여 그 결과를 확인하시오.
2. 프로그램 5.1-2을 작성하고 수행하여 그 결과를 확인하시오.
3. 프로그램 5.1-3을 작성하고 수행하여 그 결과를 확인하시오.

【실험결과】

1. 프로그램 5.1-1의 프로그램을 정리하여 제출하시오.
2. 프로그램 5.1-2의 프로그램을 정리하여 제출하시오.
3. 프로그램 5.1-3의 프로그램을 정리하여 제출하시오.

【대화하기】

1. PIT 8254의 동작모드를 정리하여 제출하시오.
2. PIT 8254 채널 2에 500[Hz] 펄스를 만드는 프로그램을 작성하고 실행하시오.

부록 A. EbdLib

이 프로그램은 실험보드를 고급 언어(high level language)에서 사용하기 편리하도록 도와주는 프로그램이다. 실험보드 라이브러리(이하 EbdLib)는 C언어로 작성되었으며, 볼랜드(Borland)社의 볼랜드 C++ 3.1(Borland C++ 3.1)로 컴파일되고, 테스트되었다. 음성 입출력용 프로그램은 어셈블러로 작성되었으며, 터보 어셈블러(Turbo Assembler, TASM)로 어셈블하여 C 라이브러리와 결합되어 있다. 이들 라이브러리와 함께 소스 파일도 주어지므로, 사용하는 컴파일러에 맞게 다시 컴파일하거나 수정할 수 있다.

A-1 라이브러리 관련 파일

• Ebd3Lib.lib

Ebd3Lib.c을 컴파일하고, Sampling.asm, Replay.asm로부터 생성된 obj 파일을 링크시켜 합친 라이브러리 파일이다. EbdLib를 이용하여 프로그램을 작성하려면 이 파일을 프로젝트에 포함시키는 등의 작업을 통해 링크시켜야 한다. EbdLib를 링크시킬 때는 라이브러리와 프로그램의 메모리 모델이 일치하여야 한다. EbdLib는 Large 모델로 컴파일 되었으므로, 프로그램을 컴파일하고 링크시킬 때도 Large 모델로 설정한다.

• Ebd3Lib.h

EbdLib를 사용하여 C 프로그램을 작성하는 경우, C 소스의 시작 부분에 이 파일을 포함시켜야 한다. 이 파일이 소스와 같은 디렉토리에 복사하고, #include "Ebd3Lib.h" 문을 포함시키면 된다. 이 파일에는 EbdLib에서 사용되는 전역 변수들과 함수의 프로토타입 및 상수 등이 정의되어 있다.

• Ebd3Lib.c

EbdLib의 C로 작성된 소스 파일이다. 이 파일을 컴파일하면 Ebd3Lib .obj 파일이 생성되며, 이 파일을 음성용 어셈블리 프로그램을 어셈블한 Sampling.obj와 Replay.obj와 링크하여 Ebd3Lib.lib를 형성한다. 볼랜드 C++를 사용하는 경우 TLIB를 사용하여 라이브러리를 만들 수 있다. 다음은 TLIB를 사용하여 Ebd3Lib.lib를 만드는 과정이다.

```
>tlib Ebd3Lib.lib +Ebd3Lib.obj Enter↵
>tlib Ebd3Lib.lib +Sampling.obj Enter↵
>tlib Ebd3Lib.lib +Replay.obj Enter↵
```

• Sampling.asm

8086 어셈블리어로 작성된 음성 저장(샘플링)용 소스 파일이다. TASM으로 어셈블하는 경우, 다음과 같이 하면 된다.

```
>tasm Sampling.asm Enter↵
```

• Replay.asm

8086 어셈블리어로 작성된 음성 재생용 소스 파일이다. TASM으로 어셈블하는 경우, 다음과 같이 하면 된다.

```
>tasm Replay.asm Enter↵
```

A-2 EbdLib의 사용 방법

볼랜드 C++에서 여러 모듈을 합치고자 하는 경우 각 필요한 모듈을 선언하는 프로젝트(project) 파일을 생성시켜야 한다. 이 모듈 중에서 반드시 하나의 모듈에만 main() 함수가 포함되어야 한다. 링크후 생성되는 실행 파일의 이름은 프로젝트 이름에 의해 정해진다. 예를 들어, 프로젝트 파일이 test.prj인 경우, 실행 파일 test.exe가 생성되며, test.exe를 실행시키면 main() 함수가 실행된다.

볼랜드 C++(3.1 버전)에서 프로젝트 파일을 작성하려면, 통합 환경인 BC를 실행하여 Project 메뉴의 Open project를 선택하고, Open Project File 밑의 상자에 프로젝트 파일의 이름을 입력하고 OK를 선택하거나 [Enter↵]를 누른다. 이렇게 하면 "Project : TEST"라는 프로젝트 윈도우가 생기는데, 여기에서 [Insert]키를 누르고 포함시킬 모듈의 파일 이름을 지정하거나 선택하면 된다.

프로젝트에는 Ebd3Lib.lib가 포함되어 함께 링크되도록 한다. 또는 프로젝트에 Ebd3Lib.lib 대신 Ebd3Lib.obj, Sampling.obj, Replay.obj의 3 파일을 포함시켜도 되며, 이 경우, Ebd3Lib.obj 대신 Ebd3Lib.c를 사용할 수 있다. Ebd3Lib.c를 포함시키는 경우에는 프로젝트를 컴파일하여 실행 파일을 만들 때마다 Ebd3Lib.c도 같이 컴파일되므로 컴파일에 걸리는 시간이 조금 더 걸린다. 다음은 main() 함수를 포함하는 test.c와 EbdLib를 사용하기 위한 프로젝트 파일에 포함되는 파일을 정리한 것이다.

test.prj (예1)	test.prj (예2)	test.prj (예3)
test.c Ebd3Lib.lib	test.c Ebd3Lib.obj Sampling.obj Replay.obj	test.c Ebd3Lib.c Sampling.obj Replay.obj

EbdLib를 사용하는 각 모듈의 시작 부분에는 #include "Ebd3Lib.h"가 포함되어야 한다. 이 경우, Ebd3Lib.h 파일은 모듈의 소스 파일과 같은 디렉토리로 복사해 둔다. 프로그램 작성을 마친 후, 통합 환경의 Compile 메뉴의 Build를 선택하면 실행 파일이 생성된다. test.prj에 대하여 Build를 실행시킨 경우 test.exe가 생성된다. 도스 프롬프트에서 test.exe를 실행시키거나 통합 환경에서 Run을 선택하면 프로그램이 실행된다.

EbdLib를 사용하여 프로그램하려면 우선 EbdDetect() 함수를 실행시켜 실험보드의 하드웨어와 EbdLib의 환경 변수들을 초기화시켜야 한다. EbdDetect는 인터페이스 카드의 딥스위치 상태와 관계없이 실험보드의 어드레스를 찾아주므로 편리하지만, PC에 다른 장치를 실험보드로 잘못 인식할 수 있으므로, EbdDetect가 제대로 동작하지 않는 경우에는 EbdInit(n) 함수를 사용하여 인터페이스 카드의 스위치 상태에 따라 초기화를 행한다. 자세한 내용은 EbdInit 함수의 설명을 참조하기 바란다.

프로그램 A-1은 EbdLib를 사용하여 작성한 예제 프로그램이다. 이 프로그램을 실행시키면 실험보드의 LED가 좌에서 우로 하나씩 켜진다.

```
#include <dos.h>
#include "EbdLib.h"

int main(void)
{
        int i;
        EbdDetect();
        for (i = 0; i < 8; i++)
        {
                EbdLed(i, TRUE);
                delay(500);
                EbdLed(i, FALSE);
        }
        return 0;
}
```

【프로그램 A-1】 EbdLib 예제 프로그램

A-3 EbdLib의 변수형 상수 전역 변수 정의

• **변수형**

BOOL : TRUE 또는 FALSE 값을 갖는 불 대수용 변수형 (int와 같다)

BYTE : unsigned char
UINT : unsigned int
WORD : unsigned short
LWORD : unsigngde long

- **상수 정의**

BASEADDR0 : EbdInit의 0에 해당하는 실험보드의 시작 어드레스 (표 A-1 참조)
BASEADDR1 : EbdInit의 1에 해당하는 실험보드의 시작 어드레스
BASEADDR2 : EbdInit의 2에 해당하는 실험보드의 시작 어드레스
BASEADDR3 : EbdInit의 3에 해당하는 실험보드의 시작 어드레스
OFFSETADC : 시작 어드레스에 대한 ADC의 옵셋 (ADC의 어드레스 = 시작 어드레스 + OFFSETADC)
OFFSETPPI0 : 시작 어드레스에 대한 PPI 8255 (1)의 옵셋
OFFSETPPI1 : 시작 어드레스에 대한 PPI 8255 (2)의 옵셋
OFFSETDAC0: 시작 어드레스에 대한 DAC0의 옵셋
OFFSETDAC1: 시작 어드레스에 대한 DAC1의 옵셋
OFFSETPIT : 시작 어드레스에 대한 PTI 8254 의 옵셋
TRUE : BOOL 타입의 상수(정수 1과 같다)
FALSE : BOOL 타입의 상수(정수 0과 같다)

- **전역 변수**

WORD ADC0 : ADC0809 입력 채널 0의 I/O 어드레스
WORD PORTA : 8255A(1)의 포트 A의 I/O 어드레스
WORD PORTB : 8255A(1)의 포트 B의 I/O 어드레스
WORD PORTC : 8255A(1)의 포트 C의 I/O 어드레스
WORD DIO_CWR : 8255A(1)의 CWR의 I/O 어드레스
WORD DAC0 : 8255A(2)의 포트 A의 I/O 어드레스
WORD DAC1 : 8255A(2)의 포트 B의 I/O 어드레스

WORD STEPPING : 8255A(2)의 포트 C의 I/O 어드레스
WORD RELAY : 8255A(2)의 포트 C의 I/O 어드레스
WORD AIO_CWR : 8255A(2)의 CWR의 I/O 어드레스
WORD CHANNEL0 : 8254의 카운터 채널 0의 I/O 어드레스
WORD CHANNEL1 : 8254의 카운터 채널 1의 I/O 어드레스
WORD CHANNEL2 : 8254의 카운터 채널 2의 I/O 어드레스
WORD PIT_CWR : 8254의 CWR의 I/O 어드레스
WORD MEMOFS : 음성 저장 메모리의 옵셋
WORD MEMSEG : 음성 저장 메모리의 세그먼트
char* MEMPOINT : 음성 저장 메모리의 포인터
WORD TIMECONST : 음성 재생 속도
WORD VOICESIZE : 음성 데이타 길이
WORD VOICEADC : 음성 입력용 ADC의 I/O 어드레스
WORD VOICEDAC : 음성 재생용 DAC의 I/O 어드레스

A-4 EbdLib에 포함된 함수 설명

함수 이름	EbdDetect
명령 형태	BOOL EbdDetect(void)
인수	
리턴값	TRUE - 실험보드 검색 성공, FALSE - 실패
기능	실험보드의 어드레스를 자동으로 검색하여 실험보드를 초기화시키고 EbdLib도 초기화시킨다. 대개 E-bdLib를 사용하는 프로그램의 시작 부분에서 실행시킨다. 이 함수에 의해 실험보드가 올바르게 초기화되지 않는 경우에는 인터페이스 카드의 딥스위치 상태에 따라 EbdInit 함수를 사용하여 초기화 시킬 수 있다. 초기화가 올바르게 되었는가는 EbdDetect 함수의 리턴값을 사용하여 확인할 수 있다. 리턴값이 TRUE이면 성공, FALSE이면 실패를 의미한다.

함수 이름	EbdInit
명령 형태	BOOL EbdInit(int n)
인수	n : 인터페이스 딥스위치의 상태에 따라 0~3을 넣는다. (표 A-1 참조)
리턴값	TRUE - 실험보드 초기화 성공, FALSE - 실패
기능	실험보드의 하드웨어와 EbdLib를 초기화한다. 인터페이스 카드의 딥스위치중 1, 2번 스위치의 상태에 따라 0~3의 n 값을 주여야 한다. 알맞는 n 값은 표 A-1과 같다. 초기화가 올바르게 되었는가는 EbdInit 함수의 리턴값을 사용하여 확인할 수 있다. 리턴값이 TRUE이면 성공, FALSE이면 실패를 의미한다.

SW1	SW2	EbdInit(n)	I/O영역
ON	ON	0	0200h ~ 021Fh 번지
ON	OFF	1	0280h ~ 029Fh 번지
OFF	ON	2	0300h ~ 031Fh 번지
OFF	OFF	3	0380h ~ 039Fh 번지

【표 A-6】 인터페이스 카드의 세팅과 EbdInit의 인수

함수 이름	EbdTest
명령 형태	BOOL EbdTest()
인수	
리턴값	TRUE - 실험보드 검사 성공, FALSE - 실패
기능	실험보드와 EdbLib가 올바른 어드레스로 초기화 되었는가를 검사한다. 리턴값이 TRUE이면 검사가 제대로 된 경우이며, FALSE이면 검사 실패를 의미한다.

함수 이름	EbdLed
명령 형태	void EbdLed(int m, BOOL n)
인수	m : LED의 번호를 지정, 0 - 7(8개중 하나) n : 지정된 LED의 상태, TRUE: 켜짐, FALSE: 꺼짐
리턴값	
기능	실험보드의 LED중 하나(m값에 따라 결정된다.)를 점등시키거나 소등(n값에따라 결정)시킨다.

```
#include <dos.h>
#include "Ebd3Lib.h"

void main(void)
{
	int i;

	EbdDetect();
	for (i = 0; i < 7; i++) {
		EbdLed(i, TRUE);
		delay(250);
		EbdLed(i, FALSE);
	}
	for (i = 7; i >= 0; i--) {
		EbdLed(i, TRUE);
		delay(250);
		EbdLed(i, FALSE);
	}
}
```

【프로그램 A-2】 EbdLed 예제 프로그램

함수 이름	EbdLedPort
명령 형태	void EbdLedPort(int nData)
인수	nData : 포트에 출력할 값(0~255)
리턴값	
기능	실험보드의 8개의 LED가 연결된 포트(8255A(1)의 포트 B)에 지정된 값을 출력한다.

함수 이름	Ebd7SLed
명령 형태	void Ebd7SLed(int nNum)
인수	nNum : 7-세그먼트 LED에 표시할 숫자(0~99)
리턴값	
기능	7-세그먼트 LED에 지정된 두 자리 숫자(10진수)를 표시한다.

```
#include <dos.h>
#include "Ebd3Lib.c"

void main(void)
{
        int i;

        EbdDetect();
        for (i = 20; i >= 0; i--) {
                Ebd7SLed(i);
                delay(500);
        }
}
```

【프로그램 A-3】 Ebd7SLed 예제 프로그램

함수 이름	EbdLedMatrix
명령 형태	void EbdLedMatrix(BYTE* aDots, int nColor, int nTime);
인수	aDots : 64 바이트의 폰트 데이타 포인터(0:Off, 1:On) nColor : 색(0:오렌지색, 1:녹색, 2:빨간색) nTime : 표시 시간(nTimes × 64/100 초)
리턴값	
기능	매트릭스 LED에 8×8 도트의 폰트를 지정된 색으로 지정된 시간만큼 표시한다. aDot는 8×8의 도트 중 표시할 것을 지정하는 데이타가 저장된 배열의 포인터이다.

```
  #include <dos.h>
  #include "Ebd3Lib.h"
void main()
{
      int i;
      static BYTE ch[]={           0, 0, 0, 0, 0, 0, 0, 0,
                        0, 1, 1, 1, 1, 1, 1, 0,
                        0, 1, 1, 0, 0, 0, 0, 0,
                        0, 1, 1, 1, 1, 1, 0, 0,
                        0, 1, 1, 0, 0, 0, 0, 0,
                        0, 1, 1, 0, 0, 0, 0, 0,
                        0, 1, 1, 1, 1, 1, 1, 0,
                        0, 0, 0, 0, 0, 0, 0, 0 };
      EbdDetect();
      for (i = 0; i < 3; I++)  EbdLedMatrix(ch, i, 30);
  }
```

【프로그램 A-4】 EbdLedMatrix 예제 프로그램

함수 이름	EbdSwitch
명령 형태	BOOL EbdSwitch(int SwitchId);
인수	SwitchId : 4개의 스위치 중 하나를 지정한다(0~3).
리턴값	TRUE - 스위치 ON, FALSE - 스위치 OFF
기능	지정된 버튼 스위치의 ON/OFF 상태를 검사하여 리턴한다.

```
#include <dos.h>
#include "Ebd3Lib.h"
void main(void)
{
    int i;
    EbdDetect();
    do {
        for (i = 0; i < 4; i++) EbdLed(i, EbdSwitch(i));
```

```
    } while (!EbdSwitch(3));
}
```

【프로그램 A-5】 EbdSwitch 예제 프로그램

함수 이름	EbdSwitchPort
명령 형태	BYTE EbdSwitchPort(void);
인수	
리턴값	누름 스위치가 연결되어 있는 포트의 입력 (LSB: 스위치0, MSB: 스위치3)
기능	누름 스위치가 연결되어 있는 포트 (8255A(1)의 포트 C의 상위 4비트)의 값을 읽어 리턴한다. 리턴 값은 4비트의 이진수로 구성되며, LSB는 스위치0, MSB는 스위치 3이다. 각 비트가 1이면 해당 스위치가 ON이며, 0이면 OFF이다.

함수 이름	EbdRelay
명령 형태	void EbdRelay(int nRelayId, BOOL bOn);
인수	nRelayId : 4개의 릴레이 중 하나를 지정한다(0~3). bOn : 지정 릴레이의 ON/OFF 결정 (TRUE - ON, FALSE - OFF)
리턴값	
기능	nRealyId로 지정된 릴레이를 bOn에 따라 ON 또는 OFF한다. bOn이 True이면 해당 릴레이는 ON이 되며, FALSE이면 OFF가 된다.

```
#include <dos.h>
#include "Ebd3Lib.h"

void main(void)
{
    int i;
    EbdDetect();
    for (i = 0; i < 4; i++) {
```

```
            EbdRelay(i, TRUE);
            delay(1000);
            EbdRelay(i, FALSE);
      }
}
```

【프로그램 A-6】 EbdRelay 예제 프로그램

함수 이름	EbdRelayPort
명령 형태	void EbdRelayPort(int nData);
인수	nData : 릴레이 포트에 출력할 데이타(0~15)
리턴값	
기능	릴레이가 연결되어 있는 포트 (8255A(2)의 포트 C의 하위 4비트)에 nData를 출력한다.

함수 이름	EbdStepMotor
명령 형태	void EbdStepMotor(int mode, int dir);
인수	mode : 여자 방식 지정(0: 1상여자, 1: 2상여자, 2: 1-2상여자) dir : 회전 방향(0: 정지, 1: 시계 방향, -1: 시계 반대 방향)
리턴값	
기능	스테핑 모트를 1스텝 회전시키거나 정지시킨다. 여자 방식은 mode에 의해 지정되며, 방향은 dir로 지정한다. 회전 각도는 여자 방식과 모터에 따라 달라지며, 1-2상여자 방식인 경우 1상여자나 2상여자 방식의 스텝각의 1/2만큼 회전한다.

```
#include <dos.h>
#include "Ebd3Lib.h"

void main(void)
{
      int i, mode = 0, dir = 1;
```

```
        EbdDetect();

        for (i = 0; i < 300; i++) {
                EbdStepMotor(mode, dir);
                delay(50);
        }
        EbdStepMotorPort(0x00);
}
```

【프로그램 A-7】 EbdStepMotor 예제 프로그램

함수 이름	EbdStepMotorPort
명령 형태	void EbdStepMotorPort(int nData);
인수	nData : 스테핑 모터 포트에 출력할 데이타(0~15)
리턴값	
기능	스테핑 모터가 연결되어 있는 포트 (8255A(2)의 포트 C의 상위 4비트)에 nData를 출력한다.

함수 이름	EbdDCMotor
명령 형태	void EbdDCMotor(BOOL bOn);
인수	bOn : TRUE - DC 모터 ON, FALSE - DC 모터 OFF
리턴값	
기능	DC 모터를 ON/OFF 시킨다.

```
#include <dos.h>
#include "Ebd3Lib.h"


void main(void)
{
        int i, j;
```

```
        EbdDetect();

        for (j = 0; j < 300; j++) {
                EbdDCMotor(TRUE);
                for (i = 0; i < 5; i++) delay(2);
                EbdDCMotor(FALSE);
                for (i = 0; i < 2; i++) delay(2);
        }
}
```

【프로그램 A-8】 EbdDCMotor 예제 프로그램

함수 이름	EbdDCMotorPort
명령 형태	void EbdDCMotorPort(int nData);
인수	nData : DC 모터 포트에 출력할 데이타(0~15)
리턴값	
기능	DC 모터가 연결되어 있는 포트 (8255A(1)의 포트 C의 하위 4비트)에 nData를 출력한다.

함수 이름	EbdDacPort
명령 형태	void EbdDacPort(int which, int nData);
인수	which : 0 - DAC0에 출력, 1 - DAC1에 출력 nData : 출력할 데이타(0~255)
리턴값	
기능	which에 의해 지정된 DAC에 nData를 출력한다.

```
#include <dos.h>
#include "Ebd3Lib.h"
```

```
void main(void)
{
        int i;
        int sp = 0;

        EbdDetect();
        for (i = 0; i < 400; i++) {
                EbdDacPort(0, sp);
                sp = 255 - sp;
                delay(2);
        }
}
```

【프로그램 A-9】 EbdDacPort 예제 프로그램

함수 이름	EbdSpeaker
명령 형태	void EbdSpeaker(int nData);
인수	nData : 스피커의 DAC 포트에 출력할 데이타(0~255)
리턴값	
기능	스피커가 모터가 연결되어 있는 DAC 포트 (8255A(2)의 포트 A)에 nData를 출력한다.

함수 이름	EbdAdcPort
명령 형태	BYTE EbdAdcPort(void);
인수	
리턴값	ADC에 의해 변환된 값(0~255)
기능	직전에 변환된 ADC의 값을 읽어 리턴한다.

함수 이름	EbdSetAdc
명령 형태	void EbdSetAdc(int ch);
인수	ch : ADC의 입력 채널(0~3)
리턴값	
기능	ADC의 입력 채널 중 ch로 지정된 채널을 ADC의 변환 채널로 지정하고, 변환을 시작하도록 한다. 변환이 끝나기 까지는 약 1×10-6 이상의 시간이 필요하며, 변환 후에는 EbdAdcPort 명령으로 변환된 값을 읽을 수 있다.

```
#include <conio.h>
#include <dos.h>
#include "Ebd3Lib.h"

void main(void)
{
        int ch = 0;

        EbdDetect();
        do {
                EbdSetAdc(ch);
                delay(1);
                printf("ADC = %d\n", EbdAdcPort());
        } while (!kbhit());
}
```

【프로그램 A-10】 EbdAdcPort 예제 프로그램

- 그 밖의 함수들

char* EbdInitVoice(void);	: 음성 명령 실행전에 초기화
void EbdEndVoice(void);	: EbdInitVoice를 실행후 프로그램 종료시
void EbdSampling(void);	: 음성 샘플링
void EbdReplay(void);	: 음성 데이타 재생
FILE* EbdSaveVoice(char *filename);	: 음성 데이타 저장
FILE* EbdLoadVoice(char *filename);	: 음성 데이타 파일 읽기
int EbdGetBaseAddr(void);	: 베이스 어드레스를 리턴하는 함수
void EbdDelay(int n);	: 8254를 이용한 시간 지연 함수
void EbdOutPort(int addr, int data);	: outp()와 같은 기능
int EbdInPort(int addr);	: inp()와 같은 기능

부록 B. Ez-8051/Ez-80196 Board를 이용한 Ez-Board의 제어

B-1 소개

PC를 이용한 제어 실습/실험을 수행할 수 있는 'Ez-Board 3.1 Kit'은 PC인터페이스인 ISA Bus Card, PCI Bus Card, USB, LPT와 Micro Processor Board인 Ez-80196, Ez-8051를 이용하여 제어 하는 방법이 있다. 제어 대상이 되는 타겟 보드하나만 이해하면 제어방법 이 PC인터페이스이던 어떤 CPU를 사용하던 상관없이 쉽고 빠르게 실습해 보는데 그 의의가 있다. 상대적으로 디버깅 환경이 편리한 PC에서 공부한 Ez-Board의 I/O를 독립 CPU를 가진 Ez-8051보드와 Ez-80196보드를 이용하여 제어하는 방법을 배워 보자.

B-2 구성

Ez-Board는 Intel 8051, 80196 CPU와 I/O Board로 이루워져 있다. 이렇게 구성된 Ez-Board는 각 단품별로도 활용 가능하며, 아래의 두 그림과 같이 8051, 80196 CPU Board를 경유하여 제어하는 방법과 PC에 장착하는 Interface Card를 통하여 PC의 데이터를 직접 I/O Board와 Target Board로 전송하여 제어, 실험을 할 수 있다.

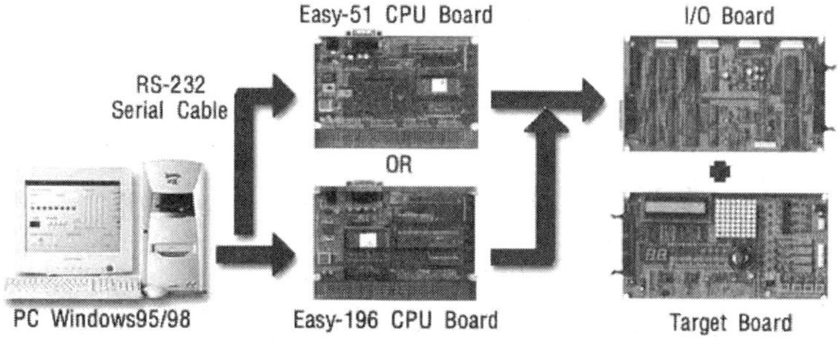

【그림 B-1】 8051, 80196 CPU Board를 사용한 Ez-Board 3.1 Kit

Ez-8051/Ez-80196 Board로 E-Board를 제어 하는 방법은 PC에서 각 CPU별로 프로그램을 작성하여 Hex파일을 생성 후 시리얼 통신으로 Ez-8051/Ez-80196 Board로 전송하고 실행하면 된다. 컴파일 및 다운로드는 본사의 Ez-CPU 소프트웨어를 이용하여 다운로드할 수 있으며 Ez-CPU사용법은 다음 장에서 설명 하겠다.

구성은 아래 그림같이 PC에서 마이크로프로세서 보드로 시리얼 통신으로 Hex코드를 전송하고 마이크로프로세서 보드는 Ez-Board I/O보드를 통해 타겟 보드에 있는 각 주변소자들을 제어 할 수 있다.

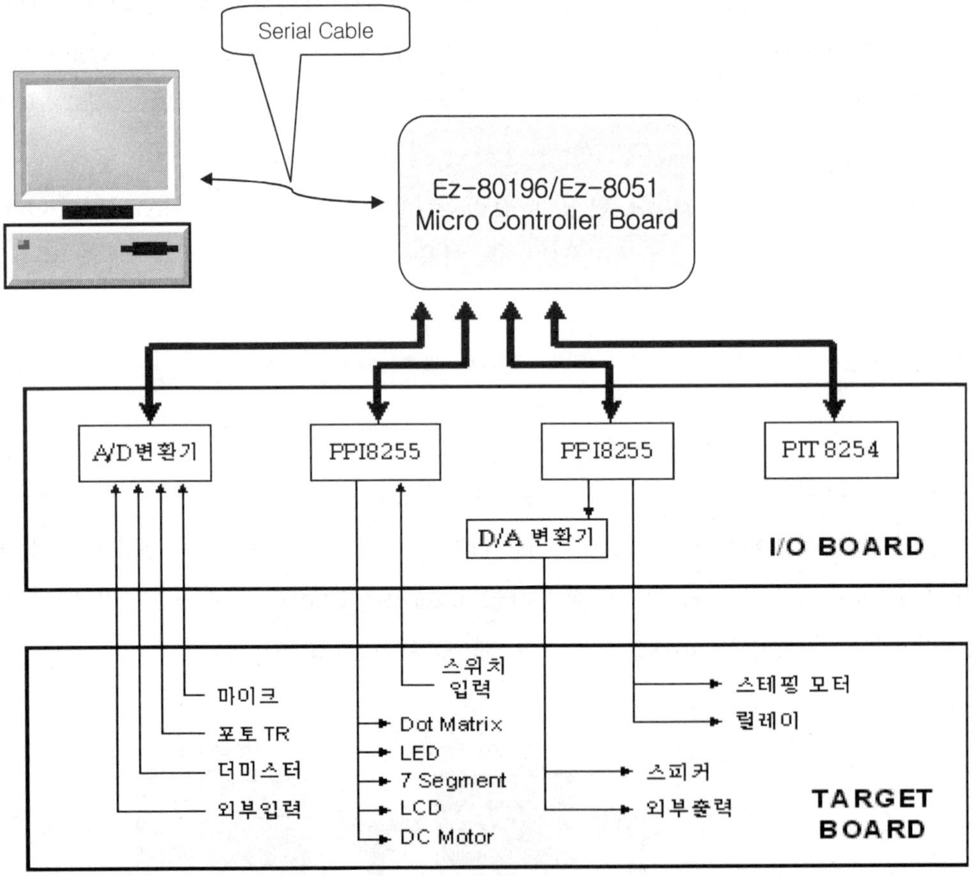

【그림 B-2】 Ez-Board Block Diagram

• Ez-Board 타겟 보드

Ez-Board의 타겟보드는 I/O보드의 최종제어 대상이 되는 보드로 여기에는 아래 그림의 구성과 같이 다양한 종류의 디스플레이 장치와 사용자가 직접 센서를 조작해보거나 LED, 모터의 구동 결과를 볼 수 있게 해준다. 타겟보드에는 이러한 목적을 위해 8개의 LED, 7-세그먼트 LED, 매트릭스 LED, LCD, 릴레이와 모터구동회로, 4개의 누름 스위치, 빛, 온도 센서와 음성 입력을 위한 마이크가 장치되어 있으며, 음성의 출력을 위해 스피커가 연결된다.

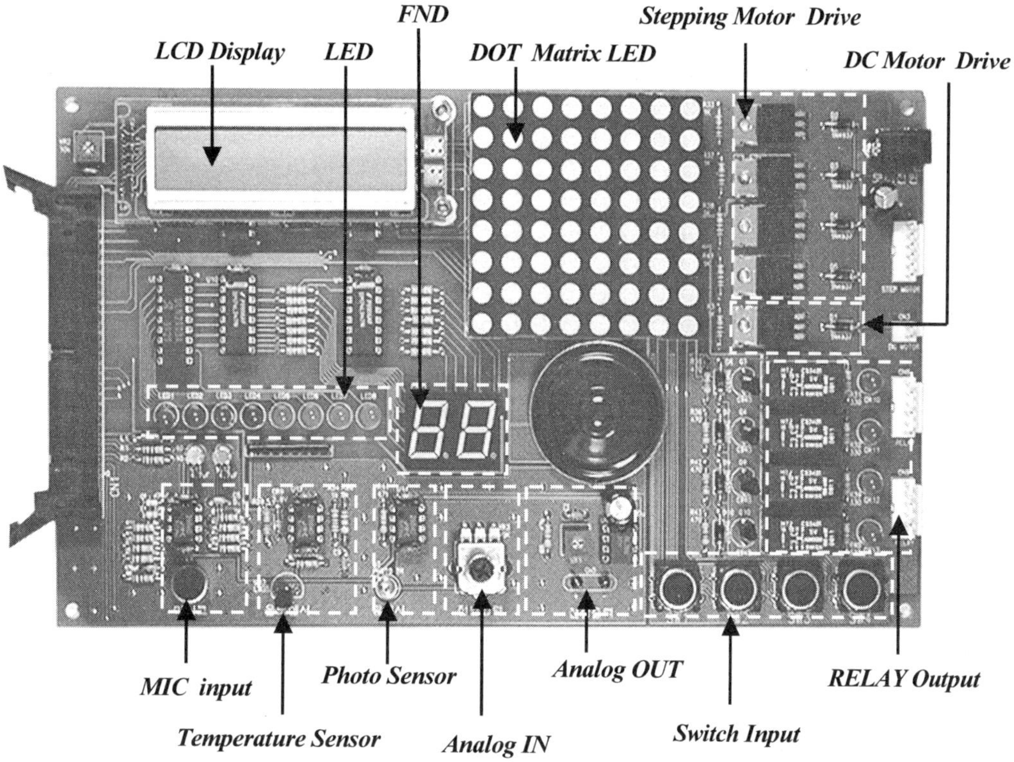

【그림 B-3】 타겟 보드 외형

Ez-8051 Board로 Ez-Board를 제어하기 위해서는 Ez-8051 Board를 Ez-Board I/O Board에 장착해한다. Ez-8051 Board의 I/O 영역은 7000h ~ 8000h번지까지 할당되어 있고 Ez-Board의 I/O Map은 Base Address + 0Fh번지까지 할당되어 있다. 따라서 Ez-8051 Board에서 Ez-Board의 Base Address는 7000h번지이고 700Fh번지까지 접근하여 제어 하면 된다.

Ez-Board 타켓 보드의 I/O Map은 아래 표와 같은데 Address A0~A4의 0h ~ Fh까지 할당되어 있다.

【표 B-1】 Ez-Board I/O Address Offset

Offset	I/O	
00h	마이크 입력	
01h	온도센서	
02h	포토센서	
03h	VR 전압	
04h	PPI1 제어레지스터	PPI1 CR
05h	도트 메트릭스	PORT A
06h	LED, FND, LCD	PROT B
07h	스위치, DC 모터	PROT C
08h	PPI2 제어레지스터	PPI2 CR
09h	DAC1	PROT A
0Ah	DAC2	PROT B
0Bh	스텝모터/릴레이	PROT C
0Ch	8254 Counter0	
0Dh	8254 Counter1	
0Eh	8254 Counter0	
0Fh	8254 제어레지스터	

• Ez-8051 Board 회로도

Ez-8051 Board는 CON1을 통해 E-Board와 연결된다. Data라인은 Ez-Board제어를 위해 Data와 74HC573통해 래치된 Address를 공급하고 IOR, IOW과 INT0로 인터럽트 소스를 공급한다.

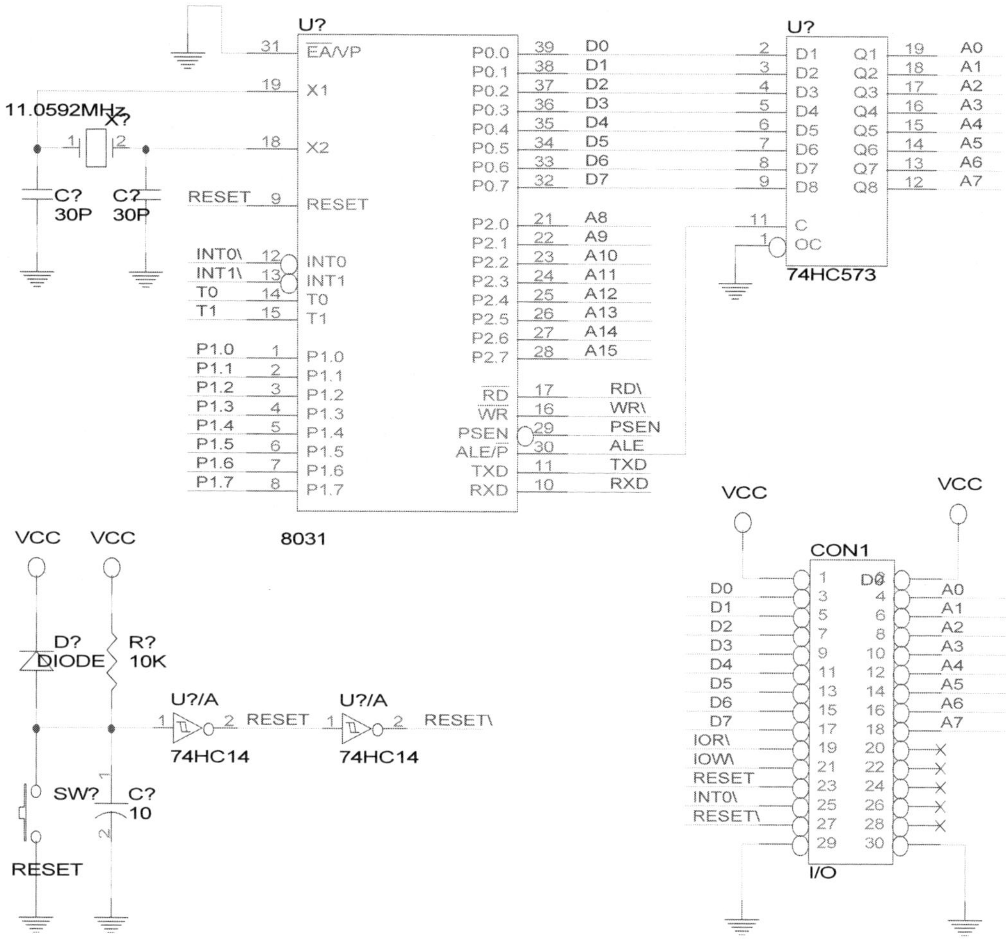

【그림 B-4】 Ez-8051의 E-Board 연결 회로도(일부)

한편 E-Board에서는 Ez-8051에서 받은 제어신호를 74Hc138을 이용하여 각 타겟의 I/O를 맵핑 한다.

• Ez-80196 Board 회로도

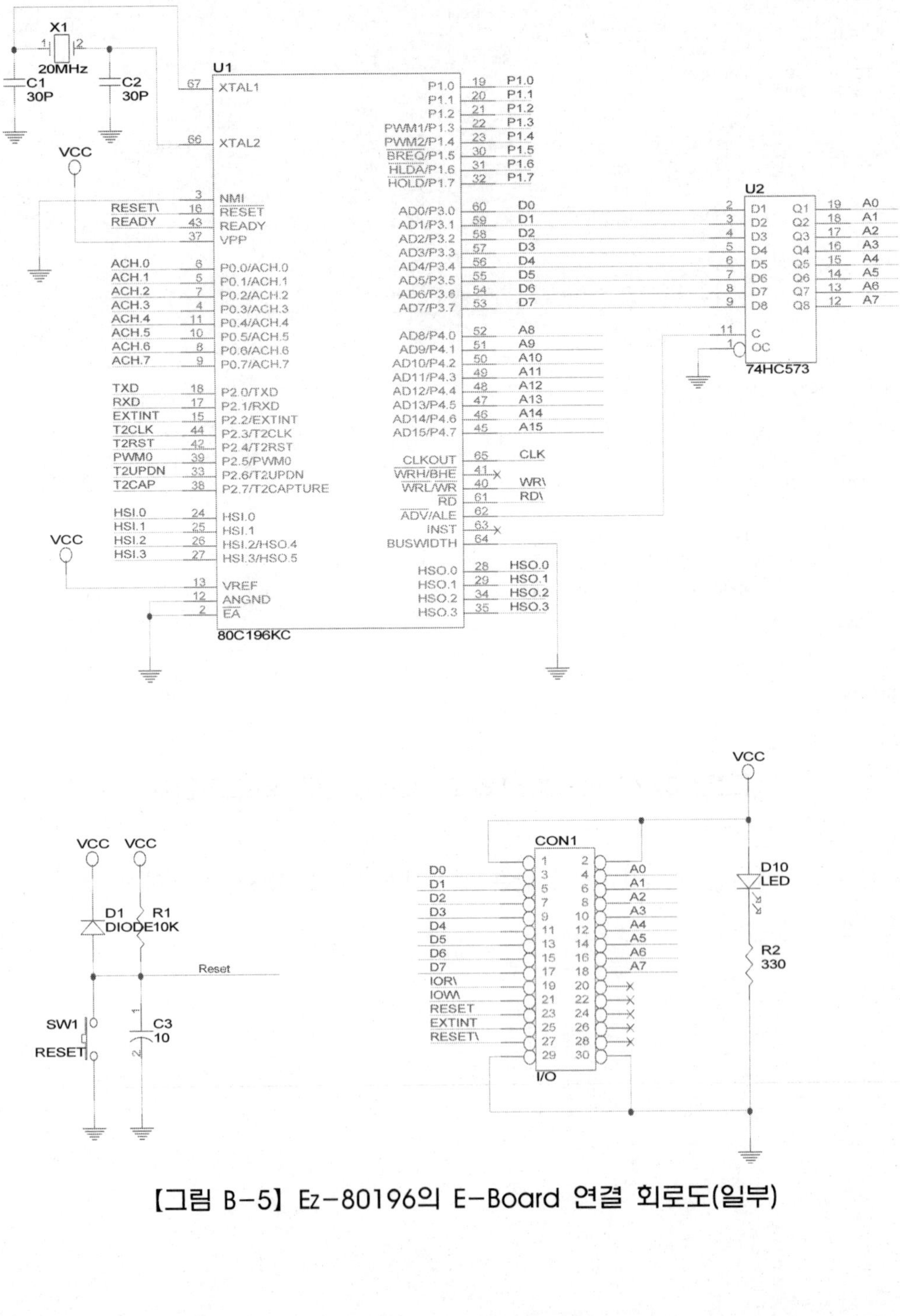

【그림 B-5】 Ez-80196의 E-Board 연결 회로도(일부)

Ez-80196보드의 출력단 CON1은 위의 그림과 같이 연결되어져 있다. 80C196KC에 PORT 3~PORT4(AD0 ~ AD15)가 연결되어져 있다. 이 중에서 PORT3(D0 ~ D7)가 data버스로 사용되어지고 PORT4(A8 ~ A15) 및 74HC573의 출력(A0 ~ A7)이 주소버스로 사용되어지고 있다.

주소버스로 사용되어지는 PORT4(A8 ~ A15)및 74HC573의 출력(A0 ~ A7)의 주소는 Ez-80196의 22V10에 입력되어져있는 GAL소스에서 정의해 준다. 주소지정에 대한 GAL소스는 다음과 같이 정의되어져 있다.

```
process (Clk, AddrBus, nRead, nWrte)
      begin
            iRead <= '1';
            iWrte <= '1';
            if AddrBus >= x"70" and AddrBus < x"80" and nRead = '0' then
                  iRead <= '0';
            end if;
            if AddrBus >= x"70" and AddrBus < x"80" and nWrte = '0' then
                  iWrte <= '0';
            end if;
      end process;
```

위의 GAL소스를 보면 AddrBus가 x"70"(7000H)번지에서 x"80"(8000H)번지사이에 있고 nRead신호가 '0'이 된다면 iRead신호를 '0'으로 만들어준다. 만약 AddrBus가 x"70"(7000H)번지에서 x"80"(8000H)번지사이에 있고 nWrte신호가 '0'이 된다면 iWrte신호를 '0'으로 만들어준다.

위와 같이 iRead신호와 iWrte신호가 출력되기 위해서는 AddrBus값이 x"70"(7000H)에서 x"80"(8000H)번지 사이에 있어야 한다. 그러므로 Ez-80196에서 Ez-Board를 제어하기 위해서는 BASE_ADDR값을 7000H에서 8000H번지 사이에 있어야 한다.

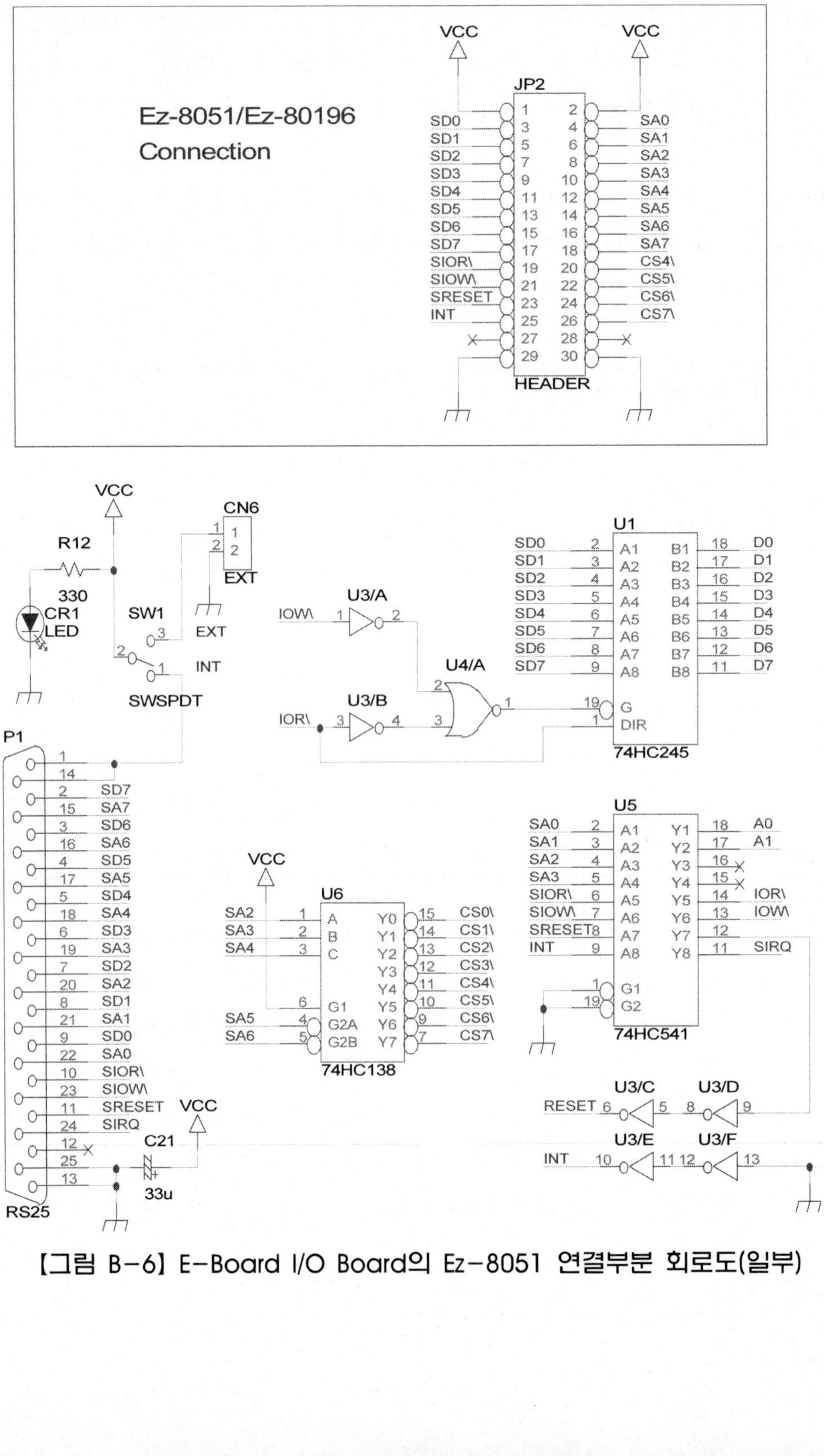

【그림 B-6】 E-Board I/O Board의 Ez-8051 연결부분 회로도(일부)

B-3 Ez-8051/Ez-80196 Board로 E-Board 제어를 위한 준비

1. 아래 그림과 같이 E-Board3.1을 준비한다.

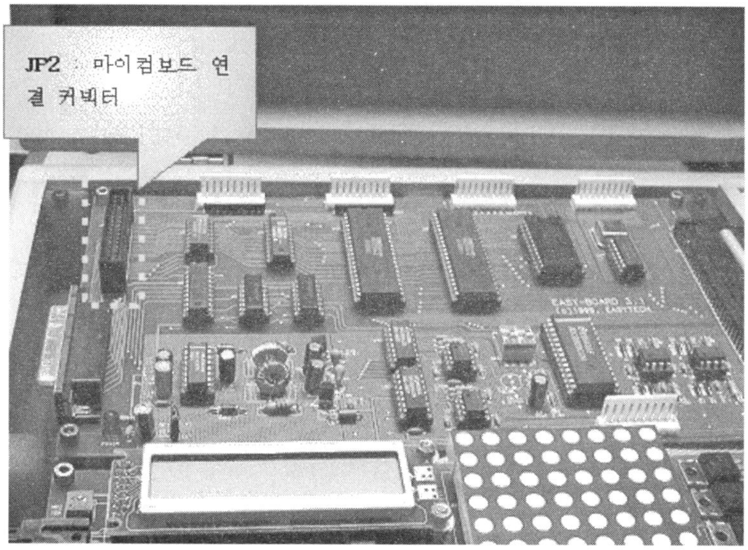

2. 아래 그림과 같이 Ez-8051Board/Ez-80196Board를 준비한다.

3. Ez-8051Board/Ez-80196Board의 전원공급을 위해 E-Board의 SW1 점퍼를 EXT에 맞춰준다.

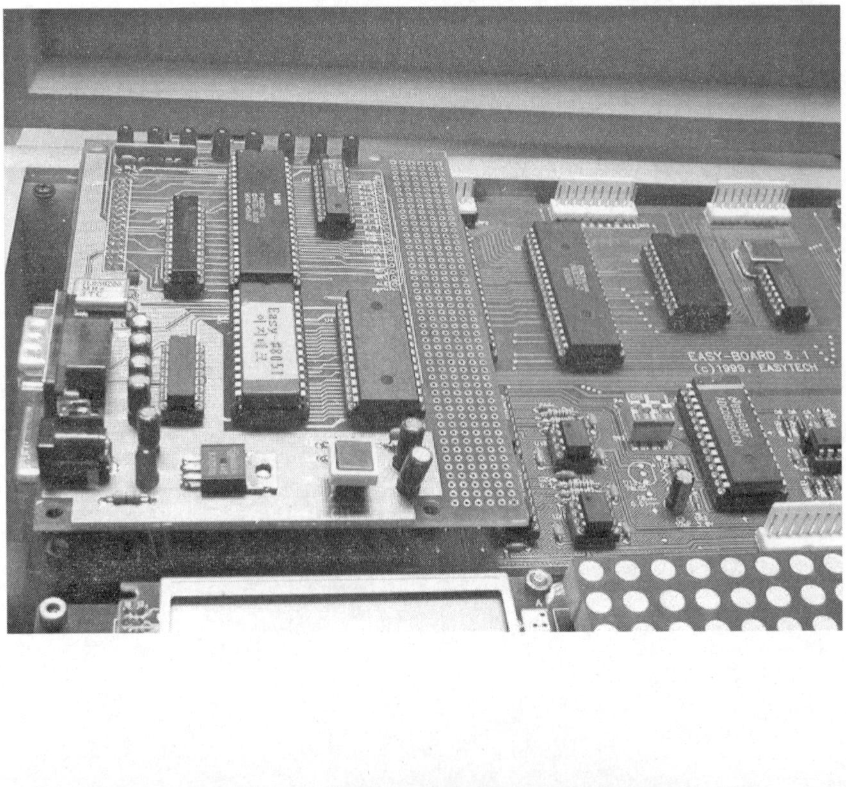

4. Ez-8051Board/Ez-80196Board의 CON1을 Ez-Board의 JP2에 연결한다.

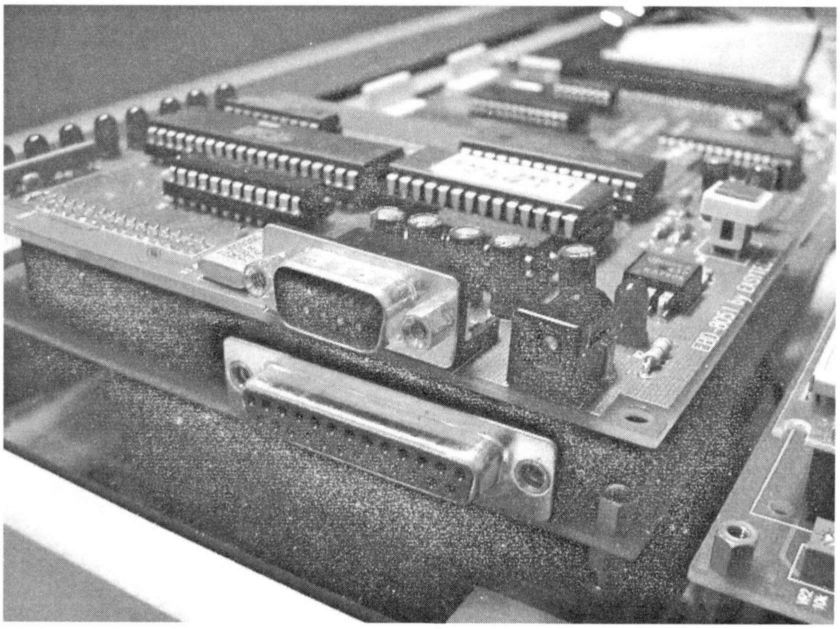

5. Ez-Board에 전원을 연결한다.

6. Ez-Board와 Ez-8051Board/Ez-80196Board를 연결한 후 프로그램을 다운로딩하기 위하여 시리얼 케이블을 컴퓨터본체의 COM1에 연결하고 8051/80196 시리얼포트에 연결한다.

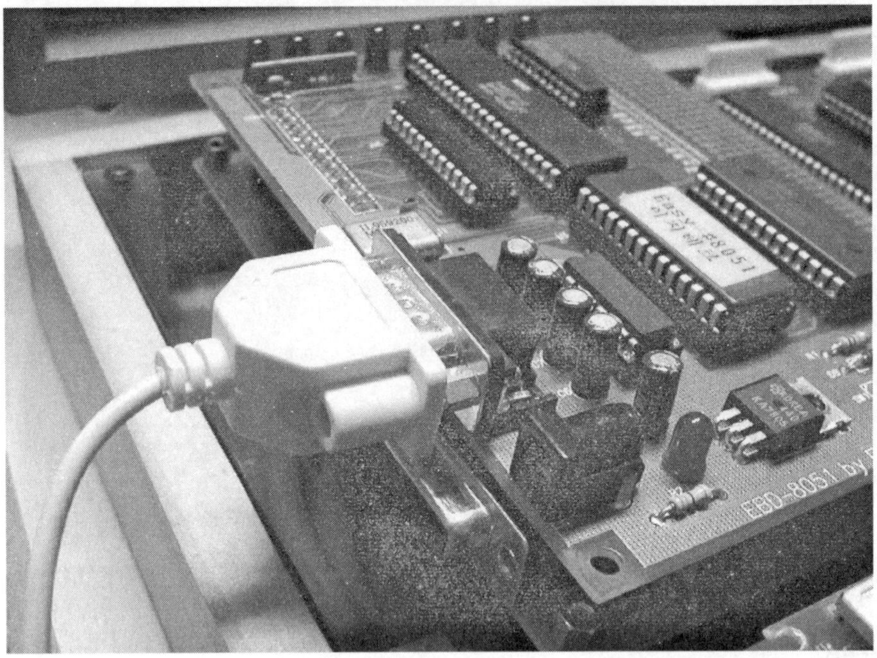

B-4 응용 예제

자 이제 마이컴 실습을 하기위한 하드웨어적인 준비는 끝났다고 보겠다. 이제 응용예제를 살펴보며 차근차근 하나하나 살펴보면서 난이도를 높여보자.

Ez-8051 Board/Ez-80196 Board와 같이 마이크로 프로제서로 제어할 경우 프로그램은 PC에서 작성하고 컴파일 하여 만들어진 Hex파일을 마이컴 보드에 시리얼로 전송하여 실행해서 제어하게 된다. Easy Tech는 이러한 환경을 보다 쉽게 구성하기 위해 Ez-CPU라는 Ez-Micro Processor Board용 통합 환경을 제공한다. Ez-CPU는 80196/8051의 프로그램을 작성하고 컴파일 하여 시리얼 포트로 전송할 수 있다. 자세한 설치 방법 및 사용법은 다음 장의 Ez-CPU 메뉴얼을 참고 하길 바란다.

Ez-CPU를 설치하고 실행한 다음 CPU의 환경을 설정해 주어야 하는데 메뉴 중 '컴파일 '->'환경설정'을 클릭하면 아래와 같은 윈도가 나타난다.

'Terminal' 텝에서 시리얼 포트 설정을 하는데 현 Ez-8051 Bios V1.5/ Ez-80196 Bios V1.5에서는 통신 속도는 57600Bps로 설정하면 된다. 이전버전은 9600Bps로 동작한다.

시리얼 포트 설정이 끝났다면 'CPU' 텝에서 CPU에 맞는 컴파일 배치화일을 설정해 주면 된다. 배치화일은 컴파일러에 따라 틀려지는데 Ez-CPU를 설치한 디렉토리(C:\EasyTech\EzCPU\)에 Easy Tech제품의 각종 CPU와 OS에 따른 컴파일 배치화일이 있다. 작업환경이 Win2000이고 CPU가 Ez-8051 Board이면 'CC51NT.BAT'를 선택해 주고, Ez-80196 Board이면 'CC96NT.BAT'을 선택한다. 만약 OS가 Win9x일 경우 'CC51.BAT'과 'CC96.BAT' 배치화일을 선택해 주면된다.

【그림 B-7】 Ez-CPU 환경설정(CPU) 화면

Ez-CPU의 설치가 끝나고 정상적인 시리얼 포트의 설정이 되었다면 Ez-8051 Board의 리셋키를 누루면 터미널 창에 아래와 같은 메시지가 전송 될 것이다.

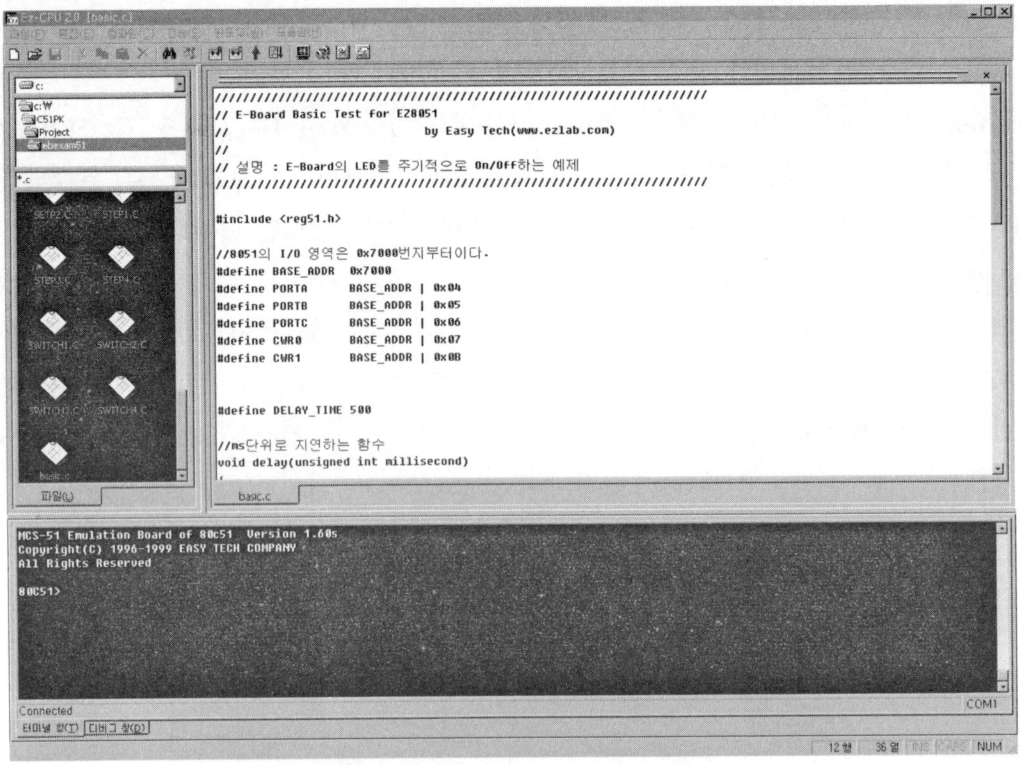

【그림 B-8】 Ez-CPU 리셋 화면

파일을 하나 열고 컴파일을 해보자. 파일을 열고 컴파일을 실행하면 아래와 같이 컴파일 완료 메시지가 나타나다. 그렇지 않다면 컴파일 환경 설정이나 배치화일 또는 파일명이 잘못된 경우이므로 다시 한번 점검한다. 참고로 컴파일러는 DOS환경에서 짜여졌으므로 파일명이나 디렉토리는 반드시 8자 이내의 영문만 가능하다. 자세한 사항은 다음 장의 Ez-CPU메뉴얼을 참고 하길 바란다.

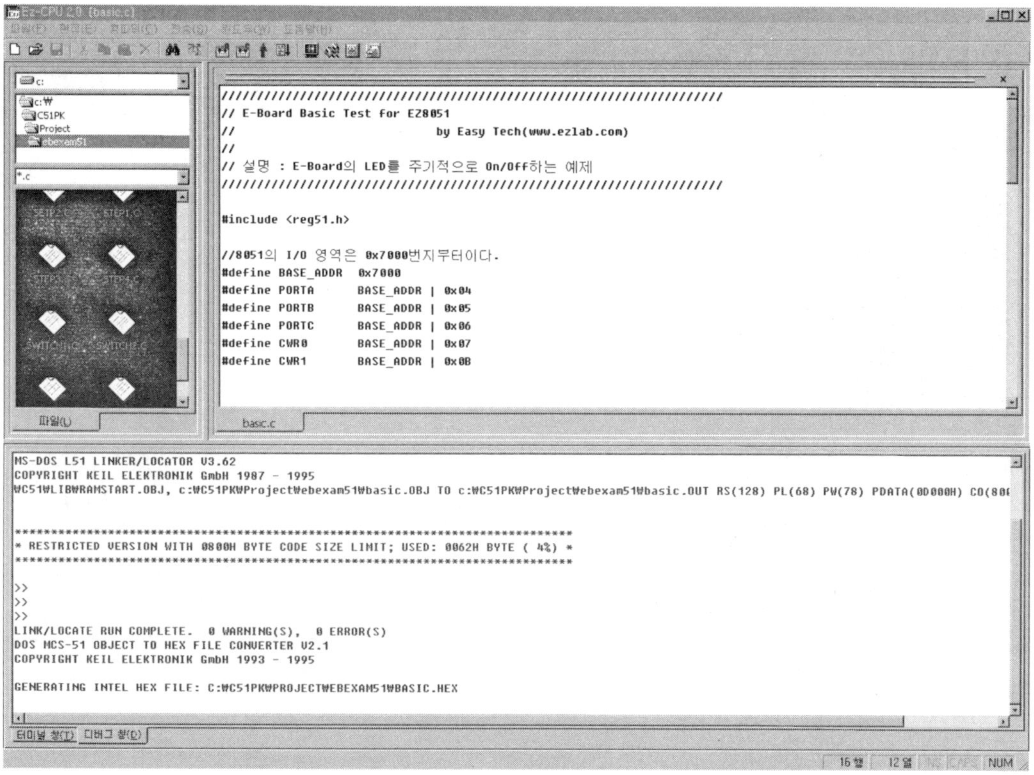

【그림 B-9】 Ez-CPU 컴파일 완료 화면

컴파일이 완료 되면 '컴파일'메뉴의 '업로드'를 클릭 하여 컴파일된 Hex파일을 선택하고 전송한다. 전송이 완료 되면 터미널 창에 아래와 같은 'OK' 메세지가 나타난다.

그다음 실행은 직접 'G'명령을 입력 하거나 '실행'버턴으로 실행하면 된다. 정상적인 업로드가 완료 되었다면 Ez-Board의 LED는 주기적으로 On/Off하는 것을 볼 수 있다.

지금까지 Ez-8051 Board/Ez-80196 Board의 환경설정과 컴파일 방법에 대해 알아보았는데 다음으로 프로그래밍 방법을 배워보도록 하자.

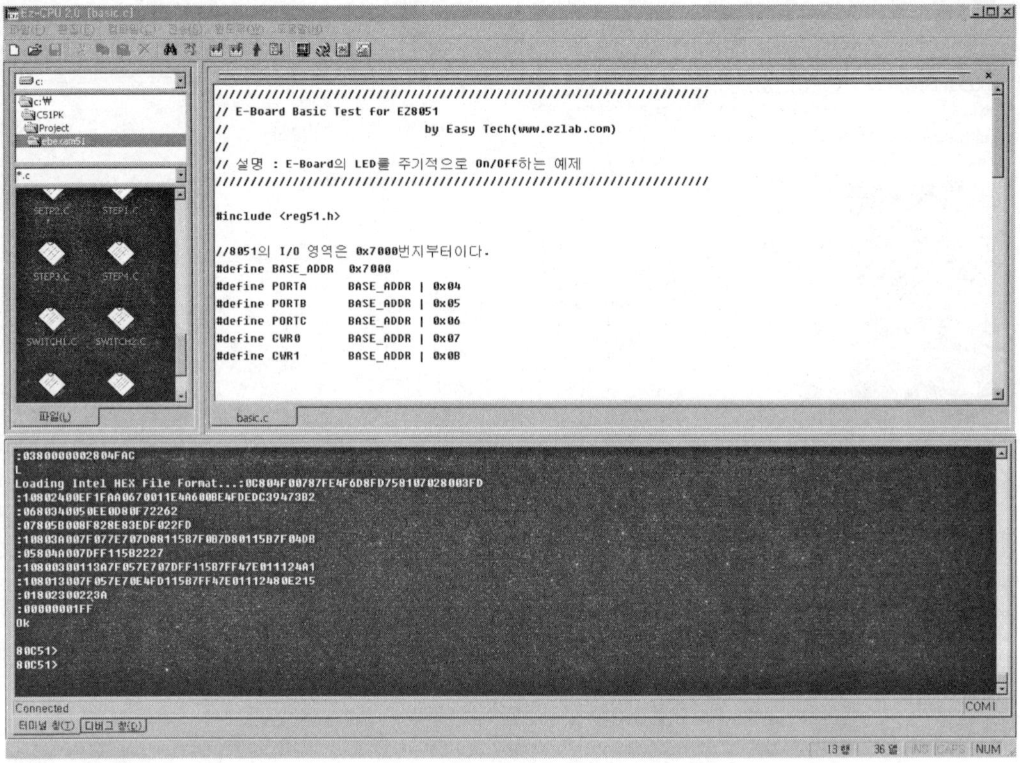

【그림 B-10】 Ez-CPU Hex파일 업로드 완료 화면

B-5 EZ-CPU 배치파일 설정 방법

Ez-CPU에서는 컴파일이나 어셈블을 하기 위해서 컴파일러 옵션등을 설정한 일괄(.BAT)파일을 사용한다. 이것은 폴더명과 작업파일명이 도스에서 허용되는 규칙을 따라야 한다는 것을 의미한다. 그러므로 설치 폴더명 및 작업파일명을 설정할 경우 8자 이내의 영문으로 설정해 줄 것을 요구한다.

EzCPU에서 컴파일 하기 위해서 [컴파일 ➡ 환경설정 ➡ CPU(탭) ➡ Compile Batch File]의 글 상자에 디렉토리 명과 Batch 파일 명을 직접 입력하거나 찾기를 선택하여 시스템에 연결되어있는 CPU 보드의 종류에 맞는 Cc??.Bat 파일을 선택하면 된다.

배치화일은 컴파일러에 따라 틀려지는데 Ez-CPU를 설치한 디렉토리(C:\EasyTech\EzCPU\)에 Easy Tech제품의 각종 CPU와 OS에 따른 컴파일 배치화일이 있다. 작업환경이 Win2000이고 CPU가 Ez-8051 Board이면 'CC51NT.BAT'를 선택해 주고, Ez-80196

Board이면 'CC96NT.BAT'을 선택한다. 만약 OS가 Win9x일 경우 'CC51.BAT'과 'CC96.BAT' 배치화일을 선택해 주면된다.

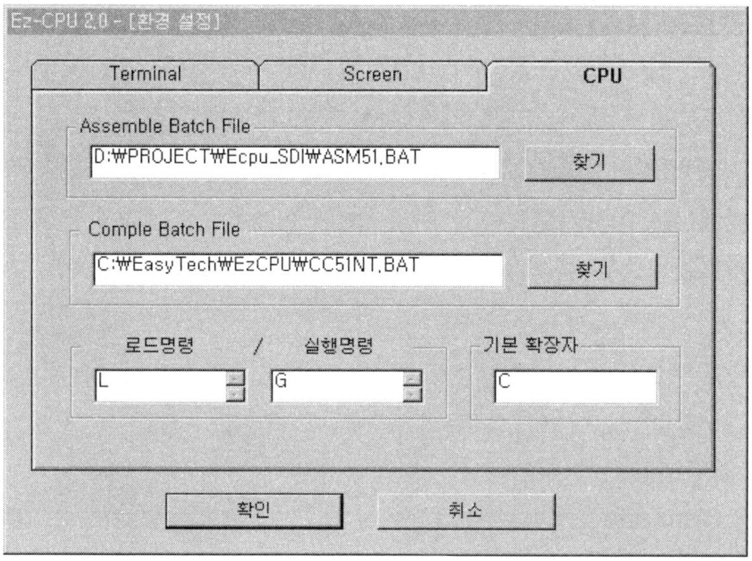

【그림 B-11】 Ez-CPU 환경설정(CPU) 화면

아래 표는 각 EasyTech CPU Board에 따른 배치화일 설정방법에 관한 내용을 나타내었다.

파일명	내 용
ASM51.BAT	Ez-8051 Board에서 어셈블리어로 컴파일(9x환경)
ASM96.BAT	Ez-80196 Board에서 어셈블리어로 컴파일(9x환경)
CC51.BAT	Ez-8051 Board에서 C언어로 컴파일(9x환경)
CC51NT.BAT	Ez-8051 Board에서 C언어로 컴파일(NT/2k환경)
CC96.BAT	Ez-80196 Board에서 C언어로 컴파일(9x환경)
CC96NT.BAT	Ez-80196 Board에서 C언어로 컴파일(NT/2k환경)
CC96ROM.BAT	Ez-80196 Board에서 C언어로 컴파일(9x환경) ROM에서 실행
CC96ROMNT.BAT	Ez-80196 Board에서 C언어로 컴파일(NT/2k환경) ROM에서 실행
MOUSE.BAT	Ez-Mouse(80196) Board에서 C언어로 컴파일(9x환경)
MOUSE_NT.BAT	Ez-Mouse(80196) Board에서 C언어로 컴파일(NT/2k환경)

B-6 Ez-Board 제어의 기본 사항

• **Ez-8051의 Ez-Board 제어의 기본 사항**

Ez-8051Board로 E-Board를 프로그램 할 때 알아야 하는 기본적인 사항에 대해 알아보자. 8051은 프로그램 메모리와 데이터 메모리가 각각 분리되어 독립적인 명령어로 접근 가능한데 Ez-8051Board의 I/O영역은 7000h-8000h번지까지의 데이터 메모리에 할당되어 있다. 이 I/O 영영의 접근을 위해서는 반드시 MOVX 명령어를 사용해야 한다. 따라서 E-Board의 I/O영역에 데이터를 출력하려면 16비트 이상의 어드레스 이므로 MOVX @DTPR, A를 사용하고, 입력은 MOVX A, @DTPR를 사용한다.

Ez-Board의 05h 어드레스에 있는 LED를 On하려면 LED Address가 Ez-8051 Board에서 7000h + 5h(7005h)번지 이므로 아래와 같이 제어할 수 있다.

```
EBOARD_LED          EQU     7005h

MOV    A, #FFh
MOV   DTPR, #EOBARD_LED
MOVX @DTPR, A
```

C언어를 이용할 경우 I/O영역인 데이터 메모리의 접근은 컴파일러(Keil Version)에서 제공하는 xdata 키워드를 사용한다. I/O영영으로 데이터를 출력하기 위해서는 xdata 키워들 변수명 앞에 기입하고 포인터 변수로 할당한 다음 그 포인터(주소)에 데이터를 입출력 하면 된다.

```
#define EBOARD_LED  0x7005
unsigned char xdata *pAddress;
pAddress = EBOARD_LED;

*(pAddress) = 0xff;
```

아래와 같이 I/O입출력에 자주 사용되는 outp(), inp()함수를 미리 작성해 두면 8051에서 I/O영역 제어는 편리하게 사용할 수 있을 것이다.

```
void  outp(unsigned portaddr, unsigned char portdata)
{
unsigned char xdata *addrptr = (unsigned char xdata *)portaddr;


  *addrptr = portdata;
}


unsigned char  inp(unsigned portaddr)
{
unsigned char xdata *addrptr = (unsigned char xdata *)portaddr;
  return *addrptr;
}
```

• **Ez-80196의 E-Board제어의 기본 사항**

Ez-80196 Board의 각 I/O들은 I/O영역 7000h-7FFFh까지 할당되어 있으므로 우리가 원하는 타겟을 제어하기 위해서는 먼저 I/O영역의 입출력 제어 방법을 알아야할 것이다.

• **Ez-Board의 Led에 데이터를 출력하는 예제를 작성해 보자.**

Ez-Board의 05h 어드레스에 있는 LED를 On하려면 LED Address가 Ez-80196 Board에서 7000h + 5h(7005h)번지 이므로 아래와 같이 제어할 수 있다. 아래는 7005h주소로 FFh 값을 출력하는 코드이다.

```
EBOARD_LED          EQU    7005h

LDb   rAL,          #FFh
STb   rAL,          EBOARD_LED
```

이것을 C언어로 나타내면

```
unsigned char *pAddress =  0x7005;
*(pAddress) = 0xFF;
```

로 출력을 원하는 어드레스를 포인터변수로 선언하고 그 포인터 변수에 값을 쓰면 된다.

I/O영역으로의 데이터 출력은 가장 많이 쓰이므로 이를 함수로 작성해 두면 편리하다. 아래와 같이 I/O입출력에 자주 사용되는 outp(), inp()함수를 미리 작성해 두면 80196에서 I/O영역 제어는 편리하게 사용할 수 있을 것 이다.

```
void  outp(unsigned portaddr, unsigned char portdata)
{
    //외부 데이터 메모리 에서 값을 읽어오거나 쓸때
    //포인터 변수를 할당하여 그 주소에 데이터를 쓴다.
    unsigned char  *addrptr = (unsigned char *)portaddr;

   *addrptr = portdata;
}

unsigned char  inp(unsigned portaddr)
{
   unsigned char  *addrptr = (unsigned char *)portaddr;

  return *addrptr;
}
```

- **Ez-Board의 초기화**

Ez-Board의 각 타겟을 제어하기 위해서는 먼저 Ez-Board를 초기화해야 한다. 더 자세히 말하면 PPI1, PPI2를 초기화해야 하는데 각각의 컨트롤 레지스터에 적적할 값을 입력해야 한다. PPI를 제어 하는 방법은 Ez-Board를 참고로 하기 바란다.

아래는 Ez-Boad의 초기화 함수를 나타내었다. PPI1은 모드를 PotrA, PortB는 출력으로 설정하고 PortC는 상위 4비트는 스위치와 연결되어 있으므로 입력으로 설정하고 하위 4비트는 DC모터 제어를 위해 출력으로 설정한다. 도트 메트릭스가 연결되어 있는 PortB는 0xFF를 출력해 DOT LED를 끄고 PPI2는 모두 출력으로 설정한다.

```
#define BASE_ADDR   0x7000


#define PORTA       BASE_ADDR | 0x04
#define CWR0        BASE_ADDR | 0x07
#define CWR1        BASE_ADDR | 0x0B


void  init_eboard(void)
{
   outp(CWR0, 0x88);     //PortA, PortB, PortC(L)->Out, PortC(H)->In  1000 1000
   outp(CWR1, 0x80);     //PortA, PortB, PortC->Out  1000 0000


   outp(PORTA, 0xFF); //DOT Matrix Off
}
```

이렇게 해서 Ez-Board를 초기화할 수 있다.

지금까지 배운 함수들을 이용하여 Ez-Board의 LED를 On/Off를 반복하는 예제를 작성해 보자. Ez-Board의 LED는 I/O영역의 7005h번지 에 할당 되어 있으므로 oup()함수를 이용하여 7005h 번지로 원하는 값을 출력하면 된다.

다음은 Ez-8051 Board로 작성된 예제이다.

```
[basic.c]
#include <reg51.h>
```

```
//8051의 I/O 영역은 0x7000번지부터이다.
#define BASE_ADDR   0x7000
#define PORTA        BASE_ADDR | 0x04
#define PORTB        BASE_ADDR | 0x05
#define PORTC        BASE_ADDR | 0x06
#define CWR0         BASE_ADDR | 0x07
#define CWR1         BASE_ADDR | 0x0B
#define DELAY_TIME 500

//ms단위로 지연하는 함수
void delay(unsigned int millisecond)
{
unsigned char tmp;

  while (millisecond--)
    for (tmp = 0; tmp < 115; tmp++)
      ;  // null statement
}

//I/O영영에 데이터를 출력하는 함수
void  outp(unsigned portaddr, unsigned char portdata)
{
    //외부 데이터 메모리에서 값을 읽어오거나 쓸 때는 반드시 xdata를 선언 해 주어야
     한다.
    //xdata형의 포인터 변수를 할당하여 그 주소에 데이터를 쓴다.
    unsigned char  *addrptr = (unsigned char *)portaddr;

    *addrptr = portdata;
}

//E-Board 초기화 함수
void  init_eboard(void)
{
  outp(CWR0, 0x88); //PortA,PortB, PortC0-3을 OUT, PortC4-7를 IN
```

```
  outp(CWR1, 0x80); //PortA,PortB, PortC0-3을 OUT, PortC4-7를 OUT
  outp(PORTA, 0xFF); //intialize dot_matrix led
}

void  main(void)
{
  init_eboard();

  while (1)
  {

    outp(PORTB, 0xff);    //LED On
    delay(DELAY_TIME);

    outp(PORTB, 0x00);    //LED Off
    delay(DELAY_TIME);

  }
}
```

다음은 Ez-80196 Board로 작성된 예제이다.

```
[basic.c]

#include <kc_sfrs.h>
#include <kc_funcs.h>

//8051의 I/O 영역은 0x7000번지부터이다.
#define BASE_ADDR  0x7000
#define PORTA        BASE_ADDR | 0x04
#define PORTB        BASE_ADDR | 0x05
```

```
#define PORTC        BASE_ADDR | 0x06
#define CWR0         BASE_ADDR | 0x07
#define CWR1         BASE_ADDR | 0x0B
#define DELAY_TIME 500

//ms단위로 지연하는 함수
void delay(unsigned int millisecond)
{
unsigned char tmp;

  while (millisecond--)
    for (tmp = 0; tmp < 115; tmp++)
      ; // null statement
}


//I/O영영에 데이터를 출력하는 함수
void  outp(unsigned portaddr, unsigned char portdata)
{
    //외부 데이터 메모리 에서 값을 읽어오거나 쓸 때
    //포인터 변수를 할당하여 그 주소에 데이터를 쓴다.
    unsigned char *addrptr = (unsigned char *)portaddr;

    *addrptr = portdata;
}

//E-Board 초기화 함수
void  init_eboard(void)
{
```

```
    outp(CWR0, 0x88); //PortA,PortB, PortC0-3을 OUT, PortC4-7를 IN
    outp(CWR1, 0x80); //PortA,PortB, PortC0-3을 OUT, PortC4-7를 OUT
    outp(PORTA, 0xFF); //intialize dot_matrix led
}

void   main(void)
{
    init_eboard();

    while (1)
    {

        outp(PORTB, 0xff);       //LED On
        delay(DELAY_TIME);

        outp(PORTB, 0x00);      //LED Off
        delay(DELAY_TIME);

    }
}
```

B-7 Ez-Board 제어 예제 리스트A

ADC 관련예제
ADC1.c : ADC로 변환된 광센서값을 EZ8051/EZ80196의 LED(Port1)으로 출력하는 예제 ADC2.c : ADC로 변환된 온도센서의 입력 값을 시리얼포트로 전송하는 예제

ADC3.c : ADC로 변환된 마이크의 입력 값에 따라 DOT Matrix출력 하는 예제
ADC4.c : ADC로 변환된 값을 시리얼포트로 전송하는 예제

DAC 관련예제
DAC1.c : 스피커로 DAC변환된 값을 출력하는 예제 DAC2.c : 스피커로 DAC변환된 값을 출력하는 예제

DOTMatrix 관련예제
DOT1.c : DOT Matrix로 한행씩 출력하는 예제 DOT2.c : 타이머 인터럽트를 이용해서 DOT Matrix로 특정문자 출력하는 예제

FND 관련예제
FND1.c : 0~99까지 하나씩 증가시켜며 FND로 출력 하는 예제 FND2.c : 타이머1를 모드1으로 동작시키고 인터럽트 함수에서 7세그먼트를 증가 시키는 예제

LCD 관련예제
LCD1.c : LCD로 출력한 문자열을 이동시키는 예제 LCD2.c : ADC변환한 값을 LCD로 출력하는 예제 LCD3.c : PC 시리얼 포트로 입력받은 문자열을 LCD로 출력하는 예제

LED 관련예제
LED1.c : LED를 On/Off하는 예제 LED2.c : LED를쉬프트 하는 예제

LED3.c : 타이머 인터럽트를 이용하여 LED를 쉬프트 하는 예제
LED4.c : PC 시리얼 포트에서 입력되는 코멘드에 따라 LED출력하는 예제

RELAY 관련예제
RELAY.c : Ralay를 순차적으로 쉬프트 하는 예제

SWICH 관련예제
SWITCH1. c : 스위치의 입력값을 LED로 출력 시키는 예제 SWITCH2. c : 스위치의 입력에 따라 Relay를 제어하는 예제 SWITCH3. c : 스위치의 입력값을 시리얼 포트로 전송하는 예제 SWITCH4. c : 타이머1를 모드1으로 동작시키고 입력스위치로 스탑워치 기능

DC Motor 관련예제
DCMOTOR.C : DC모터 회전시키는 예제 DCMOTOR2.C : ADC로 변환된 VR조절 값으로 DC모터 회전속도 바꾸는 예제

STEP Motor 관련예제
STEP1.c : Step Motor를 정/역회전 시키는 예제 STEP2.c : 타이머1 인터럽트를 이용하여 Step Motor를 회전 시키는 예제 STEP3.c : 입력 스위치에따라 스텝모터를 제어하는 예제 SW1 - 1상여자 SW2 - 1, 2상여자 SW3 - 2상여자 SW4 - 방향전환 STEP4.c : PC 시리얼 포를 통해 입력되는 타이머 인터럽트 주기에 따라 Step Motor의 속도를 조절하는 예제

B-8 제어 예제 리스트B

- 어셈블러 예제 리스트

A51_EX01.ASM : EBD-51보드의 LED 테스트 예제
E51_EX01.ASM : EBD-51보드를 이용한 EBoard 3.0 Target의 LED 제어 예제
E51_EX02.ASM : EBD-51보드를 이용한 EBoard 3.0 Target의 PhotoTR로 입력받아 LED 레벨메터 제어 예제
E51_EX03.ASM : EBD-51보드를 이용한 EBoard 3.0 Target의 PUSH SW로 입력받아 DAC 제어 예제
E51_EX04.ASM : EBD-51보드를 이용한 EBoard 3.0 Target의 PUSH SW로 입력받아 릴레이와 LED 제어 예제
E51_EX05.ASM : EBD-51보드를 이용한 EBoard 3.0 Target의 LCD 제어 예제

A96_EX01.ASM : EBD-96보드의 LED 테스트 예제
A96_EX02.ASM : EBD-96보드의 PWM1 제어 예제
E96_EX01.ASM : EBD-96보드를 이용한 EBoard 3.0 Target의 LED 제어 예제
E96_EX02.ASM : EBD-96보드를 이용한 EBoard 3.0 Target의 Photo TR로 입력받아 LED 레벨메터 제어 예제
E96_EX03.ASM : EBD-96보드를 이용한 EBoard 3.0 Target의 PUSH SW로 입력받아 DAC 제어 예제
E96_EX04.ASM : EBD-96보드를 이용한 EBoard 3.0 Target의 PUSH SW로 입력받아 릴레이와 LED 제어 예제
E96_EX05.ASM : EBD-96보드를 이용한 EBoard 3.0 Target의 LCD 제어 예제

- C 언어 예제 리스트

C51_EX01.C : EBD-51보드의 LED 테스트 예제
E51_EX01.C : EBD-51보드를 이용한 EBoard 3.0 Target의 LED 제어 예제
E51_EX02.C : EBD-51보드를 이용한 EBoard 3.0 Target의 FND 제어 예제

E51_EX03.C : EBD-51보드를 이용한 EBoard 3.0 Target의 RELAY 제어 예제
E51_EX04.C : EBD-51보드를 이용한 EBoard 3.0 Target의 PUSH SW 제어 예제
E51_EX05.C : EBD-51보드를 이용한 EBoard 3.0 Target의 STEP MOTOR 제어 예제
E51_EX06.C : EBD-51보드를 이용한 EBoard 3.0 Target의 DC MOTOR 제어 예제
E51_EX07.C : EBD-51보드를 이용한 EBoard 3.0 Target의 LCD 제어 예제
E51_EX08.C : EBD-51보드를 이용한 EBoard 3.0 Target의 DOT MATRIX LED 제어 예제
E51_EX09.C : EBD-51보드를 이용한 EBoard 3.0 Target의 DAC 제어 예제(1)
E51_EX10.C : EBD-51보드를 이용한 EBoard 3.0 Target의 DAC 제어 예제(2)
E51_EX11.C : EBD-51보드를 이용한 EBoard 3.0 Target의 ADC 제어 예제

C96_EX01.C : EBD-96보드의 LED 테스트 예제
E96_EX01.C : EBD-96보드를 이용한 EBoard 3.0 Target의 LED 제어 예제
E96_EX02.C : EBD-96보드를 이용한 EBoard 3.0 Target의 FND 제어 예제
E96_EX03.C : EBD-96보드를 이용한 EBoard 3.0 Target의 RELAY 제어 예제
E96_EX04.C : EBD-96보드를 이용한 EBoard 3.0 Target의 PUSH SW 제어 예제
E96_EX05.C : EBD-96보드를 이용한 EBoard 3.0 Target의 STEP MOTOR 제어 예제
E96_EX06.C : EBD-96보드를 이용한 EBoard 3.0 Target의 DC MOTOR 제어 예제
E96_EX07.C : EBD-96보드를 이용한 EBoard 3.0 Target의 LCD 제어 예제
E96_EX08.C : EBD-96보드를 이용한 EBoard 3.0 Target의 DOT MATRIX LED 제어 예제
E96_EX09.C : EBD-96보드를 이용한 EBoard 3.0 Target의 DAC 제어 예제(1)
E96_EX10.C : EBD-96보드를 이용한 EBoard 3.0 Target의 DAC 제어 예제(2)
E96_EX11.C : EBD-96보드를 이용한 EBoard 3.0 Target의 ADC 제어 예제

B-9 Memory Map

• Ez-51 Memory Map

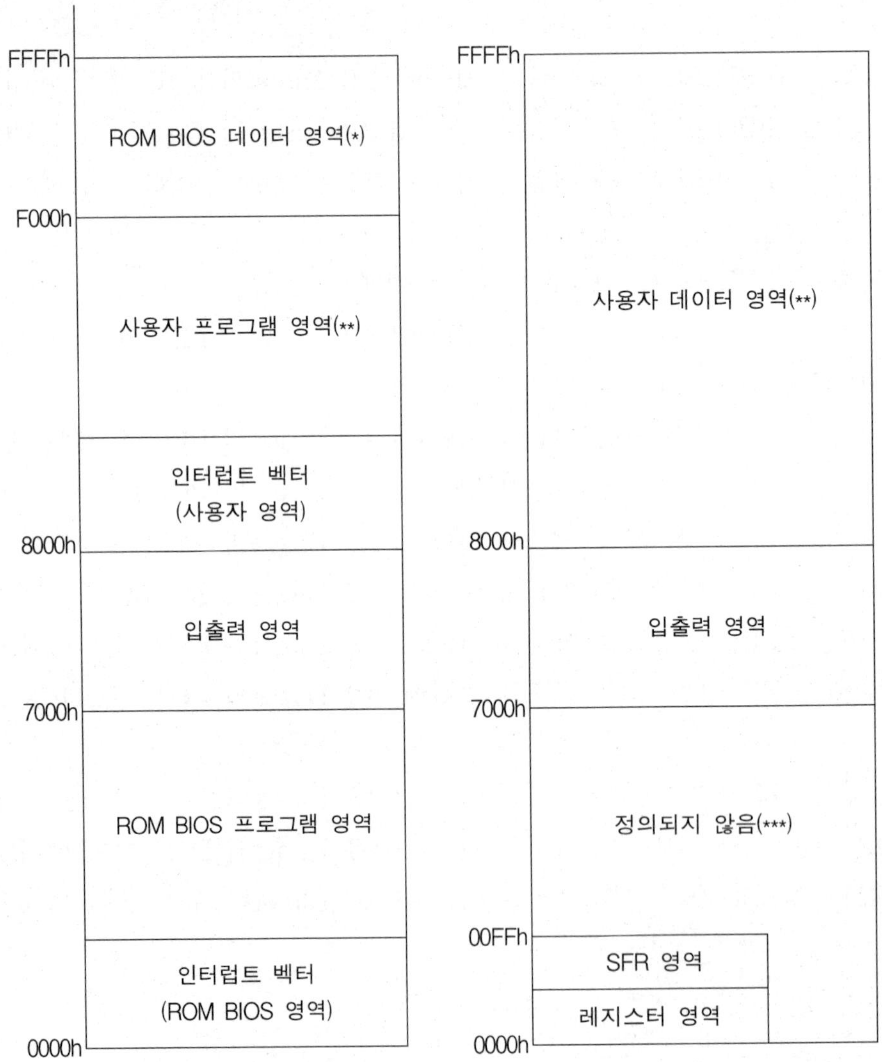

프로그램메모리　　　　데이터 메모리

• Ez-96 Memory Map

7FFFh	
	입출력 영역
7000h	
	ROM BIOS 프로그램 영역
2080h	
	예 약
2040h	
	상위 8개의 인터럽트 벡터 테이블(ROM BIOS 영역)
2030h	
	EP-ROM 시큐리티 키
2020h	
	예 약
	CCB(chip configuration byte)
2018h	
	예 약
2014h	
	하위 8개의 인터럽트 벡터 테이블(ROM BIOS 영역)
2000h	
	포트 3, 4
1FFEh	
	사용하지 않음
0200h	
	80c196kc 내부 RAM 및 SFR
0000h	

FFFFh	
	사용자 스택 영역
F800h	
	사용자 RAM 영역
D000H	
	사용자 프로그램 영역
A080h	
	사용하지 않음
A040h	
	상위 8개의 인터럽트 벡터 테이블 (사용자 영역)
A030h	
	사용하지 않음
A014h	
	하위 8개의 인터럽트 벡터 테이블 (사용자 영역)
A000h	
	사용하지 않음
9FFEh	
	ROM BIOS RAM 예약 영역 및 스택 영역(*)
8200h	
	ROM BIOS 예약 영역(**) (이중 점프 코드 영역)
8000h	

PPI 8255A를 이용한

인터페이스 실험

2009년 8월 26일 1판 1쇄 인 쇄
2009년 8월 31일 1판 1쇄 발 행

지은이 : 신경철 · 박양수 · 강현석

펴낸이 : 박 정 태

펴낸곳 : **광 문 각**

413-756
경기도 파주시 교하읍 문발리 500-8 파주출판정보단지
광문각 빌딩 4층
등 록 : 1991. 5. 31 제12-484호
전화(代) : 031) 955-8787
팩 스 : 031) 955-3730
E-mail : kwangmk@unitel.co.kr
홈페이지 : www.kwangmoonkag.co.kr

• ISBN : 978-89-7093-540-9 93560

값 20,000원